이준석의
거부할 수 없는 미래

이준석의
거부할 수 없는 미래

이준석 지음

21세기북스

차례

2장 미래를 위한 보수의 선거 전략

3장 정책을 개혁할 시간

4장 정치 개혁이 필요한 시간

5장 정당개혁이 필요한 시간

정반합의 소통을 목적으로 한 책

　책을 내게 되었다. 갑자기 찾아온 시간적 여유가 계기였지만 책을 써내려갈수록, 2021년부터 시작된 정치판의 혁명적 변화의 중심에 서 있던 이준석이라는 사람의 관점을 정리해서 남길 필요가 있겠다는 생각을 했고 어느덧 사명감까지 깃들어 내용을 꽉꽉 눌러 담게 되었다. 여느 정치인이 즐겨 쓰는 편년체의 회고록도 아니며 출판기념회를 목적으로 자화자찬식으로 쓴 책도 아니다. 대선과 지선을 겪으면서 있었던 활극에 가까운 정치 비사를 담아낸 흥미 위주의 책도 아니다.

　지금의 정치문화의 어두운 곳을 구석구석 드러내 보이고 그것을 어떻게 극복하고 개선할지에 대한 고민을 정치 파트에 담았다. 그리고 부동산 문제, 산업의 문제, 교육의 문제 등을 풀어내는 데 있어 매번 쳇바퀴처럼 돌고만 마는 지점들에 대해서 고르디우스의 매듭을 내리치는 것과 같은 전환점을 만들어보고자 정책 파트를 써내려갔다. 정당인으로서 당 대표까지 지내면서 정당의 구조하에서 발생하는 여러 문제점과 개혁방안을 정당 파트에 상술했다. 그리고 선거를 기획하고 지휘하면서 느꼈던 전략전술의 주요 지점을 선거 전략 파트에 정리해보았다.

이 모든 것을 통틀어 '거부할 수 없는 미래'라고 거만하게 이름 붙인 것은 적어도 보수진영에서 작고하신 박세일 교수님과 나의 정치적 스승인 김종인 전 장관의 뒤를 이어 탄탄한 철학적 기반을 형성하는 이데올로그가 되어보고 싶은 욕심 때문이었다. 나 같은 얼치기 이데올로그의 생각이 아직 설익고 결점이 많을 수도 있겠지만 적어도 이렇게 틀을 갖춰 정리해 출간해놓아야 그것을 읽고 비판도 듣고, 보완도 하면서 내 생각을 완성시켜나갈 수 있을 것 같았다.

그래서 이 책을 인연으로 만난 독자들과 동지적 관계로 함께 고민하고 성장하고 싶다. 이 책을 넘어서 언젠가 대한민국의 미래를 그린 더 나은 책을 쓸 수 있기를 기대하며 졸저를 여러분 앞에 선보인다.

정반합의 소통을 목적으로 한 책이므로 비판과 찬사, 응원과 악담 모두를 환영한다. junseok.lee@edushare.kr로 보내주면 모두 읽고 마음에 새기겠다.

2023년 3월
봄을 기다리며
이준석

거부할 수 없는
미래가 온다

01.

주식회사 대한민국의 주주 여러분께

주식회사는 일반적으로 주주들이 모아준 투자금을 바탕으로 운영된다. 경영진을 선임하거나 주요 안건을 채택할 때 주주들은 본인이 소유한 주식의 비율만큼의 의결권을 행사하고 기업이 벌어들인 수익 역시 소유한 주식의 비율만큼 돌려받는다. 주주들의 의사에 따라 건강하게 돌아가는 회사도 있는 반면에 오너 일가의 전횡으로 기업의 가치가 훼손되어 소유한 주식의 가치가 하락해 투자손실을 입는 경우도 있다. 주식회사는 주식을 더 가진 사람이 더 큰 목소리를 내는 구조다.

그러나 정치는 이 같은 경제 논리와 다르다. 4·19부터 5·18, 그리고 6월항쟁을 거쳐 탄생시킨 대한민국의 현행 민주주의에서는, 대한민국의 모든 시민이 민주공화국 안에서 평등하고 같은 힘을 가지고 있다. 정치인들은 시민들이 모아준 평등한 권리를 가지고 정당과 정부를 구성해 실질적인 힘을 행사한다. 정치와 경제는 불가분의 관계를 이어오면서도, 서로 같은 점과 다른 점이 항상 공존한다는 것이다.

주식에 많이 투자한 사람들은 평일 낮 근무시간에도 스마트폰의 주식 앱에서 눈을 떼지 못하곤 한다. 자신이 주주로 있는 회사의 가치가 어떻게 평가되는지에 대해 관심이 많기 때문이다. 빨간색이 뜨면 왠지 기분이 좋아지고, 파란색이 뜨면 내일은 더 낫겠지 하는 바람으로 희망의 회로를 돌리며 하루하루 살아간다.

나는 이번 책 『거부할 수 없는 미래』를 통해서 대한민국의 현시대를 살아가는 시민들에게 각각의 증권 앱 속 주식이 나타내는 주권(share certificate) 이상으로 소중한 주권(popular sovereignty)이 있다는 것을 알리고 싶다. 아울러 우리 앞에, 여러 가지 상황에 있어 거부할 수 없는 미래가 오고 있다는 것을 알리고 싶다. 주식으로 돈을 벌기 위해 빨간색과 파란색 캔들 차트 막대기 보는 법을 배우고, 서점에서 책을 사서 이동평균선과 볼린저 밴드를 공부하는 열정은 어떻게든 좋은 주식을 사서, 자산을 늘리기 위한 목표 의식의 산물일 것이다.

정치는 많은 시민이, 자신이 투자한 주식시장처럼 소중하게 생각하고, 그에 따라 세심한 선택을 해야 하는 영역이다. 그러나 많은 경우에 최근의 정치는 스포츠팀을 응원하는 모습과 결을 같이하고 있다. 2010년 갤럽에서 진행한 조사에 따르면 서울 지역에도 출향민이 많아서 그런지 지역의 야구팀인 롯데 자이언츠나 기아 타이거즈, 삼성 라이온즈를 응원하는 비율이 상당했던 것으로 나타났다. 스포츠팀을 좋아하는 이유에는 지역 연고가 상당히 크게 작용한다. 그리고 프로야구단은 매우 뛰어난 영웅급 활약을 보이는 프랜차이즈 스타에 따라서 팬층이 이동하기도 한다.

지역별 프로야구 선호도를 살펴보면 롯데 자이언츠의 팬은 부울경(부산·울산·경남)에서 64.2%, 삼성 라이온즈는 대구·경북에서 56.5%, 기아 타이거즈는 광주·전라에서 45.8%, 한화 이글스는 대전·충청에서 26.5%를 차지하고 있는 것으로 나타났다.

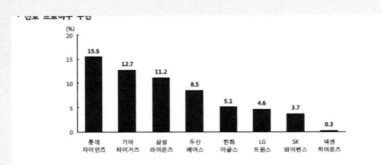

· 지역별 프로야구단 선호도

(%)

구분	롯데 자이언츠	기아 타이거즈	삼성 라이온즈	두산 베어스	한화 이글스	LG 트윈스	SK 와이번스	넥센 히어로즈	좋아하는 팀이 없다
지 역 별									
서　　　울	5.6	16.0	8.2	**17.6**	2.8	**8.7**	4.3	-	36.8
인 천 / 경 기	8.9	11.3	7.4	10.5	3.7	6.6	7.4	0.6	43.6
강　　　원	11.3	11.6	1.9	-	3.9	4.8	3.2	-	63.2
대 전 / 충 청	3.4	8.8	4.8	4.3	**26.5**	2.1	2.0	-	48.1
광 주 / 전 라	-	**45.8**	3.2	3.1	0.9	2.4	3.9	0.7	39.9
대 구 / 경 북	6.8	2.1	**56.5**	4.8	4.5	-	-	-	25.3
부산/울산/경남	**64.2**	-	3.6	3.7	0.8	1.6	-	-	26.0
제　　　주	18.2	-	9.1	-	-	9.1	-	-	63.6

출처 : 2010-03-28 프로야구에 대한 국민 선호도 조사 (한국갤럽)

　　이 모든 특성을 생각해보면 대한민국 정치판의 특성은 프로
야구가 돌아가는 모습과 다르지 않다. 일정한 수준의 지역 연고
를 기반으로 한 거대양당의 고정 지지층이 있고, 소위 대선주자
급 정치인들의 인기에 따라 지지층이 유동하는 모습이다. 이것
이 옳고, 그르다는 것을 말하는 것이 아니다. 하지만 어떤 연예인
을 선호한다고 해서 그 연예인이 추천하는 주식 종목에 투자하
는 사람은 없는 것처럼, 내 자산을 다루듯이 좀 더 세세하게 정치

를 평가하고 대한민국이 조금 더 발전할 수 있는 방향으로 가치투자를 하는 것이 구성원 개인의 이익에도 조금 더 부합한다는 것을 설명하고자 하는 것이다.

주식에 대해서 이런저런 여러 가지 조언을 하던 투자전문가라는 사람들이 가장 망신을 사는 지점은 누군가가 계좌 수익을 인증해줄 수 있느냐고 물을 때다. 펀드매니저나 투자전문가들이 거듭된 훈련을 통해 정말 상식에 반하는 큰 손실을 내는 투자를 할 확률은 적겠지만, 그렇다고 크게 오를 주식을 미리 포착하거나 선견지명에 따라 발굴해내는 것은 쉬운 일이 아니다.

투자전문가들이 종합주가지수보다 5%만 더 수익을 낼 수 있는 방법이 있다면, 그들에게는 다양한 좋은 진로가 보장된다. 종합주가지수나 KOSPI200 같은 보조 지수를 일반적으로 벤치마크 지수라고 하는데, 그것보다 1년에 5% 이상 수익을 더 낼 수 있다면 워런 버핏을 앞서는 뛰어난 투자자가 될 수 있는 것이다. 국민연금 기금운영본부에서는 벤치마크 지수보다 5% 이상의 수익률을 낼 수 있는 전문가라면 많은 연봉을 주고 그를 적극적으로 고용하려 할 것이고, 그는 증권방송에 출연하는 것보다는 훨씬 나은 처우를 보장받을 것이다.

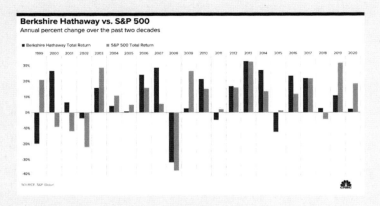

출처 : https://www.cnbc.com/2021/01/08/how-warren-buffetts-uphill-battle-against-the-sp-500-is-changing.html

정치도 마찬가지다. 과거 국가대표 축구 선수들의 경기를 대충 지켜보던 시절에는 우리 선수가 실축이라도 하면 그 선수를 집중적으로 욕하기도 했다. 경기에 지면 감독의 전술을 탓하고 경기에 이기면 칭찬하고 찬양하는 식의 국가대표팀에 대한 평가가 대부분이었다. 그러나 수준 높은 축구 시합을 찾아본 사람들이 많아지고 전반적인 전술이나 선수들의 개별적인 플레이 하나하나에 대한 이해도가 높아지면서 게임에 대한 시선과 평가가 달라졌다. 세상이 달라진 것이다. 결국 대한민국에서 살아가면서 정치를 내려놓고 살아갈 수는 없는 시민들이 얼마나 정치에 대해 세심하게 이해하는지가 정치판의 수준을 결정한다.

정당과 정치인은 더 이상 스포츠팀, 스포츠 스타를 선택하는 관점으로만 이해하고 평가하면 곤란하다. 전라도 출신의 사람이 기아 타이거즈의 프로야구 우승을 바라는 마음은 보통 지역주의적이고 거의 선천적인 것이다. 부산 출신의 사람이 롯데 자이언트의 우승을 바라는 것도 당연한 일이다. 그러한 태도는 대한민국에서 태어난 시민이 대한민국 대표팀을 응원하는 것과 마찬가지로 부정적으로 볼 사안이 아니다. 프로야구 스포츠 구단에 지역연고제를 실시한 것은 합당하다고 할 만하다.

하지만 현대자동차가 울산에 주 생산공장을 두고 있고, 기아자동차는 광주에 주 생산공장을 두고 있다는 이유로 전라도에서 현대자동차를 배척하지는 않는다. GS칼텍스가 과거 호남정유였다는 이유로 서울에서 운전자가 주유소를 달리 선택하지는 않는다. 삼성상회가 대구에서 태동했다는 이유만으로 삼성 주식에 투자하는 사람은 없다. 정치에 대해서도 합리적인 접근이 가능한 시대다. 유권자 하나하나가 철저하게 본인의 이해관계를 살피고, 철학적 배경과 맞는 정치집단 그리고 정치인을 합리적으로 따져서 선택하는 문화가 하루속히 자리 잡는 것이 중요하다.

대한민국은 누구의 나라일까. 지금까지 대한민국이 이룩한 민주공화국, 그리고 이를 넘어 앞으로 만들어나갈 미래의 대한민국은 바로 이 책을 읽는 모든 독자들을 포함한 시민 한 사람 한 사람의 것이라고 믿는다. 주식회사 대한민국의 주주 여러분의 안부를 묻는다. 주주 여러분의 주식은, 그리고 유권자 여러분의 주권은 안녕하신가.

02.

보수는 왜 4연패와 3연승을 달렸는가

대통령제 국가에서 국가 지도자의 비극적인 결말은 보통 정당의 해체로까지 이어진다. 자유당은 이승만 대통령의 하야 직후 총선에서 궤멸적인 패배를 당하고 결국 5·16 쿠데타로 해산된다. 민주공화당은 박정희 대통령의 피격사건 이후 김종필 총리가 총재로 취임했으나 12·12 쿠데타 세력에 의해 강제 해산되고 만다. 보수는 2017년 탄핵이라는 일격을 맞았다. 대한민국에서 탄핵이라는 용어가 몇 번 거론된 적이 있었다. 노무현 대통령은 실제로 표결에 의해 탄핵 심판까지 받았지만 결국 대통령의 탄핵은 이루어지지 않았다. 그러나 국정농단 사태 이후 탄핵을 향한 동력은 매우 강했고, 박근혜 대통령은 2017년 헌법재판소에 의해 최종적으로 탄핵되었다.

　물론 대한민국에는 정치 민주주의가 확립되어 있었고 탄핵 이후 비상계획대로 60일 이내에 대통령 선거가 치러졌으며, 정당이 강제로 해산에 이르는 상황까지 가지는 않았다. 다만 보수는 탄핵 직후 치러진 대선 때부터 크게 바른정당과 자유한국당으로 분당되었고, 네 번의 선거에서 연달아 패배하는 암흑기를 맞게 된다.

　민주화 이후로 보통 대한민국에서는 10년 주기로 정권이 교대된다. 노태우-김영삼, 김대중-노무현, 이명박-박근혜 등으로 이어지는 조합에서 보다시피 양측 모두 두 번 연속 집권한 뒤 상대측으로 정권이 넘어가는 것이 어느덧 징크스처럼 각인되어버렸기에, 2022년 대통령 선거에서도 진보진영이 정권을 유지할 가능성을 높게 점치는 사람들도 많았다.

　그런데 실제로 보수는 왜 네 번이나 패배했을까? 한 시기에 같은 사건을 두고 여러 개의 잣대가 작동되면 그것은 이중잣대라고 비판받아 마땅하다. 같은 교차로에서 과속 단속을 할 때 누구는 10km/h 초과하면 잡고, 누구는 20km/h 초과해야 잡는다면 그것은 불공정이다. 하지만 시대에 따라서 기준은 계속 변할 수 있다. 제한속도도 변하고 정책적으로 과속카메라에서 용인해주는 수치를 전국적으로 조정할 수도 있다. 대한민국의 정치와 정치인을 바라보는 시민의 시각은 시대를 따라 진화한다. 보수는 바뀌어가는 기준에 부합하지 못한 것이다.

　보수는 영웅 서사를 벗어나지 못했다. 2012년 19대 국회의원 선거와 2012년 18대 대통령 선거는 영웅의 서사였다. 흉탄에 부모를 잃고 정치적으로 가택연금 조치를 당했던 영웅의 딸이 국가를 위해 헌신하는 이미지가 형성된 것이다. 그리고 영웅의 딸은 결혼도 하지 않고 자식도 없었다. 김영삼과 김대중 대통령이 피해가지 못했던 아들 문제나, 노무현과 이명박 대통령이 벗어나지 못했던 형님 문제를 피해갈 수 있는 최고의 카드가 박근혜 대통령이었던 셈이다. 영웅 서사는 영웅이 무너지지만 않으면 상당히 위력적이다. 미디어는 영웅의 발언에 주목하기 마련이며, 선거 현장에서는 영웅을 보기 위해 몰려든 사람들 속에서 편하게 선거 분위기를 이끌어갈 수 있다. 다만 탄핵으로 스러져간 영웅 박근혜의 가장 큰 실책은 영웅을 모시고 선거를 치르는 데 익숙해진 이 집단이 바뀌어가는 정치문화에 연착륙으로 적응할 기회를 스스로 없애버렸다는 것에 있다.

　대통령제 국가에서는 영웅이 존재하면 그를 중심으로 매우 쉽게 선거를 치를 수 있지만, 영웅의 탄생을 위해서는 시대가 혼란스러운 와중에 시대정신을 받아 큰일을 주도하거나 강한 정치적 유산을 이어받는 서사가 있어야 한다. 물론 21세기 들어 정치,

경제적으로 대한민국의 사회가 안정된 이후로 여야를 막론하고 그런 큰일을 해낸 사람들은 나오지 않고 있다.

보수는 1990년대 후반까지만 하더라도 편한 선거를 해왔다. 안보를 강조하면서 레드콤플렉스를 자극하고 교육에 있어서는 전교조가 득세하면 재앙적인 결과가 나온다는 선전만으로도 중산층의 표심을 상당 부분 확보할 수 있었다. 경상도와 강원도, 충청도의 안정적인 의석 기반을 바탕으로 전라도를 고립시키는 전략을 사용하면 총선에서 과반의석을 확보하거나 대선에서 45% 이상의 득표율까지 확보하는 것은 어렵지 않았다. 하지만 IMF 이후 경제에 대한 보수의 확고한 우위가 사라졌고, 경제의 혼란 속에 '하나만 잘해도 대학 간다'라는 구호와 전인교육(全人敎育)이라는 모토의 대두로 보수가 지향해왔던 학술 중심 교육의 뿌리가 흔들리면서 보수에게 어려운 선거가 되기 시작했다.

중도층이 보수의 어젠다를 하나씩 배척하고 새로운 정치지형을 형성해나감에 따라 보수진영은 2000년대를 겪으면서 한 번도 하지 않았던 지지층에 대한 고민을 시작한다. 하지만 경험도 부족했고 운동권 활동으로 조직의 경험을 갖췄던 진보진영에 맞선 대항이 어려워, 손쉬운 해법으로 다른 큰 덩어리와 전략적인 연대를 모색하게 된다. 결국 김대중과 노무현 정부를 거치면서 보수진영은 사실상 처음으로 야당 생활을 해보면서 자금과 인력 동원에 대한 고민이라는 새로운 과제를 놓고 빠져나오기 어려운 수렁에 빠지고 만다.

보수가 손을 잡은 것은 종교 세력과 안보 단체들이었다. 노무현 정부에 들어서면 2004년 반핵반김국민협의회가 등장한다. 2003년 한국기독교총연합회가 개최했던 '나라와 민족을 위한 평화기도회'가 모태가 되어 '구국협의회'가 구성되고 반핵반김국민협의회의 활동이 시작되었던 것이다. 구국기도회와 결합된 종교적 색채가 강한 이 보수성향의 '아스팔트 우파'는 오프라인 현장에서 자주 모습을 드러내 보이면서 중도층에게 보수의 이미지를 군복과 십자가, 성조기로 각인시키는 데 큰 역할을 했다.

대한민국은 신정국가가 아니고 세속국가이다. 종교의 자유는 무한하게 허용되어 있기에 종교적으로 어떤 주장을 하는지는 자유지만 정당이 특정 종교집단에 대한 의존성을 가지게 되는 것은 매우 우려스러운 일이다. 자체적인 인력 동원 능력과 자금 조달 능력을 상실하고 외주를 주기 시작한 보수는 그렇게 종교와 결부되기 시작했다.

● 종교인 비율 1984-2021

		종교인(현재 종교 믿는 사람) 비율					
		1984년	1989년	1997년	2004년	2014년	2021년
	전체	44%	49%	47%	54%	50%	40%
성별	남성	34%	40%	36%	44%	44%	34%
	여성	53%	58%	58%	63%	57%	56%
연령별	19~29세	36%	39%	36%	45%	31%	22%
	30대	45%	46%	47%	49%	38%	30%
	40대	49%	54%	53%	57%	51%	32%
	50대	53%	58%	56%	62%	60%	43%
	60대 이상					68%	59%

- 19~29세(이하 '20대')의 1984~2004년 수치는 18~24세, 25~29세 조사 결과의 평균
- 1984~2004년의 50대는 50대 이상 의미. 2014년부터 50대와 60대 이상 별도 구분
- 2014년의 60대는 2004년의 50대, 1984년의 20대에 해당

● 종교 분포 1984-2021

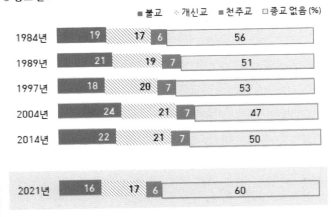

- 그 외 다른 종교: 1984년 3%, 1989년 2%, 1997·2004년 1%, 이후 1% 미만
- 시기별 전국(제주 제외) 성인 1,500~2,000명 면접조사. 한국갤럽 www.gallup.co.kr

출처 : 2021-05-28 한국인의 종교 (한국갤럽)

질문) 귀하는 현재 믿으시는 종교가 있습니까? (있다면) 어느 종교를 믿으십니까?

2021년 3월 18일~4월 7일		사례수 (명)	현재 믿는 종교				
			불교	개신교	천주교	기타	없음
전체		1,500	16%	17%	6%	0.4%	60%
성별	남성	743	12%	16%	5%	1%	66%
	여성	757	20%	19%	7%	0%	54%
연령별	19~29세	251	4%	14%	3%	1%	78%
	30대	235	6%	19%	5%		70%
	40대	284	11%	15%	6%	0%	68%
	50대	297	23%	14%	6%	1%	57%
	60대 이상	432	28%	23%	8%		41%
직업별	농/임/어업	27	–	–	–	–	–
	자영업	189	25%	18%	6%	0%	51%
	기능노무/서비스	546	15%	16%	5%	1%	63%
	사무/관리	300	10%	19%	7%	0%	64%
	전업주부	247	28%	20%	6%		46%
	학생	82	3%	13%	4%	1%	79%
	무직/은퇴/기타	109	10%	20%	6%		64%
지역별	서울	291	15%	21%	8%		56%
	인천/경기	474	10%	20%	7%	0%	64%
	강원	46	–	–	–	–	–
	대전/세종/충청	160	11%	21%	7%	1%	61%
	광주/전라	149	12%	22%	7%	0%	58%
	대구/경북	149	24%	12%	4%	1%	59%
	부산/울산/경남	231	32%	6%	2%	1%	59%

- 소수점 아래 반올림 때문에 백분율 합계는 ±1차이 발생 가능하며, 이는 오류가아님
- 50사례 미만은 수치 제시하지않음. 한국갤럽 한국인의 종교 2021 www.gallup.co.kr

　　보수정당의 주요 지지층을 고령층, 은퇴자, 가정주부로 본다면 종교인 비율이 높은 곳이 보수정당의 주요 지지층과 겹치는 현상을 발견할 수 있다. 젊을수록 종교인 비율이 낮고, 특히 해를 거듭할수록 감소하는 개신교 신자의 수를 생각해보면 이것은 역진이라고 할 수 있는 형태의 진화다. 시민의 종교 의존도는 낮아지는 데 반해 정당의 종교집단에 대한 의존도는 높아지고 있다.

종교가 한국 사회에서 많은 기능을 수행하던 시절이 있었다. 독립운동 과정에서부터 기독교를 위시한 종교지도자들의 역할이 컸고, 민주화 과정에서도 종교의 긍정적 기능은 결코 간과해서는 안 된다. 사회복지의 측면에서도, 시민들에게 심리적 안정을 제공하는 측면에서도 아직 그 순기능은 존재한다.

국민의힘의 당 대표로 재직하면서 당원 수를 늘리기 위해 끊임없이 노력해왔다. 당은 전체 당원 수가 적으면 적을수록, 견고한 지지층이 있는 집단들에게 휘둘릴 가능성이 크기 때문이었다. 대한민국의 이념적 절반을 책임져야 하는 정당이 종교집단에 휘둘리면 반드시 해야 할 논의를 하지 못하고 내야 할 메시지를 내지 못하는 경우가 늘어나기 마련이었다. 종교의 경전에 따른 교리보다는, 사회문제를 논리로 접근하는 중도층의 다수 유권자에게 접근할 방법이 없기 때문이다.

그렇다면 보수는 어째서 연달아 세 번이나 선거에서 이겼을까? 김종인과 이준석의 보수를 탈바꿈하기 위한 시도는 이제껏 보수정당에서 해오던 전략과 방식을 답습하지 않았기에 선거에서 이기는 결과가 나오기 전까지는 오히려 내부에서 더 많은 공격을 받았다. 많은 것을 감내하면서 전략과 전술을 짜서 밀어붙였으나 결과적으로 당시 김종인과 이준석 모두 내부 공격 때문에 정치적 상처를 많이 입은 것이 사실이었다.

보수진영이 오랜만에 얻어낸 선거 승리는 2021년에 치러진 서울시장과 부산시장 보궐선거였다. 그리고 선거의 돌풍은 10년 간 실패를 거듭해오던 오세훈의 재기에서 비롯되었다. 아울러 김종인 위원장이 2021년 5·18 영령 앞에 무릎을 꿇은 것은 매우 상징적인 정치적 행위였다. 사실 김종인 위원장은 5·18민주화운 동에 직접적인 부채가 없는 사람이다. 실력 있는 경제학자로서 전두환과 노태우 정권에서 일했고 오히려 광주시민들이 긍정적 으로 평가할 만한 재벌개혁이라든가 경제 민주화를 위해 그 이 후로도 수십 년간 일관된 주장을 해왔다.

　　그럼에도 불구하고 80대의 노구를 이끌고 김종인 위원장은 당을 대표하는 자격으로 무릎을 꿇었다. 첫째로 평가받아야 할 것은 그의 용기다. 5·18에 대해서 여러 가지 왜곡된 생각을 가지 고 있는 일부 강경보수의 분위기를 전혀 신경 쓰지 않았고, 오롯 이 상식의 선에서 판단했다. 두 번째 특징은 선거 승리를 향한 그 의 강한 승부욕이었다. 누구나 나이가 들수록 생각이 완고해지 고, 머리를 숙이지 않으며, 때로는 뻔뻔해지기 마련인데, 김종인 위원장은 지휘관으로서 선거에 이기기 위해서는 지금까지 다른 보수 지도자들이 외면해왔던 과제를 꼭 짚고 넘어가겠다고 다짐 했던 것이다.

　　김종인 위원장의 그 선택 덕분에 보수정당은 광주와 전라도에서 과거가 아닌 미래를 이야기 할 수 있는 시금석을 놓게 되었고, 지금까지 보수가 암묵적으로 수행해왔던 전라도 고립전략이 아니라 오히려 적극적인 전라도 표심 공략으로 전환할 수 있었던 것이다.

우리나라에서는 대통령 선거에서 보통 후보 간의 양자 대결이 펼쳐지고 단순 다수자가 승리하기 때문에 결국 최종 표차 10% 이내의 박빙 선거가 많이 펼쳐진다. 호남공략을 통해 달성한 호남지지율 15%의 의미는 자명하다. 보수는 4연패 후에 왜 3연승을 달렸을까? 근본적으로 보수정당에서 해오던 전략과 방식을 답습하지 않았기 때문이라는 게 나의 결론이다.

03.

오세훈의 당선을 확신한 이유

2020년 말에 오세훈 시장을 만났다. 몇 달 전 서울 한 지역에서 21대 총선에 나와 당일 투표에서는 이겼지만 사전투표에서는 표를 많이 잃어 낙선한 입장에서 4년 뒤의 권토중래를 바라며 다시 뛰기에 그는 너무 지쳐 보였다. 냉정하게 보면 주변에 도움받을 곳이 전혀 없어 보였다. 모든 것을 투자해서 이겨보려고 했던 2019년 자유한국당 전당대회에서 황교안 후보에게 소위 '당심'에 밀려 패한 그에게는 다음의 이정표가 될 대선에서의 선전도 장담하기 어려운 상황이었다. 나는 서울시장 선거에 나가셔야 한다고 말했다. 복잡하게 생각하지 않았다. 오세훈이라는 사람이 그렇게 무너지면 나도 언젠가는 그렇게 무너질 것 같았다.

TV에까지 나오는 유명 변호사로 활동하다가 40세의 나이에 서울 강남구에서 공천받아 정치를 시작한 그는 로열로드를 걸을 수 있었지만 초선 때부터 자신이 바꾸고 싶었던 정치의 모습을 용기 있게 설파했다. 정치자금을 투명하게 하자는 정치자금법, 선거공영제를 실시하자는 공직선거법을 비롯하여, 지역 토호를 양산했던 지구당 폐지를 위해 정당법을 모두 바꾸자며 5공 인사들의 용퇴까지 주장하고 차기 총선 불출마를 선언했던 사람이었다. 무언가를 이루기 위해 자신의 것을 희생하면서까지 그 뜻을 관철시키려 했던 그가, 지금보다도 훨씬 권위적이었던 한나라당에 던진 충격은 컸다.

이후에 오세훈 시장이 무상급식 주민투표를 추진한 것도 누군가는 정치적 야심이 컸기 때문에 다음 행보를 노리고 나섰다고 하지만, 시의회를 다수를 차지한 당에게 빼앗긴 상태에서 시정을 마음대로 펼 수 없는 상황이라면 승부수를 던질 수밖에 없었다고 본다. 그것이 경솔하다고 비판하는 사람도 있겠지만 나는 정치를 하면서 그런 큰 것을 대범하게 걸 줄 아는 승부사적 기질을 가진 사람들을 좋아한다. 사실 그전까지 나와 오세훈 시장의 교류는 그렇게 빈번하지 않았다. 하지만 적어도 용기 있고 어려운 길을 마다하지 않는 사람들이 성공하는 모습을 꼭 보고 싶었고, 그래서 내 선거인 양 모든 것을 쏟아부어 선거에 뛰어들었던 기억이 난다.

오세훈 시장에게 출마를 종용할 때 했던 말이 기억난다. 이번 선거에서는 당내경쟁에서 무조건 당신이 승리할 것이라고 말했다. 이유는 간단했다. 당시 보수성향이 아닌 중도나 상대 진영 유권자들에게, 유력 경쟁자였던 나경원와 안철수 두 사람과 오세훈을 비교해달라고 부탁하면 어떤 조합에서도 '오세훈이 낫다'는 이야기가 나왔다. 요즘 들어 그런 이야기를 역선택이라고 부르는 사람들이 많아진 것 같은데, 나는 역선택이라기보다 실제로 중도나 민주당 지지층이 나경원과 안철수 두 사람을 상대적으로 오세훈보다 덜 좋아할 명백한 이유들이 분명히 있다고 생각했다. 따라서 그들의 평가나 선택은 역선택이 아니라 오히려 오세훈의 확장성이라는 생각을 했다.

실제로 나타난 선거 결과에서 오세훈 후보는 서울시 426개 동 중에서 421개 동을 휩쓰는 압도적인 승리를 거둬냈고, 민주당 우세지역인 서울 강북지역에서 받아낸 표수는 놀라울 정도였다.

서울시장 보궐선거 기간에 재미있는 해프닝이 있었다. 오세훈 캠프는 경선기간 중에도, 본선기간 중에도 당의 체계적인 지원을 받지 못했다. 당의 후보가 단일화에서 패배하면 선거득표 결과가 나오지 않기 때문에 15% 이상 득표해야 받을 수 있는 선거비용 전액보전을 받을 수 없다. 그래서 선거 때마다 단일화 판에 끼어드는 안철수 후보 때문에 당에서는 으레 후보에게 지원하는 자금마저도 지원을 꺼려했다.

지난 대통령 선거에서 윤석열 후보가 호남 유권자들에게 200만 장의 손편지를 보내어 화제가 된 적이 있었다. 공직선거법에서는 예비후보자 또는 해당 후보자가 선거구 세대수의 10%에 해당하는 유권자명단을 지자체로부터 받을 수 있었다. 그 명단을 대상으로 예비후보자 홍보물이라는 것을 보낼 수 있는데 이것을 손편지로 대체해서 보낸 것이었다. 전국 2,370만 세대 중에서 10%에 해당하는 230만 통가량의 손편지를 모조리 호남지역 유권자에게 보낸 기획이었다. 이 아이디어는 사실 오세훈 서울시장 후보를 위해서 기획했던 것이었다.

이것은 우편값과 인쇄비용을 포함해서 상당한 비용이 수반되는 일이었기에 당에서 자금지원을 받아와야 하는 상황이었다. 서울시장 선거에서는 보수정당의 약세 선거구들인 소위 노도강(노원구, 도봉구, 강북구), 금관구(금천구, 관악구, 구로구)의 40~50대 세대주에게 모두 보낼 생각이었다. 그런데 단일화 판이 벌어지는 바람에 중앙당에서는 오세훈 후보가 단일화에 지는 상황을 염려하여 자금지원을 신속하게 하지 않았고, 결국 발송시한을 넘겨 그 계획은 실현되지 못했다.

만약 오세훈 후보가 그 시기에 더 적극적인 지원을 받아서 선거를 뛰었다면 서울의 약세 선거구에 오세훈표 손편지가 수십만 통 배달되었을 것이고, 더 큰 격차로 이겼을지도 모른다. 다만 그 아이디어를 그때 써버렸다면 대선 때 '호남편지'가 그만큼 효과가 나오지는 않았을 것이고 대통령 선거의 결과가 바뀌었을지도 모른다.

이렇듯 당의 지원이라는 것은 서울시장 선거 초기에 매우 미약했고, 나와 일부 젊은 당협위원장을 제외하고 오세훈 시장 선거 캠프에 적극적으로 참여한 주요 인사들은 없었다. 결과적으로, 선거 캠프 안의 일들은 딱히 큰돈이 드는 일이 아니면 몇몇 사람의 논의를 통해 선조치하고 후보고되는 경우가 많았다. 하지만 이 선거를 기점으로 보수정당의 선거 전략은 큰 변화를 겪었다.

04.

조선 시대에 태어났어야 할 이들의 정치

여의도에서는 국회의원을 보통 '영감'이라고 부른다. 보좌진들도 '우리 영감'이라고 부르기도 한다. 그 표현은 아마 조선 시대 때 고관들을 부르는 칭호에서 가져왔을 것이다. 정2품 이상의 판서나 의정 등을 '대감'이라고 부르고, 빨간 관복을 입는 종2품, 정3품을 대상으로 영감이라고 불렀다. 실제 차관급으로 대우하는 국회의원들에게는 '영감'이라는 칭호가 나름 어울려 보인다.

볼테르는 "정치가를 만드는 것은 탁월한 통찰력이 아니라 그들의 성격이다"라고 말한 바 있다. 문제는 현재의 정치인들이 조선 시대의 호칭만 계승한 것이 아니라 그때의 정치와 행정을 수행하던 방식까지 그대로 답습하는 것이 아닌가 걱정되는 지점이 있다는 것이다. 결국 낡은 생각에 사로잡혀 사안을 판단할 때마다 사극에나 나올 법한 상황들이 자주 연출된다는 것이 아쉽다. 조선 시대 정치인들은 유교적 질서 속에서 절대적 충성의 대상을 찾아다니며, 권위를 가진 사람에게 반문하지 못하는 일방주의적이고 전체주의적인 양태를 보이기도 했다. 이 양태는 조선 말기로 갈수록 극에 달해 매관매직을 연상시키는 자리 나눠주기를 자행하기도 했다.

더 결정적인 것은, 국가와 시민을 위한 선택을 할 때 정치인들이 과거의 철학과 관점을 기반으로 해서 판단을 내린다는 점이다. 현재를 살아가고 미래를 준비하는 세대의 입장에서는, 이 정치인들의 시대착오적 판단들이 몇십 년 동안 자신들의 삶을 지배할 상황이기에 답답할 수밖에 없다.

정치는 미래를 향한 고독한 판단의 연속이다. 정치의 산물인 제도와 법률은 소급되어 적용되지 않는 것이 원칙이고, 과거를 재단하기보다는 미래의 설계를 위해 쓰일 때 그 가치가 빛나는 것이다. 그렇기에 행정이나 사법과 다르게 입법으로 상징되는 정치는 미래를 지향하고, 때로는 몽상적인 면도 있는 것이다.

중고등학교 물리 시간에 배운 것을 다시 짚어보자면 속력과 속도는 다르다. 속력은 얼마나 빠르게 움직이는지에 대한 측정치이고, 속도는 그것에 더해서 어느 방향으로 가는지까지를 포함한다. 대한민국이 어느 방향으로 달려나갈지 제대로 선택하지 않으면, 아무리 빨리 달리고자 해도, 아무리 열심히 달리고자 해도 끝내 다다른 목적지는 우리가 바라던 곳이 아닐 수 있다.

우선 방향을 잡기 위해서는 현재 우리가 어떤 위치에 처해 있는지를 어떻게 이해하느냐가 매우 중요하다. 부산에서 대전으로 가려면 북서쪽으로 이동해야 하고, 서울에서 대전으로 가려면 남쪽으로 이동해야 하듯 먼저 우리는 시작점이 어디인지 냉정하게 파악해야 한다. 대한민국의 정치가 지금 겪고 있는 문제는 보수와 진보로 나뉘어 목적지를 다르게 설정하고 있다는 점이지만, 변해가는 시대에 따라 세대별로 현 상황을 다르게 인식한다는 점도 문제다.

대한민국의 위치를 어떻게 파악해야 할까? 지금 60대쯤 된 주류의 국회의원들은 말 그대로 전후 베이비붐 세대다. 그들은 이승만 대통령 시기에 태어나 박정희 대통령을 겪으면서 농업국이 공업국으로 변모하는 모습을 지켜보았다. 자신이 살던 초가집과 판잣집을 벗어나 서울로 상경해서 일가를 이루고 아파트 한 채씩 마련하고 자식 다 키우고 국회의원이 된 그들은 개인의 성취에 대한 자신만의 서사가 있다. 동시대의 사람들이 겪어온 공유된 경험 속에서 어쨌든 본인의 경제적 여건이나 생활은 절대적으로 개선된 것이다. 경제개발 시기에는 항상 따라잡아야 할 선진국이 있었고, 극복해야 할 대상이 있었기에 스스로 늘 도전자의 위치에 자신을 세워놓고 그 목표를 이루기 위해 노력해왔던 것이다.

하지만 젊은 세대가 살아가야 하는 대한민국은 이제 명실상부한 선진국이다. 앞서나가는 누군가를 추종할 때는 앞 사람이 밟고 걸은 발자취가 그 자체로 하나의 이정표가 되지만, 이제 대한민국은 다른 세계 강국과 함께 나아갈 길을 스스로 탐구해야 하는 위치에 처한 것이다. 선진국의 지위라는 것은 경제적 윤택함 하나만으로 보장되는 것이 아니다. 중동의 오일 머니가 국제사회에서 금권 자체로 힘을 발휘하는데도 중동의 산유국들이 정치적으로 존경받거나 존중받지 못하는 이유는 그들이 선진국간에 다뤄지는 다양한 어젠다에 있어 기준에 부합하지 못하고 있기 때문이다.

평소에 돈 자랑을 하다가 돈을 써야 할 때는 인색한 모습을 보이는 사람을 구두쇠라고 부른다. 경제적으로는 윤택함을 충분하게 누리기 시작한 대한민국이 그에 걸맞은 책임을 지느냐는 한국이 진정한 선진국으로 주변 국가에서 인정받고 존경받을 수 있는지를 가늠할 잣대가 될 것이다.

4·19혁명과 5·18민주화운동, 6월항쟁 등을 겪으면서 대한민

국의 민주주의는 어렵게 정립되어왔다. 1910년까지 왕을 모시던 나라가, 그리고 36년의 식민 지배를 받던 나라가 40여 년 만에 민주주의를 완성해나간 과정은 자랑스러우면서도 고난의 연속이었기에 더 대단하게 느껴진다. 중앙청 앞에서 4·19의 최전선에 서 있던 학생들과 전남도청을 공수부대로부터 지키던 광주시민들 중 어느 누구도 그날이 오기 전까지는 스스로가 민주주의를 위한 숭고하면서도 고통스러운 투쟁의 선봉에 서게 되리라고 예측하지 못했을 것이다.

비슷한 시기에 군주제의 경험과 제국주의에 의한 피해를 겪은 국가들 속에서 한국의 이러한 정치, 경제적 성장 경험은 독보적이기 때문에, 우리보다 민주주의의 발전 속도가 느린 나라들의 경우 하나의 모델로 삼기도 한다. 영국령으로 상당한 수준의 자유와 민주주의를 누리다가 졸지에 언론의 자유부터 결사의 자유까지, 수많은 자유를 박탈당하기 시작한 홍콩의 시민들은 2019년 홍콩 민주화운동을 통해 그들의 자유를 쟁취하기 위해 애썼다.

나는 그때 홍콩의 시위 현장을 누비며 현장을 실제로 목격하고 외국인으로서 민주주의의 침해가 일어나는 것을 관찰하고 감시하고자 애썼다. 홍콩의 시위 현장은 격렬했고, 많은 부상자가 나왔으며 내 눈앞에서 일련의 운동가들이 연행되었다.

4·19혁명이나 5·18민주화운동의 치열함에 비할 수 있다는 생각은 들지 않았지만, 시위대가 어느 누군가의 주도로 〈임을 위한 행진곡〉을 광둥어로 번안한 노래를 부르고 있다는 것을 알아챘을 때 소름이 끼쳤다. 홍콩인들이 2,000킬로미터 떨어진 대한민국의 도움과 관심을 바라고 있다는 것을 느낄 수 있었다. 그러나 대한민국 사람들은 그곳에서 벌어지는 일에 별 관심이 없었다. 그곳에는 대한민국의 보수도 진보도 없었다. 대한민국에서 자유와 경제 민주화와 정치 민주화를 외쳤던 사람들 중 아무도 그들을 찾지 않았다. 아무도.

2017년 8월에 개봉했던 영화 〈택시운전사〉는 국내 관객동원으로 1,218만 명을 기록하며 흥행에 성공했다. 이 영화를 본 1,218만 명이 5·18민주화운동에 대해서 애틋하게 느끼고, 그 진상을 해외에 널리 알려 국제사회가 관심을 갖도록 모험을 감행했던 위르겐 힌츠페터의 행동에 공감했다면, 아마 홍콩의 시민들은 대한민국의 많은 시민들이 그와 비슷하게 행동해주길 바랐을 것이다. 모두가 위르겐 힌츠페터가 될 수는 없지만, 인터넷이 발달하고, 홍콩 경찰의 과격한 진압이 중계되는 과정에서 대한민국의 많은 시민들이 관심을 가졌더라면, 대한민국 정부가 중국 정부에 홍콩 민주화운동의 평화로운 해법을 찾도록 영향을 줄 수도 있었을 것이다.

기대와는 달리 실제로 2019년의 홍콩 민주화운동에 대해서 문재인 정부와 여야를 막론한 대한민국의 대다수 정치인은 강도 높은 메시지를 내는 것을 거부했다. 그들의 이유는 간명했다. '국익'을 위해서 중국의 눈치를 보았던 것이다.

대한민국은 1945년 일본의 패망으로 미군정 아래 놓인 이후 1948년에 정부가 수립되었다. 그리고 채 2년이 지나지 않아 한국전쟁이 일어났고, 전쟁 발발 직후 낙동강 전선까지 밀려 UN이라는 국제연맹체의 도움이 없었다면 나라의 모습을 유지하기 어려웠을 것이다. 미국에서는 한국전쟁 기간에 대한민국 정부를 제주도로 이전하고 한반도를 적에게 내어줄 구상까지 했던 적이 있다. 그리되었다면 대만으로 밀려나 '자유중국'이라는 이름으로 존속한 중화민국처럼 대한민국도 '자유조선' 정도의 이름으로 불렸을 것이며 지금의 영화는 누리지 못했을 것이다. 이런 것이 바로 우리가 흔히 말하는 평행세계다.

대한민국은 국가의 존립 자체에 있어 국제사회의 큰 도움을 받았기에, 다른 나라의 자유와 존립이 위태로울 때는 좀 더 적극적인 고민을 해야 한다. 홍콩뿐만 아니라 우크라이나에 대해서도 적극적인 관심을 가져야 했던 것이다. 사람들은 홍콩 시민의 자유를 지지하고, 우크라이나의 평화를 촉구한다는 이유로 중국과 러시아가 우리나라에 한한령을 내리고 천연가스를 수출하지 않게 될 상황을 두려워했다. 아무런 행동도 하지 않는다면 대한민국은 그저 과거보다 경제적으로는 윤택해졌으나 그 경제적 실익에만 매진하느라 돈으로 측정되지 않는 소중한 가치를, 민주주의의 가치를 저버리는 나라가 되는 셈이다.

속력과 속도는 분명 다르다. 이제 대한민국은 충분한 속력을 가지고 있고, 어느 방향으로 달려나갈지 올바로 선택해야 하는 지점에 다다라 있다. 방향을 결정하는 데 있어서 일방주의적이고 전체주의적인 양태로는 다가오는 미래의 파도를 이겨낼 수 없다. 그런 면에서 정치는 탄탄하고 탄력 있게 미래를 위한 설계를 마련해야 할 최전선에 서 있다.

05.

공정이란 무엇인가?

나는 이전에 출간한 책을 통해서 합리적인 보수의 가치와 미래의 지향점을 '공정한 경쟁'이라고 정리한 적이 있다. 정치의 핵심을 경험과 연륜에서만 찾지 않고 '실력과 실력주의'에 맞추는 것뿐만 아니라 그것이 시대정신이라고 생각했다. 지금도 그 생각에는 변함이 없다.

지난 몇 년 동안 대한민국 사회의 중심에서는 공정 담론을 빈번하게 다뤄왔다. 그리고 정치인들마다 공정을 매개로 유권자와 소통하고, 지지를 형성해왔다. 공정이라는 개념은 절대적인 가치처럼 보이지만 매우 자의적이고 가변적인 잣대다.

일례로 입시제도에서 모든 응시생을 계량화가 가능한 성적과 시험점수로 줄 세워 입학시키는 것이 공정인지, 아니면 각자 처한 환경에 따라서 다른 잣대를 가지고 평가하는 것이 공정인지는 가치판단의 문제다. 그리고 그 판단이 적용되는 일정한 기간을 우리는 시대로 구분한다.

정치적 시각에서 바라볼 때 공정이라는 가치는 마찬가지로 모호하다. 그래서 이 책을 관통하는 공정에 대한 정의가 무엇인지를 우선 밝히고 시작해야 혼란이 없을 것 같다. 공정의 첫 번째 형식적 구성요건은 '꿈꿀 수 있는가'다. 현실적인 난이도와 관계없이 누구나 가장 높은 곳에 도전할 수 있는 길이 열려 있는지가 중요하다. 대한민국은 사실 누구도 대통령에 입후보할 수 있다. 선거기탁금이 3억 원이나 되기 때문에 상당한 용기를 필요로 하지만 형식적으로는 누구나 용꿈을 꿀 수 있는 사회다. 누구나 왕이 될 수 있는 세상이다. 대통령뿐만 아니라 각 위의 선출직, 의원이나 시장, 군수도 꿈꾸는 데에는 제약이 없다.

그러나 헌법이나 법률이 보장해주는 그 꿈꿀 권리를 넘어서 실질적으로 더 많은 사람들이 그 꿈을 향해 달려나갈 수 있는 환경을 만드는 것이 공정사회를 향한 우리의 과제다. 실질적으로 3억이 없어도 누군가가 꿈꾸고 도전할 수 있는 세상을 지향하는 것이다. 이 책에서 담아낼 선거개혁과 정책개혁, 그리고 정치개혁과 정당개혁의 목표는 더 많은 사람이 꿈을 향해 앞으로 달려갈 용기를 가질 수 있는 시스템을 구축하는 것에 있다.

많은 사람이 용기를 가지고 달릴 수 있는 환경이라는 것은 매우 정의로운 목표처럼 보이지만 모두가 이 방향에 동의하는 것은 아니다. 조선 시대 때 세종은 '훈민정음'을 창제해 더 많은 사람이 문명의 혜택을 보기를 기대했지만, 상당한 저항에 직면해야만 했다. 기득권층에게 글이라는 것은 그들이 구축한 사농공상의 계급구조를 유지하는 중요한 허들이었기 때문이다. 그 장애물이 사라지는 혁명적 변화를 본인들의 계급해체로 받아들였기 때문이다.

이런 계급의 해체, 독점적 권리의 해제는 항상 혁명적인 변화를 가져온다. 명문대 출신의 방송국 PD들이 독점하던 방송계는 이제 웹캠 하나 들고 재능으로 승부하는 유튜버들과의 경쟁 속에서 빠르게 재편되어가고 있다. 섭외를 담당하는 방송국 PD나 작가에 의해 간접적인 평가를 받던 시스템에서, 영상마다 기록되어 나타나는 조회수로 냉정하게 평가받는 시대가 온 것이다. 웹캠이나 셀카봉 하나 들고 시작할 수 있는 매우 낮은 허들 속에서 방송인을 꿈꿀 권리는 모두에게 현실로 보편화되었다.

반면 아직까지도 정치계에 둘러쳐져 있는 높은 허들은, 정치에 접근하는 많은 능력 있는 신참자들의 참여를 제한하는 반면에 이미 진입한 사람들에게는 안락함을 제공한다. 이러한 높은 허들을 걷어내는 것은 이미 진입한 사람들의 강한 저항을 불러올 수밖에 없는 혁명이다. 따라서 이 허들을 낮추고 고른 기회를 확대하는 개혁은 모든 지점에서 강한 역풍을 뚫어내야 하는 과제이자 숙명이다.

누군가가 내게, 고른 기회를 확대하겠다는 생각을 구체화해서 어떤 세상을 만들고 싶은가 질문한다면 단언컨대 상계동 20평대 아파트에 사는 평범한 가정에서 자라왔던 이준석이 다시 태어나도 정당의 대표가 될 수 있고 그 이상을 꿈꿀 수 있는 세상을 만들고 싶다고 답할 것이다. 물론 이준석이라는 개인이 전당대회를 통해 정치적 성취를 이루는 과정은 여러 가지 운과 노력, 그리고 특혜의 조합이었다. 운과 특혜의 요소를 배제하고도 이 자리에 그 꿈꾸는 누군가가 다시 올 수 있다면 그 사회는 공정한 사회라고 할 수 있다. 그러한 사회와 세상은 거부할 수 없는 미래다. 박근혜 대통령이 비대위원이라는 좋은 기회로 영입한 특혜가 없어도, 그리고 여러 좋은 정치적 동지를 만나는 행운이 없어도 큰 꿈을 꾸고 이룰 수 있는 세상을 바라면서 이번 책에 그 내용을 설계해보고 싶다.

1장

현실의 정치,
정치의 현실

01.
정치의 효용감을 높이는 방법

　　모든 서비스와 재화는 그것을 구매하고 지불하는 사람에게 어떤 효용 가치를 갖느냐에 따라 가격이 형성된다. 독과점이나 특수한 상황이 아니라면, 서비스의 가격이 너무 과할 경우 구매를 하지 않게 된다. 마트에서 삼겹살을 사와 집에서 구워 먹을지, 아니면 식당으로 가서 삼겹살을 사먹을지를 선택하는 일은 식당이 나에게 주는 효용, 즉 사람들과 어울릴 수 있다는 점, 혹은 집에 삼겹살 냄새가 배지 않는다는 점 등의 가치에 따라서 달라진다.

　　해당 서비스 또는 재화에 얼마를 지불할 의향이 있는가? 결국 이러한 질문에 답할 줄 아는 것이 비즈니스의 기본이다. 이것을 WTP(willingness to pay)라고도 한다. 요즘 젊은 세대가 가계부를 쓰는 경우는 드물지만 신용카드 데이터 등으로 분석한 소비패턴을 보면 코로나의 영향과 함께 문화소비와 전자상거래 비중이 대폭 높아졌다. 특히, 매달 결제일이 되면 많게는 십만 원까지도 소위 구독 서비스에 자동 지출하는 경우가 늘어났다. 젊은 사람들은 OTT 서비스 하나쯤은 구독하고 있고, 유튜브를 보다가 광고 제거를 위해 쉽게 결제하기도 하고, 쿠팡이나 마켓컬리 등의 멤버십에 가입하기도 한다. 그것들이 주는 효용 또는 그것 자체 없이는 생활하기 어려운 시대가 오고 있기 때문이다.

정당도 마찬가지로 정치 효용감이라는 서비스를 팔겠다는 생각으로 접근해야 한다. 그리고 그 비용을 부담하는 당원들의 효용감을 측정하고 새로운 아이템을 발굴하기 위한 시도를 멈추지 않아야 한다. 하지만 대한민국에서 정당이 이런 시도를 하지 않는 것은 국고보조금의 액수가 상당하기 때문이다. 연간 수백억 원씩 세금으로 지원받아 운영하는 정당이 신기술 투자나 배당을 할 것도 아니고, 영업실적에 따라 수입액이 달라지는 것도 아니기에 대한민국 정당들이 방만하게 운영되는 것은 어쩌면 당연한 일이다.

정당의 수입은 크게 보조금과 당비, 그리고 후원금으로 나눈다. 보조금은 국가가 세금으로 각 정당에 일정한 기준에 따라

지원하는 금액을 말하며, 교섭단체 기준으로 연간 지급액이 상당하다. 당비는 당원들이 자발적으로 각 당의 구좌로 일정하게 납부하는 금액을 말하며 당에 따라 월 1,000원에서 10,000원 정도의 당비를 경선투표권을 가진 당원에게 부과하는 경우가 있고, 또한 맡고 있는 각 당직에 따라 납부하는 직책 당비도 있다.

보조금은 원내 교섭 단체를 중심으로 유리하게 배분하기 때문에 원내 1당과 2당 정도까지는 의석수와 관계없이 비슷하게 분배된다. 그리고 당비와 후원금의 경우 당세나 당의 상황에 따라서 수입액의 차이가 많다. 당비는 당원들만이 납부할 수 있지만, 후원금의 경우 당원을 포함해 누구나 납부할 수 있다는 차이가 있다.

당원들은 자발적으로 납부한 당비를 통해 당의 운영에 참여하고 의견을 낼 수 있는 공간이 마련되기를 기대한다. 보통은 각 정당에서 당내 선거권을 가질 수 있는 당원이 되려면 월 1,000원에서 10,000원 사이의 당비를 일정 기간 납부해야 한다. 하지만 선거에 참여하는 선거권 이상의 다른 권한을 실질적으로 보장해주는 당은 많지 않다. 당원들에게 당에 참여하는 보람을 주고 의견을 내고 정책을 반영할 수 있는 고리를 만들어내는 일은 그래서 매우 중요하다.

당원들이 정책이나 당의 방향에 대해서 매번 여의도에 와서

의견을 밝히는 것은 불가능하다. 따라서 책임당원이 수십만 명이 넘는 상황에서는 주기적인 당원투표로 당원들의 의사를 확인하는 것도 좋은 방법이다. 예를 들어 당의 중요한 정책에 대해서는 당원들의 의사를 직접 물어보는 것이 당의 방향을 정하는 데 있어서 부담을 덜어낼 수 있는 방법이다.

현재 국민의힘은 당원용 모바일 어플리케이션을 별도로 가지고 있지 않다. 하지만 당원을 위한 앱이 마련되어 당원투표를 모바일로 손쉽게 할 수 있다면 좀 더 빈번하게 당의 입장을 정하는 데 이용할 수 있을 것이다. 현재는 특정한 사안에 대해서 당원들의 의사를 알아보기 위해서는 ARS 여론조사 등을 당원명부를 대상으로 시행해야 하는데 이 비용은 당원 수를 고려하면 만만치 않기에 경선을 제외한 다른 의사결정 과정에는 사용되지 않고 있다.

당원용 어플리케이션을 개발하여 푸시 알림을 통해 당원투표를 적극적으로 시행할 수 있다면 비용부담 없이, 그리고 단순 질의만 가능한 ARS라는 불편한 방식이 아니라 시각 자료 등까지 활용해서 정책이나 당의 방침에 대한 조사를 진행할 수 있을 것이다. 인풋 없는 아웃풋은 없다. 정치의 효용감을 높이려면 현장에서 이루어지고 있는 당원들의 요구와 관심에 귀를 기울여야 한다.

02.

당원동지라는 말

정당 가까운 곳에서 활동해본 사람이라면 '당원동지'라는 말을 자주 듣게 된다. 그 외의 경우 이 말은 영화 속에서 종종 듣는다. 2차대전의 독일과 소련의 전쟁을 다룬 영화에 등장하는 'comrade'라는 단어나, 〈남부군〉과 같은 한국전쟁의 참화를 그린 영화 속에서 '동지'라는 표현을 접하는 것만큼이나 현실 속에서는 듣기 어려운 단어다.

그만큼 대한민국에서 당원이라는 단어는 매우 강한 색채를 가진 단어다. 어느 정당에 당원으로 가입한다는 것은 짙은 정치색을 드러내 보이는 행위라는 인식이 강하다. 일상생활 속에서도 어느 당의 당원이라는 것이 알려진다면 불이익을 받을 수도 있다는 우려로 사람들은 당원 가입을 꺼리게 된다.

당원이 되면 좋은 것이 무엇인지, 그리고 불편한 것은 무엇인지 명확히 구분해야 한다. 당원이 되었을 때의 혜택이 충분하다고 생각해야 자발적인 당원 가입의 구조가 유지되는 것은 당연한 얘기다. 지금 대한민국 주요 정당의 당원들은 당내에서 의견을 표출하거나 당의 운영에 참여하는 구조가 잘 확립되어 있지 않기 때문에 당원 가입에 대한 동인이 매우 부족한 상태다.

지난 대통령 선거에서 광주에서 복합쇼핑몰의 구축 이슈가 등장했을 때 더불어민주당의 정치인들은 선택의 기로에 설 수밖에 없었다. 일반적으로 국민의힘의 영남 지역구나 더불어민주당의 호남 지역구의 경우 당원의 수가 많기에 대체로 경선 실시가 가능할 정도의 충분한 당원 수를 확보하고 있다. 사실 어느 지역구나 정치인과의 친분이 자신에게 가장 큰 도움이 되는 직업군은 자영업자다. 지역에서 자신의 사업에 종사하는 경우 사업에 필요한 여러 가지 민원 등을 신속하게 해결하기 위해 지역정치인과의 친분을 다져놓는 것이 유리하기 때문이다. 그리고 영남과 호남 지역구와 같이 특정 당에 대한 지지가 자신의 사업에 불리하지 않은 곳에서는 그 친분을 바라고 당원으로 가입하는 경향이 더 짙게 나타난다.

광주 복합쇼핑몰을 유치하자는 국민의힘의 주장은 광주지

역의 부동산 카페나 일반 대중에게 큰 반향을 일으켰다. 하지만 더불어민주당 정치인들은 여기에 기민하게 대응하지 못했다. 본인들의 당원 지지기반이 복합쇼핑몰과 경쟁 관계에 있었던 전통시장 상인들과 자영업자 위주로 구축되어 있었기 때문이다.

그렇다면 그에 더해서 은퇴층이나 주부층은 왜 당원 가입에 적극적일까? 2010년 이후 지방자치제 선거에서 복지 어젠다가 매우 강하게 등장한 이후 지자체의 역할 중 지역 내 공공 일자리, 갖가지 복지 급여 등과 관련된 것이 늘어나면서 자치단체장의 영향력이 커지기 시작했다.

예를 들어 자치구마다 시설관리공단, 서비스공단 등의 이름으로 존재하는 일자리는 대부분 기초단체장 선거와 함께 엽관제 비슷하게 돌아가고 있다. 실질적으로 적극적인 정당 활동을 한 사람들에게 엽관제의 성격으로 제공되는 일자리가 있다면, 은퇴층과 경제활동을 하고 싶으나 기회가 없는 가정주부층 등에게는 정당 가입과 활동이 매력적으로 보일 것이다.

젊은 층이 정당 활동에 적극적이지 않은 이유는 이 모든 현상의 반대로 생각하면 된다. 우선 지역 안에서 보내는 시간이 적고 잠만 자고 출퇴근하거나 통학하는 세대는 지역 내의 이권, 또는 지역 내 이슈에 영향을 적게 받는다. 거주하는 지역에 저가로 이용할 수 있는 공공 스포츠센터가 생긴다 한들, 지역 안에서 가을 축제를 통해 먹고 즐긴다 한들, 일상에 고달픈 젊은 세대의 입장에서는 혜택이라고 보기 어렵거나 심지어 참여하고 싶지 않은 활동일 가능성이 높다. 그래서 보통 정당이나 정치와 거리를 두게 되는 것이다.

특히 영남과 호남 같은 각 정당의 강세지역일 경우 당원들의 자영업자층, 은퇴층, 주부층 들의 편중 현상은 더더욱 심해지고, 이것이 정당의 구성이 민심과 괴리되는 중요한 원인 중 하나가 된다. 또한 자연스럽게, 여야를 막론하고 이런 지지층은 화이트칼라 층이나 학생층에 비해 가용할 수 있는 시간이 더 많기 때문에, 극단적인 주장을 펼쳐놓는 유튜브 등에 대한 노출도도 높은 편이다.

당원으로 가입하는 방법은 보통 두 가지다. 종이로 된 입당원서에 당원 본인의 이름과 전화번호, 주소 등을 기입하여 제출하는 방식과 온라인의 당원 가입 사이트에서 진행하는 방법이다. 당원 민주주의를 구축하는 데 있어서 가장 중요한 것은 당원으로 가입할 때 작성한 정보가 정확한지를 검증하는 데에 있다.

당원의 주요 권리 중 하나는 당내 선거에서 한 표를 행사하는 것이다. 전국단위 선거에서는 큰 영향이 없지만 국회의원 및 단체장, 지방의원을 뽑는 선거에서는 당원이 실제로 해당 지역구에 거주하는지 확인하는 것이 중요하다. 하지만 지금 어느 정당도 이것을 정확하게 확인하지 못하고 있다. 정확하게는 확인할 방법이 없다. 온라인 당원 가입의 경우 이름과 휴대전화 번호를 인증해서 이름과 휴대전화 번호의 명의가 일치하는 것까지는 검증할 수 있지만, 주소지가 맞는지는 도무지 검증할 방법이 없다.

예를 들어 부산에 사는 모 인사가 노원병 당협에 해당하는 서울시 노원구 상계동 거주자라고 주장한다면 그를 노원구병 당원명부에 추가할 수밖에 없다. 이런 사람이 한두 명이라면 경선 결과에 큰 영향을 주지 않지만, 이런 사람이 50여 명만 되어도 경선 결과에 매우 커다란 차이를 가져올 수 있는 것이 현실이다. 실제로 당에서 간혹 동일 주소지에 한 가족이라 볼 수 없을 정도로 과도하게 많은 당원들이 등록된 경우가 발견되기도 한다. 해당 지역 거주자가 아닌 사람들이 경선을 앞두고 허위로 주소지를 등록했을 가능성이 매우 높은 경우다.

정당이 개인의 주소지를 조회할 권한이 없는 만큼 이것은 어느 정당이나 감내하고 있는 리스크다. 실제로 이러한 당원 주소지 불명으로 인해 박빙 경선이 벌어진 곳에서는 심각한 갈등이 발생하기도 한다. 존재하는 것은 사실이지만 실체를 확인할 수 없는 '당원동지'라는 말은 어쩌면 떠도는 사람들의 우편번호를 찾는 것만큼이나 무겁고 버거운 단어다.

03.

정당의 힘, 국민의 힘

정치는 결국 합법적이고 평화적인 방법으로 권력을 쟁탈하고자 하는 사람들이 벌이는 격투기다. 더 비열하고 치열할 수 있는 쟁탈전에서 경기의 룰을 정해놓고 겨루는 일이다. 권투경기는 글러브를 끼고 상대를 공격해야 한다는 룰이 정해져 있는데, 이 룰이 지켜지지 않으면 난투극이 되어버린다. 갑자기 주먹으로 싸우다가 상대를 발로 뻥 차버린다든가, 숨겨놨던 칼을 들고 나오는 순간 모든 것이 헝클어진다.

정치에서 게임의 룰은 시민들의 마음을 얻는 것이고, 결국 선거라는 절차를 통해 승리하는 것이다. 과거 전제군주정에서는 권위를 획득하는 방식이 혈연관계를 통해서 왕족의 지위를 갖거나 왕에 대한 충성을 통해 부여받은 권리를 행사하는 형태로 이루어졌다. 이것은 어쩌면 그 시기에 가장 효율적인 권위 부여의 방식이었을 수 있다. 권리를 행사하기 위한 최소한의 교육이나 지식, 정보가 극히 소수에게만 열려 있었고, 그 소수의 엘리트층을 제외하고는 권력과 권위가 부여되는 절차에 대해 문제의식을 가질 사람이 없었기 때문이다. 의외로 사회적인 각인과 세뇌가 견고하게 사람을 지배하는 까닭에, 조선 시대 때는 사농공상의 질서를 무너뜨리려는 시도가 500년 왕조 속에서도 아주 드물게만 나타났다. 인도에서 아직도 카스트제도 같은 사회적 계층 구조가 유지되는 것을 보듯, 한번 정립된 사회적 관습을 깨는 것은 어려운 일이다. 때로는 프랑스 혁명처럼 혁명이라는 단어까지 붙여줄 만큼 어렵다.

왕이 부여해주는 권위가 아니라면 국가를 이끌 수 있는 권력을 부여받는 방법은 크게 두 가지다. 첫 번째는 공정한 경쟁의 선발 과정을 통해 공채 형태로 일할 기회를 부여받는 것이고 두 번째는 다수의 지지를 얻어 투표를 통해 선출되는 것이다. 남들보다 실력이 뛰어나거나, 아니면 본인이 대표하는 집단이나 조직의 지지로 권위를 만들어내는 것이다.

결국 대한민국의 정치혁명이라는 것도 정치에 대해 제한된 인력만이 접근할 수 있는 현 상황을 누구나 실력과 노력만으로 진입할 수 있도록 만들어내는 것에 있다. 대한민국의 주요한 의사결정을 하는 주체가 관료조직과 정치집단이라면, 관료조직은 실력에 의한 진입이 가능해졌다. 오히려 실력 외에는 다른 진입 경로가 막혀버린 정도에 이르렀다.

지금 대한민국에서 '어공'이라 불리는 별정직이 아니라 소위 '늘공'이라고 불리는 직업 공무원이 되려면 공개채용의 절차를 거치지 않고는 불가능하다. 대기업 회장의 손자도, 상계동 어느 회사원의 아들도 공무원이 되려면 직급에 맞는 공채 절차를 거쳐야 한다. 응시생이 공채를 준비하는 과정에서 집에서 지원받을 수 있는 정도 등에서 차이는 있을 수 있겠지만 사회적으로는 동등한 기준에 의해 평가받는다고 신뢰되고 있다.

정치집단도 결국 권위를 만들어내기 위해서는 공개채용이나 선거라는 두 가지 방법을 이용해야 한다. 그런데 대한민국에서는 국민의힘과 민주당이라는 양대 정당의 힘이 매우 세서 이 당에서 공천을 받는 것만으로도 영남과 호남들의 지역에서는 선거에서 상당히 유리한 국면을 맞이하게 된다. 그래서 대구에서 국민의힘 후보로 당선되는 것, 광주에서 민주당 후보로 당선되는 것만으로는 전혀 권위가 형성되지 않는다. 실제로 각 당의 우세 지역구 출신 의원들이 대중적인 정치인으로 성장하기 어려운 이유가 권위가 형성되지 않기 때문이다. 그래서 공천을 받는 과정 자체가 권위를 부여할 수 있어야 하고 그것이 바로 경선 위주의 공천 경쟁이다.

그렇다면 정당은 어떻게 구성되는가. 유권자들이 아무리 정치 뉴스를 즐겨 소비한다고 해도 정당의 구조가 어떻게 이루어지는지 아는 경우는 드물다. 정치 뉴스의 배경 화면에 등장하는 최고위원회의 활동 장면이 정당에 대한 일반적인 인식의 수준일지도 모른다.

국민의힘은 당비를 내지 않는 당원까지 포함하면 명목상 400만 명에 가까운 당원을 보유한 정당이다. 대한민국 유권자의 10% 가까이가 가입해 있다는 이 정당은 어떤 노동조합보다도, 어떤 단체보다도 거대한 규모의 조직이지만 이것이 어떻게 동작하는지는 대중의 큰 관심을 받지 못하고 있다. 정당의 구조를 잘 이해해야 정치에서 발생하는 비효율, 그리고 개혁의 대상이 무엇인지 명확하게 이해할 수 있다.

정당은 국가로 치환해보면 설명하고 이해하기 쉽다. 국가의 주인은 국민이다. 국적을 가진 모든 자유시민이 대한민국의 주인이다. 당의 주인은 당원이다. 정당에 자발적 의지로 가입한 당원 모두가 포함된다. 대한민국 5,500만 명의 국민이 모든 국가의 대소사를 매번 모여서 직접적인 의사를 표시하기 어렵기 때문에 대한민국은 선거를 통해 국가 원수부터 대의 입법기구까지 뽑아서 국민의 권한을 위임한다.

정당도 마찬가지로 정당을 이끌 대표자를 전당대회라는 전당원투표를 통해 결정한다. 결국 당 대표는 대통령에 대응하는 지위라고 볼 수 있다. 정당은 부가적으로 당 대표가 직접 행하는 권한을 보조하여 의결기능을 갖춘 최고위원회를 구성하고, 그 구성원을 최고위원들이라고 한다. 전당대회에서 마찬가지로 선출하게 되어 있다.

결국 정당의 대부분의 의사결정은 최고위원회의에서 이뤄진다고 보면 된다. 최고위원회에서 의결권을 가지고 있는 최고위원들을 제외하고 특별히 주목받는 당원들이 있다면 국회의원이다. 국회의원은 국민이 선출한 입법부의 구성원으로 정당에 소속됨과 동시에 국회 내에서 필요한 역할을 수행한다. 보통 국민들이 기억하는 주요 정당은 원내정당이기 때문에 이들의 활동이 정당의 활동으로 동일시되는 경우가 많지만 국회의원들을 이끄는 주체는 의원들이 자체적으로 선출한 원내대표 중심의 원내지도부다. 때로는 반장선거에 비유되는 원내지도부 선거는 당원 중에 국회의원인 사람들의 직접 투표로 구성된다.

원내지도부는 보통 국회 내의 협상과 정책기능을 담당한다. 원내대표가 선출되면 그는 자동으로 최고위원회에 포함되기 때문에 원내대표와 당 대표 간의 관계 속에서 각자의 업무 범위는 조정될 수 있다.

정당에서 주목받는 것은 전당대회 등에서 뽑힌 선출직 당직자들과 국민의 투표로 뽑힌 국회의원, 단체장, 지방의원 등의 선출직 공직자인데 이들은 임기를 가지고 빈번하게 교체된다. 따라서 정당의 지속성과 항상성을 유지하기 위해서는 정당에서 지속적으로 활동할 수 있는 능력 있는 당직자들이 필요하다. 국민의힘에서는 공개채용 절차를 통해 사무처 당직자들을 선발하고 있다. 일반적으로 당내에서도 잘 모르는 경우 그들을 직원이라고 표현하는 경우가 있지만 정확하게는 사무처 당직자로 호칭하는 것이 옳다.

04.
노무현은 처음부터 노무현이었다

정당의 힘은 당원으로부터 나오고, 당원의 힘은 국민으로부터 나온다. 당심은 민심을 받아들여야 하고, 민심을 받아들이지 않는 당심은 아무런 의미가 없다. 최근 가장 개혁적이어야 할 초선 국회의원들이 정당 내에서 보여주는 양상은 매우 아픈 대목이다. 대한민국 정치의 줄기 속에서 세대 대결을 일으킬 만큼은 아니더라도, 각 시대를 대표하는 세대의 기수 정도는 늘 등장해왔다. 과거의 40대 기수론이 그랬고, 386으로 시작해 586에 이른 운동권의 약진, 그리고 보수정당 내에서 남원정이라 불리며 개혁소장파 역할을 자처하던 사람들이 있었다. 이제 21대 국회도 2020년에 선출되어 3년이 지난 즈음, 과연 당을 가리지 않고 누가 소장파로서 목소리를 높여왔는지 짚어볼 때가 되었다.

우선 더불어민주당에서는 초선 그룹을 떠올리면 김남국 의원과 김용민 의원이 대표하는 조국수호대가 떠오른다. 조국 전 법무부 장관에 대한 논쟁 과정에서 방송활동으로 유명해진 뒤 공천을 받아 민주당의 우세지역구에서 무난하게 당선된 그들이 상징하는 블록이 하나 있다. 그리고 또 생각나는 더불어민주당의 초선으로는 '호소인' 시리즈의 시발점이 되었던 고민정 의원이나 윤영찬 의원이 대표하는 친문 그룹이 있다. 이들은 문재인 정부 청와대의 참모를 지냈으며 이재명 대표와 결은 달라 보이지만 당내의 문제에 대해서 쓴소리를 하는 유형의 정치인들은 아닌 것으로 보인다.

국민의힘에서는 21대 총선 기준으로 초선 비율이 57%에 달하는 59명이었다. 보궐선거로 더 많은 초선의원이 탄생했지만, 특징적인 것은 영남과 비례, 강남 3구 및 일부 우세지역구를 제외하면 초선 당선자가 전혀 없다는 것이다. 180석에 달하는 의석을 상대 당에 내준 절망적인 선거에서도 바로 당선된 초선의원들은 그전까지 이어진 보수정당의 네 번의 패배 경험을 공유하기보다는 정치 입문과 동시에 우세지역구에서 바로 당선된 이들이다. 처음 맞닥뜨린 큰 선거인 서울시장과 부산시장 보궐선거에서 바람몰이를 하며 젊은 세대의 지지가 불어온 것을 그들은 관전자 입장으로 지켜봐왔다.

사실 정치가 논리로 모두 풀리는 것은 아니지만 최소한 정치인들이 본인들의 유불리에 맞게 움직이는 이기적인 판단력이라도 보여줄 때 예측 가능한 정치가 이뤄진다. 그럼에도 가끔, 초선의원들의 정치적인 행보에 있어 논리적으로 이해되지 않는 지점들이 있었다.

2022년 6월의 지방선거에서 당 대표는 본인의 지역구에서 치러지는 노원구청장 공천도 경선으로 진행하도록 한 경선주의자인데, 2022년 7월 혁신위원회가 들어서서 당 혁신방안을 논의하겠다고 했을 때 초선 그룹에서 가장 큰 반발이 터져 나왔다. 일반적으로 현역 국회의원은 경선을 통해서 상향식 공천을 하는 방향으로 공천을 개혁하겠다고 하면 쌍수를 들고 찬성하는 것이 정상이다. 또한 여당의 공천이라는 것은 권력자가 좌지우지하기 위해 흔들어대는 순간 당에 혼란이 오고, 현역 의원들은 권력자에게 굴종적으로 눈치를 볼 수밖에 없는 상황이 되는데도 그것을 방지하기 위한 공천 방식에 오히려 반대하는 것은 이해하기 어려운 부분이었다.

지난 지방선거에서 도입되었던 PPAT라고 하는 공직후보자 기초자격평가 시험에서 실제로 낙천자가 발생하는 모습을 보면서 그런 제도가 국회의원 선거에 도입되는 것이 혁신안으로 나오지 않을까 하는 막연한 우려도 있었다고 나중에 전해 들었지만, 그것이 사실이라면 정말 부끄러운 이야기이다. 지방선거 때 사용했던 PPAT 시험지를 보면 말 그대로 누구나 공부만 하면 통과하는 성적을 낼 수 있는 시험이었다. 대한민국의 국회의원들이 그런 기초자격시험이 두려워서 본인들에게 유리한 공천제도를 걷어차고 이제 목을 늘여 권력자의 처분만 기다리고 있는 모습을 보면 안타깝다.

국민의힘의 초선의원들과 대화를 해보면 "제가 초선이라 아직 힘이 없어서"라는 말을 자주 듣게 된다. 당에서 벌어지는 이상한 일들에 대해서 스스로 문제의식을 갖고 있음에도 행동에 나서지 못하는 이유를 결국 더 큰 힘에 눌려서 그렇다고 이야기한다. 언뜻 그 이야기가 이해되지 않는 것은 아니지만 그래도 초선의원들 중 몇몇은 용기 있고 선수를 초월한 패기를 보여줘야 하는 것이 아닌가 생각했다.

내가 가까이서 몇 대에 걸쳐 국회의원들과 교류하면서, 그들의 초선 때의 모습과 재선, 그리고 3선 때의 모습을 지켜보면서 느낀 것은, 사람은 크게 변하지 않는다는 점이다. 역사 속에서 살펴봐도 노무현 대통령은 두 번 국회의원을 하는 동안, 우리가 알고 있는 그 대통령 노무현의 모습을 초선 때부터 이미 지니고 있었다. 5공 청문회에서 명패를 던지면서 항의하던 국회의원

노무현은 초선이었고, 결국 노무현은 초선 때부터 노무현이었다고 표현할 수밖에 없다는 것이다. 김영삼 대통령은 초선 때 이승만 대통령에게 독재에 대해서 강하게 항의했던 적이 있다. 그리고 김대중 대통령은 널리 알려진 것처럼 초선 시절 본인의 동료 의원을 구명하기 위해 원고도 없이 필리버스터에 나서서 저항하는 패기를 보였다.

초선의원에게 부여된 힘이 작아서, 아니면 그들에게 주어진 기회가 적어서 그들이 부당한 일에 목소리 내기를 주저하는 것이 아니라는 것이다. 노무현이 대단했던 것이고, 김영삼과 김대중은 잠재적인 지도자의 풍모를 갖추고 있었다. 다만 21대 국회에서는 단 한 사람도 그런 풍모를 가진 사람이 등장하지 않았다. 모두 스스로를 나약한 초선의원의 위치에 세워놓고 3년을 보냈다는 것이 제일 안타까운 일이다. 총선은 곧 다가온다.

2장

미래를 위한
보수의 선거 전략

01.

현재와 미래에 대한 응용법

선거 전략에 대해 이야기하고 싶은 이유는 간단하다. 보수는 이제 가만히 앉아서 대한민국의 공직선거를 이기기 어렵기 때문이다. 아직 인정하고 싶지 않겠지만, 2012년 총선과 대선 이후 연달아 선거에 패배하던 보수가 10년 만에 이기는 선거를 연속해서 이룬 이유는 무엇이고 어디에서 기인했으며, 이를 바탕으로 무엇에 더 방점을 찍어야 하는지 분석해야 한다.

조선 시대 때 유성룡이 7년에 걸친 임진왜란에 대하여 전황들을 적은 책이 『징비록』이다. 유성룡이 이 책을 쓴 이유도 간단하다. 지난 잘못과 비리를 경계하기 위해서다. 그것은 곧 새로운 방향을 설정하기 위한 반성이다. 반성을 통해 미래를 계획할 수 있기 때문이다. 아울러 전쟁이나 선거나, 승패를 떠나 주어진 결과를 우리의 현재와 미래에 응용하려면 반드시 필요한 것이 바로 '징비록'인 셈이다.

보통 정당에서 큰 선거를 치르고 나면 선거의 전반적인 과정을 분석하고 평가하는 백서를 출간하기 위해 작업에 들어간다. 그런데 2022년 대통령 선거와 지방선거 이후에는 일군의 무리가 권력을 장악하기 위해 정당을 난장판으로 만들어놓았다. 그들은 애초에 권력욕밖에 없었기에 정당을 어떻게 경영하고 선거를 어떻게 분석해야 하는가에 대한 고민 자체를 하지 않았다. 어느 곳에서도 백서를 만들어야 한다는 목소리가 나오지 않았으며, 결국 백서는 만들어지지 못했다.

백서가 만들어지지 않았기 때문에 당연히 선거에서 실제로 득표에 도움이 된 사람들의 역할과 행동은 어떠했으며, 무엇을 앞으로 반복하고 피해야 하는지 아무도 분석하지 않았다. 원래 큰 전쟁을 치르고 나면 논공행상(論功行賞, 공로를 논하여 상을 행함)이 중요하다. 나는 행상에는 관심이 없다. 하지만 논공이 정확하지 않으면 그 뒤에 치러질 선거에서 사람들이 오직 기억에 따라 타성적으로 움직일 것이고 그것은 패배로 귀결된다.

조선 시대에도 임진왜란이 끝난 다음에 논공행상의 과정이 있었다. 열심히 적과 전투에서 맞서 싸운 사람들 중에서 전공이 뛰어난 사람들을 선무공신(宣武功臣)으로 칭했으며, 선조의 피난 시기에 따라다닌 사람들을 호성공신(扈聖功臣)에 임명했다. 임진왜란의 승리를 이끈 사람들은 선무공신이었지만 그들은 군인이 당연히 해야 할 일을 한 것으로 치부해 명단에 들지 못한 경우가 많았다. 조선 수군을 일거에 수장시킨 원균 같은 졸장도 선조의 정치적 입지를 강화하기 위해 이순신, 권율과 함께 억지로 선무 1등 공신에 이름을 올렸다. 진주성 전투에서 국가를 위해 희생하고 왜적을 무찔렀던 김시민 장군은 그보다 아래인 선무 2등 공신에 책봉되었다. 그리고 서인의 영수로서 당파적인 관점에서 이순신을 모함하고 원균을 옹호했던 윤두수와 윤근수 형제도 호성공신에 책봉되었다는 것을 보면 애초에 선조는 정치적 고려에 따라 논공을 마음대로 운용했다는 생각이 든다.

지난 대통령 선거와 지방선거에서 선무공신은 누구였으며, 전쟁에서 하는 일 없이 우두머리를 쫓아다니면서 남을 모함하기나 했던 호성공신이 누구였는지는 앞으로도 공식적인 단위에서 분석되고 기록에 남을 일이 없을 것이다. 그러나 지난 선거 과정을 반추하면서 또다시 이기는 선거를 기대하고 공부하는 사람이 있다면 그 사람을 위해서 사적으로 세세한 분석을 남겨보고자 한다.

02.

보수가 겪어온 선거의 트렌드

구태를 답습하는 보수의 선거 전략

보수가 선거 전략을 체계적으로 고민하기 시작한 것은 이회창 총재의 연이은 대선 패배로부터 시작했다. 보수진영에서 이회창 총재는 경기고등학교, 서울대 법대 출신으로 당시 최고의 학벌에 국무총리, 대법관, 국회의원, 감사원장, 중앙선거관리위원장 등 모든 공직을 경험한 대선주자였다. 김대중 대통령에게 패배한 1997년의 대통령 선거는 IMF의 후과도 있었고, 무엇보다 말로 표현하기 어려운 김대중이라는 이름이 가지는 상징성과 무게감에 그 패배의 탓을 돌릴 수 있었다. 하지만 2002년 노무현 대통령에게 당한 패배는 더 이상 보수가 언론지형과 안보 공세로 선거를 치르기 어려워졌다는 시대 전환의 의미를 지녔다.

그 뒤로 보수정당이 당의 체계적인 전략으로 선거를 치러낸 것은 아니었다. 별다른 노력이나 전략으로 당이 새롭게 변해가는 시도보다는 영웅의 서사에 의존해 선거를 치러보려는 생각이 강했다. 이명박 대통령은 서울시장 때의 업적을 바탕으로 박근혜 대통령과의 본선 같았던 경선을 통해 흥행에 성공하며 집권했다. 그리고 2012년의 19대 총선과 18대 대선은 52년생 박근혜 후보와 동일세대라고 생각하는 사람들이 공유하던 향수가 선거의 주요 전략이었다. 58년 개띠로 대변되는 기록적인 숫자의 베이비붐 세대가 박근혜 대통령을 밀면서 속칭 '박근혜빨'로 다 이긴 선거들이었다.

그런 인물의 변수가 작용하는 경우가 아니면 보수는 연전연패를 거듭해왔다. 2014년 지방선거부터 보수는 수도권에서 압도적으로 밀리기 시작했으며, 2016년 총선에서는 둘로 갈라진 야당을 놓고도 많은 의석을 내주게 된다. 젊은 세대는 권위주의적인 모습으로 접근해오는 보수정당에 매우 큰 반감을 보였고 결국 계단식으로 연령대별 득표율이 나오면서 젊은 세대에게는 외면받는 정당이 되어갔다.

특히 지난 19대 대통령 선거에서 보수정당에 대한 젊은 층의 비토는 상상을 초월해 20대에서는 8.2%라는 처참한 득표율을 기록하게 되었다. 물론 이 선거의 젊은 세대 성적표는 홍준표 개인의 잘못이 아니다. 말 그대로 집단체벌을 받은 상황이었다.

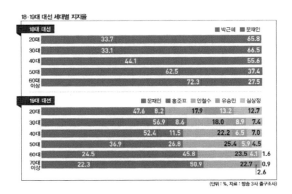

출처 : 2021-05-28 한국인의 종교 (한국갤럽)

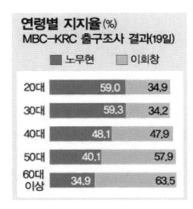

출처 : 2002-12-20 [투표성향 분석]20, 30代 59% ″ 노무현후보 지지(동아일보)

(단위: 인구 10만명당 사망자)

성별	연령(5세)별	2021 사망 (명)	사망률 (십만명당)
계	계	317,680	618.9
	0세	626	241.2
	1 - 4세	151	11.2
	5 - 9세	136	6.0
	10 - 14세	237	10.1
	15 - 19세	536	22.4
	20 - 24세	1,138	35.8
	25 - 29세	1,640	46.5
	30 - 34세	1,770	56.0
	35 - 39세	2,771	77.2
	40 - 44세	4,217	107.4
	45 - 49세	7,005	165.7
	50 - 54세	10,660	241.0
	55 - 59세	14,753	358.2
	60 - 64세	20,960	524.3
	65세이상	251,055	2,926.8
	65 - 69세	23,497	815.3
	70 - 74세	28,106	1,354.4
	75 - 79세	40,713	2,547.8
	80세이상	158,739	7,847.3
	80 - 84세	57,523	4,945.0
	85 - 89세	55,126	9,137.8
	90세이상	46,090	17,981.3
	90 - 94세	32,570	15,832.9
	95 - 99세	11,313	25,694.4
	100세이상	2,207	33,533.4
	연령미상	25	-

출처 : 통계청 kostat.go.kr

18대 대통령 선거에서 50대 이상부터 강하게 나왔던 보수정당에 대한 지지세가, 그 연령대가 그대로 나이 들면서 최근 선거에서는 60대 이상부터 나오고 있고, 이제 곧 70대 이상으로 옮겨갈 것이다. 지금 보수정당에 대해 강한 지지세를 보이고 있는

65세 이상은 2021년 기준으로 한 해에 251,055명이 사망했다. 섬뜩한 이야기일 수도 있지만 냉정하게, 맹렬한 보수지지 성향을 보여주는 인구가 대통령 선거나 총선이 치러질 때마다 100만 명가까이 사망하고 있는 것이다. 그리고 잘 알다시피 새로 태어나고 성인이 되는 인구는 그보다 수가 적으며 기존의 65세 이상 층만큼 강한 보수지지 성향을 보이지도 않는다.

지금 진보정당의 가장 큰 지지 세력인 40~50대 화이트칼라 층은 지난 세 번의 대선을 거치면서 자신의 지지 성향을 바꾸지 않고 나이가 들어가고 있다. 2030 시절, 노무현 대통령에 열광했던 그들이 4050 세대가 되었고, 혹자들처럼 이들이 나이가 들어서 보수화되리라고 예측하는 것은 매우 순진한 생각이다.

최근 월드컵에서 빌드업 축구라는 용어가 자주 사용되었다. 보수는 선거를 앞두고 차근차근 선거를 준비해나가면서 선거를 치르는 것에 익숙하지 않다. 때마다 이명박, 박근혜 같은 영웅 서사 속의 스트라이커들에 의존해 선거를 치러왔고, 적절한 타이밍에 색깔론으로 크로스를 올려서 잘 맞아들어가면 골을 넣는 뻥축구를 계속해왔다. 모두가 잘 아는 뻥축구의 단점대로, 공이 스트라이커의 발끝에 연결이 잘 안 되거나 스트라이커의 컨디션이 좋지 않은 날에는 손쓸 방법도 없이 지는 것이다.

사각돛의 딜레마

과거 로마 시대의 선박인 갤리선은 사각형의 돛을 달고 있었다. 이 사각돛은 바람의 방향이 맞으면 매우 높은 효율을 내며 빠른 이동이 가능했지만, 바람의 방향이 맞지 않는 경우 빠르게 이동은커녕 원하는 방향으로 이동하는 것도 쉽지 않았다. 그래서 이 사각돛을 보완하기 위해 노를 추가해서 격군이라고 하는 노 젓는 사람들을 수백 명씩 태우고 다니곤 했다. 바람이 원하는 방향으로 불지 않을 때 노를 저어서 낼 수 있는 속도란 보잘것없었고, 격군을 아무리 혹사시켜도 갈 수 있는 거리는 제한적이었다. 결국 전투시에나 활용될 뿐, 평상시에는 맞는 바람이 오기를 기다려서 항해하는 방법밖에 없었다.

이런 형태의 선박들은 대양을 항해하기 어려웠고, 기껏해야 지중해나 연안에서 활동하는 경우가 많았다. 조선 시대 사극에 종종 나오는 판옥선도 갤리선의 형태를 벗어나지 못했다. 그런데 판옥선이 활약하던 임진왜란이 일어나기 정확히 100년 전인 1492년에 크리스토퍼 콜럼버스는 노 없이 바람만으로 움직이는 범선을 타고 아메리카 대륙을 발견한다. 사각돛에만 의존하던 것에서 벗어나 삼각형의 돛을 단 범선들이 나오면서 느리긴 하더라도 역풍을 뚫으면서 지그재그로 전진할 수 있는 범선의 시대가 온 것이었다.

느리게라도 역풍을 뚫을 수 있는 범선의 시대를 넘어서 증기기관과 내연기관이 나오면서부터 인간은 바다를 원하는 시기에 원하는 경로로 원하는 속도로 항해할 수 있게 되었다. 선거도 마찬가지다. 선거를 치르다 보면 때에 맞춰 정당에 호재가 생기기도 하고, 돌발악재를 겪기도 한다. 하지만 아무리 역풍이 세게 부는 시점에도 선거는 정해진 날 치러진다. 지금까지 보수는 정부 수립 이후로 계속 유리한 지역 구도와 인구 구도 속에서만 선거를 경험해왔다. 그러던 중 박근혜 대통령의 당선과 탄핵을 기점으로, 지역과 인구 구도에서 순풍을 탄 듯 유리하지 않고 오히려 불리한 상황을 선거 때마다 맞이하고 있다.

상대를 소리 높여 빨갱이로 몰거나 낙수경제론을 설파하며 전교조를 욕하고, 이런 여러 가지 것들을 머릿수로 찍어 누르던 시절이 지나버린 상황에서 결과는 뻔하다. 보수의 삼각돛이 되고 증기기관이 될 무언가가 없는 선거는 질 수밖에 없다. 심지어 2010년에는 지방선거를 앞두고 북한이 천안함 폭침을 일으키고, 선거운동이 시작되는 날 그것이 북한 어뢰의 소행이었다는 조사 결과를 발표하였음에도 그 지방선거에서 패배하고 말았다. 굳이 표현하자면 보수가 보기에 이른바 안보 국면으로 일어난 '순풍' 속에서도 패배한 것이다. 어쩌면 다음 두 가지 중 하나, 아니면 두 가지 모두가 적절한 해석일 수 있다. 보수가 생각하는 것처럼 안보 불안감을 증폭시키는 방법이 선거에 유용하지 않다는 것, 그리고 당시 진보진영이 그들 입장에서 '역풍'을 뚫어낼 수 있는 새로운 기술을 장착하기 시작했다는 것이다.

전쟁사를 살펴보면 하나의 트렌드가 완성되었을 때 적어도 수십 년 동안, 길게는 수백 년 동안 그 전술의 창시자가 사라진 뒤에도 그것을 잘 이해하는 집단은 전쟁에서 좋은 성과를 낼 수 있었다. 그래서 각국의 사관학교에서 전쟁사를 가르치고 수많은 케이스 스터디를 한다. 보수는 앞으로 상당 기간 역풍을 뚫는 선거를 해야 할 것이다.

보수는 이성에 의존하고 진보는 감성에 의존한다는 식으로 이런 전략을 가볍게 서술하는 오류는 버려야 한다. 진보진영이 소위 감성팔이를 한다고 보수진영에서는 비판하지만, 보수정당도 충분히 감성에 접근하는 선거운동을 할 수 있고, 아니면 정말 이성적인 모습으로 분석해서 선거에 임할 수도 있다. 박근혜 대통령은 이성보다는 감성의 지도자에 가까웠고, 그가 가져온 선거 승리도 영웅의 서사와 점철되어 있는 감성 서사에 의한 것이 많았다.

보수가 연전연패를 했던 이유 중 하나는 극단화의 과정, 즉 일반 대중이 거리를 두고 싶어 하는 집단과의 연대, 그리고 공포 마케팅에 의존했기 때문이었다. 이제는 달라져야 한다.

03.

세대포위론의 완성

윤핵관과 세대포위론

지난 대통령 선거를 거치면서 내가 유행시킨 말이 있다면 호가호위하는 특정 집단을 지칭하는 '윤핵관'이라는 용어와 '세대포위론'이라는 전략이었다. 세대포위론은 엄밀히 말하면 군사 전략을 묘사할 때나 쓸 법한 조어이지 정치에서 사용할 만한 이름은 아니다. 포위의 주체인 60대 이상과 2030 젊은 층을 제외한 4050 세대가 포위 대상으로 묘사되므로 포용적으로 받아들이기 어렵고 반작용이 있을 수 있기 때문이다.

그러나 선거의 승리를 위해서 기본적으로 60대 이상 층과 2030에 주요 지지층을 형성해야 한다는 전략 자체는 옳다.

4050 세대는 경제적 활동을 가장 적극적으로 하는 세대로 다른 이슈로 접근을 시도해야 한다고 봤다. 2030과 6070은 지금까지 정치에서 물과 기름처럼 다른 방향을 바라보았지만 선거에서 그들을 엮어낼 수 있다고 판단하고 작전을 짰던 것이다.

사람은 두루두루 관계를 맺고 살아가는 사회적 동물이고, 그 관계 속에서 소통을 통해 정치적인 의견도 활발하게 공유한다. 동년배들끼리는 학교 친구나 직장 동기 정도가 교류의 대상이 될 것이고, 학교 선생님과 제자의 관계, 직장에서는 상사와 부하의 관계도 있을 것이다. 그리고 가정에서도 부모와의 소통이 이뤄지면서 정치에 대한 정견이 형성된다. 세대포위론은 이 소통의 관계 속에서 같은 세대 간에 우선 비슷한 정견을 형성하는 것이 중요하다는 것을 바탕으로 세대별로 광범위하게 통용될 수 있는 어젠다를 주로 노출시키는 것에 기인한다. 지금까지는 선거 때마다 지역개발 위주로 공약이 주로 형성되었다. 지금도 그런 패턴을 완전하게 벗어나기는 어렵지만 경상도와 전라도, 충청도나 강원도 어디에나 사는 한 세대가 공유해서 논의할 수 있는 주제가 테이블 위에 올라와야 한다. 그것이 초기에는 젠더 이슈로 시작되었던 것이다.

그렇게 해서 정치에 대한 활발한 관심이 유도되면 구체성을 가진 주요한 공약을 공개해서 그들이 그 주제에 대해 상당한 결집도를 가지고 뭉치도록 하는 것이 중요하다. 그런 다음 다른 세대와 연대할 수 있는 조금 더 진화한 공통의 어젠다를 던지는 것이 세대포위론의 단계적 진척이다.

세대포위론의 수치적 효과를 분석해보자. 대통령 선거가 끝난 뒤 소위 윤핵관을 중심으로, 세대포위론이 실패했다는 등 정치적인 공세가 이어졌다. 그들의 입장에서는 세대포위론이 동작하지 않았다고 해야 그들이 기획해놓고 있었던 일련의 권력 쟁탈전에서 유리하다는 생각이었을 것이다. 그러나 수치를 살펴보면 세대포위론은 그들의 주장과 달리 강하게 동작했다.

	2012 대선		2020 총선		2022 대선		2020년 미래통합당과 2022년 윤석열 득표차
	문재인	박근혜	민주	통합	이재명	윤석열	
20대 이하 남성	62.2%	37.3%	47.7%	40.5%	36.3%	58.7%	+18.2%p
30대 남성	68.1%	31.5%	57.8%	33.0%	42.6%	52.8%	+19.8%p
40대 남성	59.2%	40.5%	65.0%	26.5%	61.0%	35.2%	+8.7%p
50대 남성	40.4%	59.4%	50.8%	40.1%	55.0%	41.8%	+1.7%p
60대 이상 남성	27.8%	72.0%	31.8%	59.7%	30.2%	67.4%	+7.7%p
20대 이하 여성	69.0%	30.6%	63.6%	25.1%	58.0%	33.8%	+8.7%p
30대 여성	65.1%	34.7%	64.3%	26.5%	49.7%	43.8%	+17.3%p
40대 여성	52.0%	47.8%	64.2%	27.3%	60.0%	35.6%	+8.3%p
50대 여성	34.2%	65.7%	47.5%	43.8%	50.1%	45.8%	+2%p
60대 이상 여성	27.3%	72.5%	33.5%	59.5%	31.3%	66.8%	+7.3%p

출처 : 선거별 지상파3사 출구조사 결과 비교

각 선거별로 보수와 진보의 득표율 차이를 살펴보면 매우 극적인 변화가 있다. 먼저 2년 터울을 두고 있었던 2020년의 21대 총선과 2022년의 20대 대통령 선거를 비교해보면 20대 남성에서는 18.2%의 득표율 상승이 있었고, 20대 여성에서는 8.7%의 득표율 상승이 있었으며 30대 남성에서는 19.8%, 30대 여성에서는 17.3%의 득표율 상승이 있었다. 2년 동안 각 유권자가 2년씩 나이 들어 연령별 인구구조가 조금 바뀌었지만 크게 무리 없이 비교할 수 있는 분석이라고 생각한다. 다른 연령대에서도 2020년 총선에 비해 득표율이 증가했지만 40대와 50대, 60대에서는 평균 6%가량의 상승률을 보인 것에 비해 20대와 30대는 현격하게 높은 16%대의 상승효과가 있었다.

20대 대통령 선거의 유권자 수는 18~19세 98만 명, 20대 659만 명, 30대 667만 명으로 1,400만 명 정도가 유권자였다. 만약 20대와 30대의 득표율이 타 연령대처럼 약 평균 6%의 상승에 그쳤다면 윤석열 후보의 득표는 140만 표가량 감소했을 것이고 이재명 후보의 득표는 140만 표 정도가 증가했을 것이다. 만일 그랬다면, 20만 표 차이로 이겼던 지난 대선은 거꾸로 260만 표 가까운 차이로 패배했을 것이다.

세대포위론은 '스플릿' 상황

이번 대통령 선거는 바로 뒤이어 있었던 지방선거 준비 등으로 여력이 없었기 때문에 으레 대통령 선거 이후에 있는 선거 데이터에 대한 분석이나 백서 출간이 이뤄지지 않았다. 여의도 연구원이나 정당 연구소에서라도 이런 연구를 진행해야 마땅했으나 작금의 정치 상황 속에서 특정인의 체취가 강하게 묻어 있는 이론인 세대포위론이 선거의 주요 승리요인이었다는 분석을 정당연구소에서 정리하여 윗선에 올리기 위해선 상당한 용기가 필요할 것이다. 문재인 정부의 통계청에서 정권의 입맛에 맞는 통계분석을 내놓으면서 부동산 정책이나 경제정책의 실정이 애초에 진단하는 단계에서부터 망가진 것에서 보듯, 20대 대선과 뒤이어진 지방선거의 가장 큰 승리요인인 세대포위론을 애써 무시하면서 다가오는 선거에 대한 대비전략을 짠다는 것은 어불성설이다.

세대포위론의 요체는 공감대와 공통된 구호다. 나는 종종 세대포위론을 볼링에서 첫 투구로 쓰러지지 않은 핀이 간격을 두고 남았을 때 하나의 공으로 그 핀들을 모두 넘어뜨려야 하는 '스플릿' 상황에 비교하곤 한다. 2030 세대와 6070 세대를 연대시켜야 한다는 당위성을 넘어서 실제로 두 집단을 모두 관통할 수 있는 하나의 메시지, 하나의 공을 굴리는 것은 그리 쉬운 일이 아니다.

2030 세대와 6070 세대가 공통적으로 잘 사용하는 용어를 도출하는 것이 급선무였다. 같은 주장을 두 집단이 할 수만 있게 된다면 그들 간에 유대감이 생길 수 있기 때문이다. 착안했던 단어는 '자유', '인권', '개인'이었다. 6070 세대가 이야기하는 자유는 사실 공산주의의 대척점에 서 있는 자유민주주의의 의미가 강했다. 어렸을 때부터 강제로 학습되었던 공산주의의 억압성에 대한 반작용으로 나온 개념이다. 거주이전의 자유가 없고, 직업선택의 자유가 없으며, 사유재산이 없는 공산주의의 강제성에 대한 반작용으로서의 자유를 의미하고 이것은 매우 상대적인 개념이었다. 휴전선 북쪽의 공산 세력에 비해서 자유롭다면 그것이 자유로 받아들여지는 세대였다.

그렇기에 그들은, 지금 기준으로 봤을 때는 상상할 수 없는 억압의 시대였던 군사정권 시절을 때로는 그리워하기도 하고 대한민국의 질서를 위해서는 그 시절의 통치도 이해할 수 있다고 생각하는 양태를 보인다. 반대로 2030 세대가 생각하는 자유는 북한이 아니라 국제적 기준과 그들이 자라면서 학습했던 여러 가지 철학의 지배를 받는다. 민주주의를 완성해나가는 과정 속에서 젊은 시절을 보냈던 기성세대와 다르게 지금의 2030 세대는 자유와 민주주의가 보장하는 여러 가지 권리가 어릴 때부터 각인되어 있다. 특히 언론의 자유와 사상의 자유는 젊은 세대에게 금과옥조같이 받아들여진다.

세대포위론의 당면과제

지난 선거 과정에서 '작은정부론'을 설파했던 적이 있었다. 원래 작은정부론은 보수진영에서 줄곧 내세워왔던 가치다. 큰 틀에서는 정부의 권력과 크기를 제한한다는 취지이지만 현대 정치에서는 재정지출을 적게 가져가는 재정적 보수주의와 관계가 있다. 하지만 지난 선거 과정에서는 비대해진 정부 부처의 수를 줄인다는 취지로 활용했었다. 그래서 언급되었던 두 개의 부처가 통일부와 여성가족부였다.

두 부처의 특징은 모두 특임부처라는 것이다. 우리나라의 특수한 상황에서 부처로 존재하는 것이지 일반적인 국가에서는 따로 부처로 존재하지 않는다. 그래서 정부조직 효율화라는 기치를 내걸고 6070 세대가 강한 문제의식을 가지고 있는 통일부와 2030 세대가 논쟁의 대상으로 삼아온 여성가족부를 같이 언급한 것이다. 두 집단이 각각 그 부처들에 대해서 부정적인 인식을 갖고 있는 이유는 다르겠지만, 적어도 정부를 효율화한다는 측면에서 특임부처 성격의 두 부처를 대상으로 삼은 것은 둘이

한목소리를 내도록 설계한 것이었다.

40년 터울을 가지고 살아온 두 집단에 억지로라도 비슷한 사안을 만들어 같은 목소리를 내게 하는 것은 여론전에 있어서 쉬운 방향이 아니고, 아주 세심하게 설계된 메시지들이 필요하다. 이에 적극적인 반례로 세대 간의 이해관계가 첨예하게 대립하는 연금개혁과 같은 문제는 세대포위론의 측면에서 봤을 때 매우 부적절한 어젠다다. 보통 연금개혁은 젊은 세대가 더 내고 나이 든 세대는 수급 연령을 늦추는 정도의 타협안으로 귀결되는데, 이것은 젊은 세대 입장에서는 동의하기 어려운 지점이기에 오히려 세대 간의 갈등을 불러일으키기 좋은 어젠다였다. 2030 세대와 6070 세대가 연대할 수 있는 어젠다를 발굴해내는 것이 앞으로의 보수정당의 단기적 과제가 될 것이다.

그리고 이들이 가진 확장성은 가족 내에서의 소통이다. 세대포위론이 2030 세대와 6070 세대를 대상으로 하지만, 4050 세대를 소외시키는 전략이 되어서는 절대 곤란하다. 4050 세대는 더불어민주당의 핵심 지지층으로서 경제활동을 가장 왕성하게 하는 세대이므로 2030 세대와 6070 세대의 어젠다와 조금 다른 어젠다를 설정해야 한다.

일반적인 가정에서는 2030 세대와 4050 세대는 자식과 부모의 관계다. 따라서 세대포위론의 완성은 2030 세대와 6070

세대의 동일한 어젠다를 공유하는 것을 넘어서 4050 세대를 설득해나가는 과정이 중요하다. 예를 들어 젠더 이슈만 하더라도 4050 세대는 2030 세대의 관점을 이해하기 어려워하는 측면이 있다. 그럴 때 적극적인 소통을 통해 2030 세대가 본인들의 젠더관이 단순한 남녀 대립의 구도를 지향하는 것이 아니라 지금까지 과도하게 급진적 페미니스트들의 주장만 확대 생산되어왔던 문화에 대한 반작용이라는 것을 설명할 수 있다면 가정 내에서 건설적인 정치적 대화가 시작될 수 있다.

04.

전라도에서 보수가 해야 할 일

10%, 15%, 20%의 의미

미국에서 민주당은 150여 년 전 남북전쟁에서 남부 민주당을 중심으로 노예제를 옹호하는 입장에 있었다. 그랬던 민주당이 150년가량 지나 미국 최초의 흑인 대통령 오바마를 만들어내고 흑인을 위시한 소수인종의 적극적인 지지를 받아내고 있는 것을 보면 정치란 정말 변화무쌍한 것이다. 5·18 이후 40년이 지난 지금, 전라도에서 보수정당의 위치는 어디까지 와 있는지, 그리고 무엇을 지향점으로 삼아야 할지 고민하게 된다.

1987년 민주화 이후 치러진 13대 대통령 선거에서 4파전으로 선거가 치러졌음에도 PK, TK, 호남, 충청으로 갈려 지역 맹주들에게 표가 쏠렸던 상황에서 김대중 후보는 90%에 가까운 전라도 득표율을 보였고, 1980년 5·18민주화운동 이후 보수정당은 전라도 지역에서 10% 득표를 하는 것조차 어려운 상황이었다. 그리고 2017년 탄핵 이후 치러진 19대 대통령 선거에서 급기야 홍준표 후보는 전라도 지역에서 2.52%라는 득표율을 기록하며 절망적인 상황을 맞이한다. 당시 홍준표 후보는 TV토론에서 5·18 유공자 가산점 문제까지 직접적으로 거론하면서 처가가 전라북도인 인연을 가지고 있었음에도 광주에서는 1.5%의 득표로 유승민과 심상정 후보에게도 뒤처지는 결과를 받아들여야 했다.

정당의 입장에서 전라도에서 10% 미만의 득표율을 기록한다는 것은 투표율을 감안했을 때 약 350만 표 중 35만 표 정도만 차지했음을 가리키고, 결과적으로 315만 대 35만이므로 전라도에서만 280만 표 이상의 격차를 가지고 선거에 돌입해야 한다는 이야기다. 반면 보수정당의 우세지역인 TK 지역에서는 선거 때마다 민주당이 20% 중반대, 그리고 PK 지역에서는 많게는 40%대까지 지지율이 나오는 상황이기 때문에 그정도 격차가 나오기는 어렵다. 물론 경상도 지역의 인구가 많지만, 득표율 격차가 줄어드는 상황에서 대통령 선거는 5년마다 거듭할수록 보수에게 매우 불리한 국면이 형성되어가고 있었다.

작은 단위로 선거구가 나누어진 국회의원 선거나 지방선거에서는 10% 미만의 득표율을 가진 경우 선거비용을 국가에서 한 푼도 환급해주지 않는다. 따라서 특정 정당 후보로 나서서 예상 득표율이 10% 미만인 경우엔 후보가 나설 생각을 하지 않는 경우가 많고, 이것은 정당이 후보를 찾기조차 어려운 상황을 반복시켜 지역 내에서 해당 정당의 정당 활동이 사라지므로 갈수록 기반이 안 좋아진다. 하지만 10%를 초과하는 순간 선거비용의 절반, 15%를 초과하는 순간 선거비용 전액을 환급받기에 정당 차원에서 후보를 찾기도 상대적으로 쉽고 지역에서 긴 호흡으로 정치에 도전하고자 하는 지망자들이 자연스럽게 등장하게 된다. 또한 광역의원이나 기초의원 비례대표의 경우 15%에 근접한 지지율을 보여주면 실제로 당선이 가능해진다.

1987년 민주화 이후 보수의 최고 득표율

선거를 치르면서 보수에서 기울인 전라도에 대한 노력은 어떤 성과가 있었을까. 2022년은 보수정당이 전라도에서 1987년 민주화 이후로 가장 큰 성과를 낸 해였다. 지난 대통령 선거에서는 광주와 전라남북도 각각 민주화 이후 사상 최고의 득표율 기록하고, 지방선거에서는 오랜만에 비례대표 의원들을 당선시키며 급성장했다.

대한민국 제20대 대통령 선거 호남권 개표 결과			
정당	더불어민주당	국민의힘	투표율
후보	이재명	윤석열	
호남권	2,941,793 (84.64%)	446,869 (12.86%)	81.1%
광주광역시	830,058 (84.82%)	124,511 (12.72%)	81.5%
전라북도	1,016,863 (82.98%)	176,809 (14.42%)	80.6%
전라남도	1,094,872 (86.10%)	145,549 (11.44%)	81.1%

출처 : 중앙선관위 nec.go.kr

지난 대통령 선거 때 호남권에서 보수정당은 12.86%에 446,869표라는 역대 최고의 성적을 냈다. 세부적으로 분석했을 때 주목할 만한 것은 5·18을 제외한 다른 이슈의 영향력이 확실하게 보인 선거라는 점이다. 원래 보수정당의 전라도 지역 득표율은 전라북도가 제일 높게 나오고 광주가 제일 낮게 나오는 것이 이제까지의 관례였다. 이번 선거에서는 광주가 전라남도보다 보수정당 후보에게 더 많은 표를 주었다.

광주복합쇼핑몰 이슈가 정면으로 동작했다고 볼 수 있고, 실제로 선거 과정에서의 적극적인 득표 활동이 영향을 주었음을 의미하기도 한다. 지역별 득표 현황을 살펴봐도 알 수 있었다. 젊은 세대가 투표에 많이 참여한 광주의 전남대, 조선대 인근 투표소에서 보수는 광주의 평균 득표보다 유의미하게 높은 득표를 얻었다. 일부 투표소에서는 윤석열 후보가 30%를 상회하는 득표를 하기도 했다. 전라도의 민심도 노력하면 움직인다. 전라도가 보수정당의 움직임을 무시하지 않고 서서히 반응을 보여준다는 것이 증명된 것이다.

바로 뒤이어 치러진 지방선거를 살펴보면 비례대표로 광주와 전라남북도에서 각각 보수정당의 광역의원이 당선된 것은 매우 큰 성과다. 지금까지는 더불어민주당이 정당 지지율이 제일 높게 나오고 정의당이나 진보당이 그 뒤를 잇고 보수정당은 더 뒤처지는 결과가 매번 반복되었지만, 지난 지방선거를 통해 광주에서 미약하나마 제2당으로 당당하게 지방자치에 참여할 수 있게 되었다.

2022년 선거에서 만18세에게도 선거권이 주어졌기 때문에 선거에 참여한 유권자는 2004년생부터였다. 1985년생인 나의 입장에서도 이제 20년 터울의 유권자가 생긴 셈이다. 가끔 강연할 때 새삼 놀라는 것은 이들이 2002년 월드컵 이후에 태어난 세대라는 점이다. 그들은 진보진영에서 상징적인 인물이 된 노무현 대통령이 임기를 마쳤을 때 갓 세 살이었고, 서거했을 때 다섯 살이었다. 이전 세대와 완전히 다른 경험들로 정치적 관점을 형성하고 있었다. 5·18이 1980년이니 2004년생에게는 본인이 태어나기 24년 전의 까마득한 이야기일 것이다. 그들에게 5·18이 어떤 의미일지 생각해보면 1980년 5월 광주를 실제로 경험했던 세대와는 현저히 다를 수밖에 없다. 1985년생인 내가 태어나기 25년 전인 1960년의 4·19혁명에 대해 커다란 직접적 감흥이 없는 것과 같은 이치다. 교과서와 각종 자료로 4·19혁명의 의의를 되새기고 평가하지만 내가 동시대에 겪지 않았기에 현장감을 느끼지 못하는 것은 인지상정일 것이다.

민주주의를 위해 투쟁했던 광주의 경험은 이제 자부심으로 남겨지고, 다음 세대를 살아가는 20대의 고민은 다른 차원에서 진행되고 있다. 대선 기간에 현장을 갈 때마다 유세차 위에서 외쳤던 말이 있다.

"어쩌면 광주의 20대가 하는 고민은 광주의 50대보다도, 대구의 20대가 하고 있는 고민과 더 가까울 것입니다. 그리고 전라북도 남원의 20대가 하는 고민은 경상북도 김천의 20대가 하는 고민과 같을 겁니다. 지역을 갈라서 생각하기보다는 이제 세대를 기반으로 생각을 정리해야 합니다."

경상도 지역에서는 보수정당 후보가 공천을 받으면 오히려 유세차를 운영하지 않는 것이 안전하다는 농담을 할 때가 있다. 유세차에 올라가는 인원을 통제하기도 어렵고, 혹시라도 연설원이나 후보 본인이 올라가 괜한 구설수에 오를 말을 해서 오히려 표를 까먹을 공산이 더 크다는 농담인데, 물론 실제로는 유세차를 거의 다 운영한다.

정치인은 자기 나름대로 당선을 위한 최적화 전략을 구사한다. 선거에서 영향을 끼칠 수 있는 지역공약이나 유권자를 대상으로 한 이슈 발굴보다는 당내 세력 구도 아래에서 공천을 받는 방법에 더 집중하게 된다. 당과 당원을 향한 구애가 지역 정책의 핵심이 되는 것이다. 유권자 다수의 주제를 발굴하기보다는 자영업자와 은퇴생활자 위주로 구성된 당원들의 민원 해결과 이권 유지가 오히려 주요 전략이 되는 것이다. 보수정당은 전라도 지역에서 당세가 약하기 때문에 그에 반해 잃을 것이 없다는 심정으로 당심에 구애하는 정치가 아니라, 전라도의 보편적인 주민들이 바라는 것을 발굴하는 전략으로 발판을 삼아야 한다.

테마를 잡아야 한다

보수는 전라도에서 5·18과 10·19여순사건의 아픔을 치유하기 위해 꾸준하면서도 자연스러운 노력을 하는 것에 더해서 어떤 추가적인 지향점을 가지고 있을까. 전라도 주민들에게 무엇이 시급한지 물어보면 다른 지역 주민과 크게 다르지 않은 요구사항들이 있다. 교육, 일자리, 교통 등 사실 충청도에 물어보나 강원도에 물어보나 전라도에 물어보나 큰 차이 없는 답변이 나온다. 하지만 자원은 유한하고 결국 무엇에 집중적으로 관심을 가질 것인지가 중요하다.

지방에 사는 사람들이 서울로 상경하는 이유는 첫째로는 좋은 일자리를 찾아서일 것이다. 하지만 역설적으로 비교적 좋은 일자리로 인식되는 공기업과 공공기관을 지방으로 이전했을 때 수도권 출신의 사람들이 쉽게 적응하지 못하는 이유는 일자리보다는 거주환경 때문이었다. 수도권에서 향유하던 삶의 상당 부분을 포기해야 하는 상황에 적응하기 어려웠을 것이다. 특히 으뜸가는 문제는 교육환경일 것이다.

복합쇼핑몰이라는 공간이 그래서 언급되었다. 우선 광주와 그 주변 도시들의 인구는 미국 기준으로 봤을 때 여러 가지 시설이 들어오는 데 충분한 규모가 된다. 인구 70만 명의 보스턴과 그 주변을 합친 보스턴 대도시권(Greater Boston)은 약 470만 명의 인구를 가지고 있고 광주-전남-전북도 비슷한 수준의 인구 규모가 된다. 그럼에도 불구하고 광주에는 없는 것이 많다. 누군가가 만든 목록을 보면 복합쇼핑몰, 5성급 호텔, 테마파크 등 많은 것이 부족하다. 이런 시설들은 닭이 먼저냐 달걀이 먼저냐의 문제가 아니다. 대도시권을 형성하기 위한 기본적 시설들이다.

광주에 처음 복합쇼핑몰 이슈가 대통령 선거에서 대두되었을 때 정의당의 나경채 광주시당 위원장은 그것을 비판하기 위해 광주에는 이미 5일장이 있으니 복합쇼핑몰이 필요 없다는 주장을 했다. 물건을 판다는 기능 하나만으로 복합쇼핑몰과 5일장이 완벽하게 대체재가 되지는 않는다. 5일장의 상인 입장에서야 매출의 일정 부분을 복합쇼핑몰에 잠식당할 수 있으니 그것이 대체재로 여겨지겠지만, 소비자에게 광주에 있어야 할 복합쇼핑몰의 대체재는 다른 지역에 있는 복합쇼핑몰이 될 것이다.

최근 대전 신세계에서 오픈한 랜드마크 복합쇼핑몰이 전국 백화점의 매출 순위 1, 2위를 기록했다. 이런 현상이 의미하는 바는 결국 대도시권마다 수부 도시 정도는 지역 안에서 수요를 소화할 수 있는 문화, 쇼핑 인프라가 갖춰져야 한다는 것이다. 누군가는, 스타벅스를 비롯한 커피 프랜차이즈가 다방의 개념을 넘어서서 막 들어서기 시작했을 때 커피를 왜 비싼 돈을 주고 사먹느냐고 의문을 품었을지도 모른다. 자기 혼자서는 스타벅스 커피를 마시지 않겠다고 결정할 수 있겠지만 대중의 수요와 트렌드를 돌려세우는 것은 쉬운 일이 아니다. 그런 차원에서 광주 복합쇼핑몰이라는 테마를 잡아낸 것은 잘한 일이었다.

나경채
어제 오전 10:24 · 🌐

왐마, 윤서결이가 광주 왔갔고 복합쇼핑몰 지서준다고
씨부리네이. 근디 그 연설한디가 송정매일시장 앞이더란게?
후보가 째꼼 모지리면 참모들이라도 대그빡이 휙휙 돌아가야
쓴디 걱다 쇼핑몰 지서블믄 거그 시장 사람들 싹 다 장사 접어야
된디 거그서 그 야그를 하고 자빠졌어야. 역시 조상님들 말이
틀린거시 없당게.
대그빡 나쁘면 하여간에 용감혀...겁나 용감해브러!

광주가 복합쇼핑몰 없어도,
5일장이 시개나 있다 이눔아!

출처 : 나경채 정의당 광주시당 위원장 페이스북

보수정당이 전라도에서 해야 할 일

광주에 복합쇼핑몰은 이제 유통기업 간 경쟁체제가 갖춰질
만큼 궤도에 오르고 있다. 대통령 선거와 지방선거에서 보수정
당이 매우 적극적으로 이 주제를 공론화한 덕에 지방선거에서
더불어민주당 시장 후보들도 이 문제에 적극적으로 나섰고, 시

장으로 당선된 강기정 시장은 특히 더 적극적으로 이를 추진하는 상황이다. 신세계 그룹과 현대백화점 그룹이 경쟁적으로 자신들의 구상을 대중에게 선보이면서 공통적으로 내세우는 것은, 광주가 전라도의 수부 도시로서 지금까지 결여하고 있었던 시설들을 한 번에 확충할 수 있을 만큼의 대규모 시설을 구축하겠다는 것이다. 대형 쇼핑몰부터 방송 제작 스튜디오, 워터파크, 스포츠타운 등 광주에 필요한 시설들을 망라하겠다는 이야기를 하고 있다. 없었던 사업성이 갑자기 생겨서 두 개의 대형 유통그룹이 관심을 가지고 프로젝트를 추진하려는 것일까? 지난 대통령 선거와 지방선거에서 광주의 시민들이, 특히 젊은 세대가 보여준 민심이 낡고 고루한 생각에 빠져 있던 지역정치인들의 방관을 적극적 지원으로 바꿔낸 것이다. 이제 광주에서 정치를 하려는 사람은 젊은 층의 표를 모두 배척할 것이 아니라면 이 조류를 되돌릴 수 없을 것이다. 광주의 복합쇼핑몰이 어떤 주체에 의해 어떻게 구성되더라도 광주시민들은 2022년의 뜨거웠던 선거들을 기억할 것이다.

부산에서만 경쟁하던 시기는 지났다. 광주에서도, 대구에서도 경쟁이 일어나야 한다. 부산 출신 노무현 대통령의 당선 이후 지난 10여 년간 더불어민주당의 선거 전략은 부산에서의 적극적인 도전이 하나의 테마였다. 더불어민주당은 노무현 대통령의 오뚜기처럼 부산에 도전하는 모습의 상징적 자본을 실질적 기대감으로 바꿔내는 데 탁월했다. 부산에서 조경태 국회의원을 만들어냈던 민주당은 노무현 정부 시기 적극적인 예산지원으로 민주당이 부산의 장기적인 발전에 관심이 있음을 보여주기 위해 애썼다.

부산지하철 1호선을 지도에서 살펴보면 선형이 특이한데, 북쪽 금정구 노포동에서 출발해 부산의 번화가인 서면과 부산역을 통과하여 사하구에 도착한 뒤 조경태 의원의 지역구로 90도 좌회전을 해서 지나간다. 90도로 꺾이지 않았다면 창원 방향으로 낙동강을 건너 을숙도와 명지신도시를 거치는 노선으로 광역철도의 기능까지 일정 부분 수행할 수 있었을 것이다. 하지만 조경태 의원의 적극적인 역할을 통해 다대포 해수욕장까지 이어지는 지금의 노선이 확정되었고, 그 성과를 바탕으로 조경태 의원은 어떤 정당에 속해 있는지와 관계없이 사하구 지역에서 매번 높은 지지율로 당선되고 있다.

부산에 대한 더불어민주당의 투자는 매우 적극적이고, 실제로 서부산 지역을 중심으로 상당히 높은 지지세를 구축하고 있기에 적극적인 인재 투입과 정책 공약이 이루어지고 있다. 부산 시민들은 몇 번의 선거에서 스윙 보터로서의 역할을 하며 정치권이 부산의 의석수를 늘리고 지방선거에서 승리하기 위해서는 경쟁적으로 공약을 내고 추진해야 하는 상황을 만들었다.

그렇다면 광주를 위해 보수정당이 어젠다로 삼을 수 있는 다음 주제는 무엇일까? 광주는 광주천과 영산강 유역에 형성된 도시로 평야면적이 넓어 교통이 잘 연계되어 있을 것 같지만 곳곳에 장애물이 있다. 광주 대도시권으로 더 발달해나가기 위해서는 영산강 동쪽의 광주 구 시가지와 고속철도 이후 교통 편의성으로 성장 가능성이 큰 영산강 서쪽의 광주송정역과 평동 산업단지, 그리고 한국전력을 중심으로 발달해가는 나주의 빛가람 혁신도시가 상호 간에 잘 연계되어야 한다. 지도를 펼쳐놓고 보면 이 셋의 가운데에 위치한 땅이 바로 광주공항이다.

광주공항의 이전 문제는 광주와 전남지역 정가에서 큰 이슈다. 지난 몇 년간 더불어민주당은 광주와 전남의 지자체장과 국회의원을 석권하였음에도 불구하고 이 문제를 해결하지 못했다. 전라남도지사와 광주광역시장, 그리고 대통령까지 낸 당으로서 서로 민감한 이 문제의 종지부를 찍기보다는 주민들의 눈치를 보며 오히려 누구도 원치 않을 문제 장기화를 가져왔던 것이다.

보수정당은 고르디우스의 매듭을 푸는 자세로 광주공항 이전 문제에 대해서 적극적인 자세를 보여야 한다. 대구에서 공항 이전을 통해 대구 시내에 큰 부지를 만들어 활용하게 된 것처럼 광주도 지역의 수부 도시로 발돋움하기 위해 광주공항을 이전하고 그 부지의 효율적인 활용이 필요하다.

　이런 주제를 바로 보수정당이 앞장서서 이끌어나가야 한다. 원래 광주공항은 무안국제공항으로 국내선, 국제선, 군 공항 등의 모든 기능을 이전하기로 되어 있었다. 하지만 무안군이 지금 시점에서 민간공항의 기능은 이전받고 군 공항의 기능을 이전받지 않겠다고 하면서 이 사안이 장기화되고 있다.

　최근 무안군은 이전을 반대하고 함평군은 찬성한다는 이유로 함평으로 광주 군공항을 이전하는 이야기가 나오고 있는데 군청 사이에 9킬로미터 남짓한 직선거리를 두고 각각 민간공항과 군 공항의 활주로를 따로 지어 운영하겠다는 것은 이해되지 않는 비효율적인 처사다. 또한 이미 무안공항 때문에, 호남고속철 광주송정-목포 간 구간의 2단계 공사는 가장 빠른 직선 구간이 아니라 무안공항으로 크게 돌아서 우회하는 노선으로 설계되어 공사 중이다. 목포시민들의 불편을 감내하면서까지 KTX선로를 무안공항으로 경유시켰다. 무안 입장에서 바라던 인프라를 충분하게 확보했다면 원래 계획대로 무안공항에 군 공항 기능을 같이 이전하는 것이 옳다.

　공항이전과 함께 종점 기능을 상실한 광주역까지의 광주선 철도를 광주선 숲길과 광주 광장으로 전환할 수 있다. 광주역은 최근까지 호남선 철도의 종착역 중 하나로 훌륭하게 기능했다. 호남선 철도를 타면 광주에 진입하면서 둘로 갈라져 일부 철도는 목포 방향으로 가면서 광주송정역에 정차하고 일부 철도는 광주역 쪽으로 선로를 바꿔 광주역에 종착하는 형태로 운영되었다. 그런데 이제 고속철도는 모두 광주송정역으로 운행하는 것으로 변경되면서 광주역은 광주송정역과의 셔틀 열차가 간간이 운행하는 역이 되었다.

서울의 용산과 마포구 공덕동 일대를 지나던 경의선 철도가 지하화되어 이설되었을 때 서울시는 그 부지에 숲길을 조성하기로 했다. 마찬가지로 노원구 일대의 경춘선 철도가 이설되어 남는 공간에도 숲길을 조성했다. 홍대 입구 상권과 연계된 경의선 숲길은 외국인들과 젊은 세대가 앞다퉈 걷고 싶어 하는 문화의 길로 변모했다. 광주도 광주역이 실질적으로 기능을 상실한 뒤 광주선 철로와 광주역을 도심 속 녹지공간으로 변모시켜야 한다.

이제 지역을 가리지 않고 하나의 언어로 이야기할 수 있는 주제를 만들어야 한다. 전라도에 대한 보수정당의 투자는 지금까지 전혀 노력하지 않았던 것을 벌충하는 의미로 처음 단계에는 특별히 집중하되, 장기적인 관점에서는 호남포기 전략을 포기해야 한다. 보수정당이 꿈꾸는 대한민국의 미래에 전라도도 빠지지 않도록 해야 한다. '모든 지역에서 기본 생활 수준의 확보'라는 큰 전제를 가지고 사업을 추진해나가야 할 것이다.

05.

청년과 여성을 지워버려야 한다

청년과 여성에 대한 시혜적 조치

청년이 정치적 약자라는 이야기를 많이 하는 이유는 인구수 대비 청년 정치인이 부족하다는 인식 때문일 것이다. 우선 이것이 실제로 문제인지를 파악해야 하고 이 문제를 정치권이 다뤄온 방식에 대해 생각해볼 필요가 있다. 청년과 여성이 실제로 정치적으로 약자인지, 그것을 적극적으로 보정해야 하는지에 대해서 원칙을 가져야 한다.

2018년 기준 초등학교 교사의 남녀 성비는 22.83 대 77.17이다. 국회의원의 성비가 5:5가 되지 않는 것을 문제라고 생각한다면 이 또한 문제가 되어야 한다. 하지만 우리가 이것을 지적하지 않는 것은 애초에 초등학교 교사라는 직업에 대한 선호가 성별에 따라 차이가 있고 그에 따라 교대에 진학하는 학생 성비가 이미 3:7 정도로 여성이 많은 상황이기 때문이다. 3:7의 성비로 교육대학생들이 졸업해서 23:77 정도의 성비로 초등학교 교원이 된다면 남성이 교원임용 과정에서 특별하게 불이익을 받고 있다고 보기는 어렵다.

사실 나는 청년이라는 단어를 싫어한다. 청년의 적용 범위에 해당하는 연령도 사안에 따라 들쭉날쭉이다. 만 19세에서 만 34세에 해당하는 청년기본법상의 기준을 따른다 하더라도 고등학교를 졸업하고 사회에 진출했다면 16년간의 세월을 청년으로 묶어서 시혜적 조치를 해야 한다는 논리가 크게 와닿지 않는다. 그저 정치권의 시혜적 조치나 할당을 위한 임의적인 기준일 뿐이라고 본다.

정당은 꾸준히 경영하면서 몇 년 뒤에 수익을 내기 위해 선투자하는 곳이 아니다. 대부분의 당 대표는 당의 오너라는 생각을 하지 않기에 2년간 전문경영인처럼 당을 운영할 수밖에 없다. 경영학의 관점에서 오너경영과 전문경영인을 비교할 때 전문경영인 체제의 위험 요소로 간주되는 것은 성과급과 스톡옵션 등을 염두에 두고 장기적 성장보다는 주가 부양에 힘을 쓰는 경향성이 나타날 수 있다는 점이다. 청년과 여성문제도 너무 피상적으로 수치적 성과를 내기 위해 접근하면 곤란하다.

　정치 분야에서 다양성의 문제를 풀어내기 위해서는 청년이라는 인위적인 기준을 따르기보다 상대적으로 젊은 세대를 포함한 모든 구성원들이 공정한 경쟁을 할 수 있는 환경인지가 더 중요하게 다뤄져야 한다. 무엇을 통해 경쟁해서 우열을 가릴 것인지에 대해 공정한 기준을 세우는 것이 중요하다는 것이다.

　정치를 하다 보면 시간과 돈이 큰 변수가 된다. 사람을 대상으로 하는 일인 만큼 누군가를 만날 시간이 많다는 것은 매우 유리한 지점이다. 그리고 누군가를 만났을 때 경제적으로 자유롭기에 하고 싶은 것을 마음껏 할 수 있다는 것은 더 큰 변수다. 보통 젊은 세대나 여성은 이 두 가지를 확보하지 못한 경우가 많기 때문에 정치적으로 약자로 분류되는 경우가 많다.

　지역에서 사람들을 만나 술잔을 기울이며 유대를 다지는, 그래서 지역의 지도자로 인정받는 방식의 정치에서는 한창 경제활동을 하면서 밤늦게야 퇴근해 귀가하는 젊은 세대가 불리할 수밖에 없다. 또한 현실적으로 육아와 가사의 부담을 상당히 지고 있으며, 여러 가지 이유로 회식문화에 소극적일 가능성이 높은 여성들이 불리한 요소를 안고 있다.

　술자리를 다니고 눈도장을 찍어야만 열심히 일한다는 소리를 듣고, 정치를 조금이나마 해볼 수 있는 문화가 조성되지 않았다고 지적하는 것도 입만 아프다. 그것을 타박하는 것만으로 세상을 바꿀 수는 없다. 사람들의 관념을 일시에 바꾸기는 어렵고 그 잘못된 문화에 젖어 있는 이들 역시 유권자이기에 개인의 힘으로 깨부수면서 돌파하는 것은 매우 어렵다.

결국 잘못된 정치문화를 고치는 방법은 두 가지가 있다. 첫째는 눈앞에 놓인 상황을 극복 불가능한 것으로 보고 할당을 통해서 변화를 주려 하는 방법이다. 둘째는 시험과목 자체를 뜯어고치는 것이다. 대부분 할당 방식이 더 급진적인 방식이고 문제를 빠르게 해결할 수 있는 방법이라고 생각한다. 하지만 실제로 더 급진적이고 실질적인 변화를 가져오는 것은 시험과목 자체의 변경이다.

1980년대와 1990년대까지만 하더라도 대통령이 정당 총재를 겸임하면서 공천권을 모두 행사하는 것이 일반적이었다. 이때는 대통령의 의중에 따라 우세지역에 마음대로 공천할 수 있었기에 적당한 사회적 이력이 있는 젊은 사람이나 여성을 지역구에 꽂아 넣는 것이 가능했다. 김영삼 대통령 시절에 대거 수혈했던 젊은 정치인들이 이제 장년이 되어 정치를 계속하고 있고, 나름대로 성과도 있었다. 그러나 나는 청년과 여성에 대한 시혜적 조치에 결코 동의할 수 없다. 청년과 여성에게 특별하게 불리한 제도가 있다면 그것을 찾아내서 개혁해내야 한다.

2021년 전당대회의 파격은 룰의 변화

2021년 6월 11일 제1차 국민의힘 전당대회는 결과를 찬찬히 뜯어보면 파격이었다. 전당대회란 보통 정당 내의 행사로 인식되어 국민의 큰 관심을 받기 어렵다. 그러나 그 전당대회를 통해 원내대표를 지낸 두 명의 중견 정치인을 꺾고 30대 당 대표가 출현했으며 4명의 선출직 최고위원 중 3명이 여성으로 당선되는 결과가 나왔다. 심지어 지금까지 전당대회에서 여성에게 할당되는 할당 룰도 활용되지 않은 채 당선되었던 것이다.

양대 정당이 지금까지 할당을 통해서 아무리 이뤄내려고 해도 뚜렷한 성과를 내지 못했던 젊은 세대와 여성의 약진이 확연하게 드러나는 결과가 나타난 것이다. 지난 전당대회에서 무엇이 새로 생기고 무엇이 사라졌는지를 살펴보면 의외로 간단하다. 코로나 시기에 치러진 첫 전당대회였다. 코로나로 인해 과연 전당대회 문화는 어떻게 달라졌고, 무엇이 새로 도입되고 무엇이 사라졌는지를 살펴보면 된다.

코로나로 인해 사라진 것은 대의원들의 현장 투표였다. 대의원들의 현장 투표는 보통 당원협의회별로 당협위원장이 당원들에게 선거인단의 자격을 부여하고, 그 사람들이 단체로 상경하여 투표하는 방식이다. 우선 당협위원장은 대의원들을 사실상 원하는 대로 선정할 수 있기 때문에 애초에 본인의 투표 성향과 비슷한 당원들을 대의원에 포함시킬 수 있다. 그래서 전국에 있는 250여 개 당원협의회에서 몇 개의 당원협의회의 지지를 받느냐가 선거의 큰 변수가 된다. 실제로 더불어민주당은 전당대회에서 대의원의 표를 45%나 반영하는 룰을 가지고 있었다.

과거 전당대회에서는 상경하는 버스가 들르는 고속버스 휴게소에서 후보 측 관계자가 돈 봉투를 뿌리는 경우도 있었고, 전당대회장에 들어가기 직전에 식사 자리에서 돈을 뿌리는 경우도 있었다고 한다. 물론 10년 정도 지난 이야기지만 당협위원장이 영향력을 끼치는 대의원들의 선거란 이렇게 혼탁해질 가능성이 농후하다. 또한 불법적인 선거비용을 급증시키기도 한다.

전당대회에서 30억에서 50억 원의 비용을 썼다는 증언도 많이 나왔던 그 과거, 돈 주고 벼슬을 산 고을수령들이 그 벼슬값을 어디서 다시 회수하려고 했을지는 명약관화하다. 전당대회에서 수십억 원을 들여서라도 당선되어야 했던 후보들은 그 이상의 자금회수가 당을 이끄는 과정에서 가능했을 것이고 그래서 가장 비싸게 팔아먹을 수 있는 매관매직을 위해 공천권을 장악하고 공천장사를 하는 문화가 형성되었을 것이다.

코로나로 인해 대의원 제도와 현장 투표가 활용되지 않는 전당대회에서 당협위원장의 역할은 매우 제한적이었다. 2021년 전당대회에서 당협위원장이 당원명부를 대상으로 누구를 지지하라는 문자메시지를 발송하면 한 시간이 지나지 않아 상대 후보의 캠프에 전달되는 경우가 대부분이었다. 이것은 해당 당협 위원장에게 상당한 정치적 부담을 강제하는 일이라 실제로 조직 선거가 이루어지기 어려운 상황이었다. 이런 상황에서 당원들의 투표 성향과 일반 대중의 투표 성향은 결국 수렴해나갈 수밖에 없었다.

황교안 후보와 오세훈 후보, 김진태 후보가 붙었던 자유한국 당의 제3차 전당대회에서는 현장 투표가 진행되었고 그 현장 투표에서 압도적 우세를 보인 황교안 후보가 당심은 압도했으나, 민심은 오세훈 후보가 압도하는 괴리가 드러났었다. 그 당시 제도로는 젊은 당 대표도, 여성 최고위원들도 당선되기 어려웠다.

2021년 6월 11일에 치러진 제1차 국민의힘 전당대회에서 대의원 현장 투표가 없었던 것이 조직선거와 돈 선거가 작동할 공간이 사라진 계기였다는 점을 잊지 말아야 한다. 코로나는 우리의 삶 전반에 여러 변화를 가져왔다. 음식 배달서비스 활성화로 바뀐 식생활 문화가 코로나가 수그러드는 와중에도 예전 상태로 돌아가지 않는 것처럼, 정당이 포스트 코로나 시대 속에서 과거의 조직선거 관습에 젖은 전당대회 방식으로 회귀하면 안 된다.

그러나 조직선거와 돈 선거의 관행이 자신에게 유리한 사람들은 여러 가지 다른 이유를 만들어내 나쁜 관행으로 회귀할 가능성이 굉장히 높은 것도 사실이다. 지난 전당대회에서 돈 쓰지 않고 조직도 만들지 않고 지도부에 입성할 수 있었던 긍정적인 변화가 유지될 수 있어야 한다.

정확히 코로나의 영향만이라고 여겨지지는 않지만, 지역별로 순회하며 큰 체육관을 빌려 당원들을 동원하고 꽹과리를 치면서 세를 과시하던 문화가 사라졌고 유튜브를 통해서 중계되는 연설이 주목을 받았다. 지난 전당대회에서 나는 단 한 명의 당원도 현장 연설에 동원하지 않았으나 대구에서 탄핵은 정당했다고 한 연설, 광주에 대한 부채가 없는 새로운 세대의 정치를 말한 연설, 대전에서 국가의 미래가 교육에 있다고 밝힌 연설, 부산에서 새로운 산업을 진흥하기 위해 발상을 전환하자는 연설 등 네 가지 동영상은 각각 수십만의 조회수를 기록하면서 선거 분위기를 형성하는 역할을 했다. 나중에 석연치 않은 이유로 마지막에 예정되었던 수도권 지역의 연설은 취소되는 상황이 있었지만 수십만 명의 당원과 지지자들은 그 네 번의 연설을 통해 후보 간 정책과 비전을 비교할 수 있는 기회를 얻었고, 어느 때보다 콘텐츠에 많은 관심이 쏠리는 전당대회가 되었다. 방송사에서 진행한 방송토론도 높은 시청률을 기록했다. 그 결과 3,000만 원이라는 역대 최소 비용만 사용하고도 당 대표로 선출될 수 있었다.

코로나로 인해 미디어 선거가 자리를 잡았고 미디어를 통해 정책 메시지와 정치적 비전을 홍보해 조직선거를 뚫어내는 이 바람은 젊은 세대도 충분히 올라탈 수 있고 여성 정치인도 시간이나 비용의 부담 없이 제대로 활용할 수 있는 방식이라는 것이 증명되었다.

청년과 여성이라는 구분을 마음에서 지우는 제도

돈 선거와 조직선거가 사라지고 난 공간에서 지금까지의 어떤 할당제보다도 놀랄 만한 결과가 나온 사례가 있듯, 무엇을 가지고 경쟁할지를 잘 설정해야 한다. 예를 들어 1990년대까지는 모든 국회의원 후보가 학교 운동장에 모여서 합동연설회를 진행하는 문화가 있었다. 그 공간 속에서 물론 조직을 동원해 운동장을 여러 패로 갈라 서로 야유하는 경우도 있었지만, A 후보를 응원하자고 동원한 유권자가 B 후보의 연설을 같이 들을 수 있었고 그 속에서 연설과 웅변 실력자들이 힘을 얻어 당선되기도 했다. 합동연설회가 동원에 돈이 많이 들고 동원 선거를 야기한다는 이유로 사라진 이후 오히려 신인들은 자신의 정견을 다수의 대중을 상대로 쉽게 전파할 기회를 잃게 된 측면도 있다.

결국 선거의 변수가 되는 여러 가지 요소 중에서 돈과 시간이 영향을 발휘하는 요소를 줄여나가는 것이 올바른 방법이다.

아울러 수십만 명의 당원들에게 단체 문자메시지를 쏘는 문화는 사라져야 한다. 지난 전당대회에서 나는 단체 문자를 쏘지 않았고 캠프도 꾸리지 않았으며, 전용차량 없이 대중교통을 이용해 선거를 치렀다. 이는 상당한 용기를 필요로 하는 일이었지만 그 세 가지 요소가 전혀 선거에 도움이 되지 않는다는 것을 알았기에 결정한 일이었다.

정치인들은 의외로 돈이 들어가는 무의미한 경쟁은 서로 하지 않는다는 전제로 신사협정을 맺기도 한다. 가장 대표적인 것이 정치인의 지역구 축의금, 부의금을 금지한 것이다. 지역구민의 경조사에 축의금, 부의금을 내는 것이 허용되던 시절에는 지역구 내 경쟁자들 사이에 유권자에 대한 축의금, 부의금 경쟁이 일어나기도 했다. 이는 비용효율적이지 않고 본인들에게 득 될 게 없는 치킨게임이기에 정치인들이 앞장서서 금지했다.

세월이 지나 단체 문자메시지 같은 것도 이제 규제의 대상이 되어야 한다고 생각한다. 이미 T전화나 후후 같은 스팸 차단 전화 애플리케이션을 쓰는 다수의 유권자들은 정치인의 문자메시지에 큰 관심을 갖지 않거나 오히려 강한 거부감을 느끼는 경우가 있다. 문자메시지에 클릭할 수 있는 링크를 첨부해서 발송해보면 관심을 갖고 메시지를 눌러보는 수신자의 비율이 채 2%가 되지 않는 경우가 많다. 특히나 지방선거와 같은 수십 명의 후보가 난립하는 선거에서 이런 문자는 문자 전송업체의 배만 불려줄 뿐 유권자의 표심에 아무런 영향을 끼치지 못한다.

지난 지방선거 경선 과정을 거치면서 당에는 경선 후보들의 문자메시지와 자동전화 홍보를 금지해달라는 요청이 다수 들어왔다. 이것을 금지하면 어떻게 유권자들에게 본인을 홍보할 수 있겠냐고 반문할 수도 있지만, 문자메시지나 자동전화 홍보가 사라진다 해도 정치인들은 본인을 알리기 위해 어떻게든 다른 방식을 발굴해낼 것이고 가장 유력한 방법은 SNS가 될 것이다.

SNS는 전화번호만 확보하면 발신이 가능한 문자메시지와 달리, 진지하게 정치를 하려는 사람이라면 상당히 오랜 기간 준비를 해야 하는 영역이다. 예를 들어 페이스북은 내가 친구를 맺을 수 있는 사람이 5,000명으로 제한되어 있다. 인스타그램은 내가 먼저 팔로우를 걸 수 있는 사람이 7,500명으로 제한되어 있다. 이 숫자는 얼핏 많아 보이지만 지역구 선거나 당내 선거를 치르는 사람에게는 큰 고민을 안긴다. 단순히 친구나 팔로워가 많은 것이 문제가 아니라 선거권이 있는 사람들에게 본인의 SNS가 주목받는 상황을 만드는 것이 중요하기 때문이다.

지난 2020년 총선 때부터, 수십만의 구독자를 가진 유튜버들이 정치에 뛰어들려다가 본인의 인지도가 예상외로 낮아 포기하는 경우가 간혹 있다. 구독자 50만 명이라 해도 그냥 일반적인 방송을 통해서 팔로어를 늘려온 유튜버라면, 국회의원 선거 전국 지역구가 253개이니 한 출마 지역구에서 확률상 2,000명 정도의 구독자를 갖는다는 것이고, 이 숫자는 한 선거구의 유권자 평균치인 20만 명에서 1% 남짓에 불과하다. 결국 지역구에 출마하고자 하는 사람은 SNS 서비스별 각종 조건을 잘 활용해서 누가 선거구민인지 세밀하게 파악해서 본인의 선거구민들과의 소통 경로를 미리 확보해두는 것이 중요하다.

새롭게 정치에 진입하고자 하는 사람이 청년과 여성이라는 이유만으로 시혜적 조치에 기대는 것은 이제 구시대적 발상이다. 코로나로 인해 대의원 제도와 현장 투표가 사라지고 유튜브를 통해 후보자들의 연설을 서로 비교해서 들을 수 있는 시대가 가져온 효과는 실로 크고 많다. 조직선거와 돈 선거의 관행 속에서 정치가 진일보하는 모습을 보수정당에서 처음 선보인 것이다. 좋은 관습은 이어가는 것이 마땅하다. 공정한 경쟁이 자리를 잡아야 하는 이유다.

06.

이제 사회 이슈다 : 혐오론과 맞서는 용기

교육을 넘어 사회 이슈의 선점으로

2022년 제8회 전국동시지방선거에서 광역자치단체장은 보수정당 진영에서 많은 당선자를 배출했지만 함께 치러진 교육감 선거에서는 보수와 진보 성향의 교육감이 거의 비슷한 숫자로 당선되었다. 이것을 보면 유권자들이 지방선거를 거듭할수록 진영과 정당을 넘나들면서 교차투표 성향을 보이기 시작한다는 것을 알 수 있다.

물론 교육감 선거에서 소위 진영 내 단일화 문제나 현역 진보 교육감들이 많아서 생기는 인지도의 벽 같은 것을 투표에 영향을 주는 요인으로 꼽을 수도 있겠지만, 보수 성향 교육감들의 선거 캠페인을 바라보면서 느낀 가장 큰 문제점은 약 20년째 똑같은 구호로 선거를 치르고 있다는 점이다. 보수정당은 이미 2021년부터 거듭된 변화와 혁신의 과정으로 완전히 다른 선거 슬로건과 지향점을 가지고 선거에 임하고 있는데, 보수교육감 후보들의 상당수는 전교조 아웃이라는 구호 하나로 선거를 치르는 형국으로 보였다.

현실적으로 일반 시민 입장에서 빈부격차의 해소라는 것은 지상과제일 수밖에 없다. 그 목표를 달성하는 가장 확실한 방법이 교육격차의 해소라는 것은 자명하다. 추가적인 보충 교육을 하지 않고서는 국내뿐만 아니라 세계적인 큰 흐름을 따라잡기 이미 어려울 정도로, 대한민국에서 공교육이 학생들에게 제시하는 교육 수준은 기대치에 이르지 못하고 있다.

교육감 선거뿐만 아니라 이제 모든 선거는 사회 이슈가 주도한다는 것을 깨달아야 한다. 국민의 삶에 있어 의식주가 해결되지 않으면 집권 세력에 반감이 강해지는 것은 당연하다. 물론 양대 정당 중 어느 정당이 집권하더라도 과거 개발 시대와 같은 고도성장을 기대하기 어렵다는 것은 국민이 모를 리가 없다. 747 공약으로 7% 성장을 공약했던 이명박 대통령 이후로 고도성장을 공약하는 대선후보가 나오지 않는 것은 유권자들이 그런 구호에 이제 영향을 받지 않기 때문이다.

최근 미국에서 낙태에 대한 대법원의 판결이 사회적으로 큰 이슈가 되는 것을 봤다면 우리나라도 앞으로 그런 사회문제가 적극적으로 대두되리라는 예측을 해야 한다. 보수정당이 2018년 이후로 판판이 깨졌던 것은 이러한 유권자의 변화된 관심사에 대한 상황 인식 자체가 잘못되었기 때문이었다.

전국장애인철폐연대(전장연)의 사태 하나 해결하지 못하는 정권의 민낯에 주목할 필요가 있다. 서울지하철 4호선은 서울 동북권에 거주하는 주민들에게는 가장 중요한 교통수단이다. 시내 방면으로 출근하기 위해 4호선을 타면 상계동에서 동대문역사문화공원역까지 25분 만에 도착한다. 다른 교통로나 교통수단은 족히 이 두세 배는 넘는 시간이 걸리기 때문에 다른 대체재가 없다. 이런 가운데 전장연은 3년 넘게 4호선 연선의 주민들의 출근시간을 볼모로 자신들의 주장을 계속하고 있다.

전장연은 처음에는 4호선의 대부분 승객이 환승하는 동대문역사문화공원역 환승로에서만 시위를 했었다. 그러다가 대통령 선거가 다가오자 출발하려는 지하철 문에 휠체어를 끼워 넣고 출발을 방해하는 적극적인 방식으로 전환했다. 이런 위험하면서도 최대 다수의 불편을 야기하는 시위 방법은 부적절하다고 내가 지적했을 때 어리석게도 보수진영의 사람들마저, 대선 승리 이후에 당 대표의 뒤통수를 칠 좋은 기회라는 판단으로 공격을 해왔다.

　기본적으로 장애인과 전장연을 구분하지 못하는 오류도 있었으며, 혐오와 시위방식에 대한 지적도 세분화해내지 못하는 수준이었다. 예전에 젠더 이슈는 복어요리와 같다고 지적한 바 있었다. 지난 몇 년 동안 내가 젠더 이슈를 다루면서도 통상적인 여성혐오자 몰이를 넘어서는 실질적인 공격을 당하지 않은 것은 젠더 이슈에 있어 실지로 갈등을 유발하는 요소와 갈등을 해소하기 위해 다뤄야 할 부분을 나눠 대응했기 때문이다.

　복어요리라는 별미가 복어독을 제대로 알고 제거할 수 있는 일부 자격증 소지 요리사에게만 가능한 요리인 것처럼, 사회의 민감한 이슈들은 구체적으로 그것을 다루는 기초적인 방법론과 감각을 갖추고 건드려야 한다. BLM(Black Lives Matter)라는 흑인 인권운동이 있었다. '흑인의 목숨도 소중하다'는 뜻으로, 2012년 미국에서 흑인 소년을 죽인 백인 방범 요원이 다음 해 무죄 평결을 받고 풀려나면서 시작된 운동이다. 이는 흑인에 대한 과도한 공권력 사용에 항의할 때 사용되는 시위 구호이기도 하다. 과거 국민의힘 의원들은 미국에서 BLM 시위가 있었을 때도 국회에서 다 같이 무릎을 꿇고 지지 의사를 밝힌 적이 있었다. 돌아보면 이들이 그 당시 BLM의 의미를 제대로 알고 접근했던 것인지 의문이 든다.

정치인과 정치꾼이 다른 점

흑인뿐만 아니라 사회적 약자로 분류되는 집단이 하는 행동이 모두 선한 것은 결코 아니다. 정치권이 사회적 약자가 맞닥뜨린 실제적인 어려움을 고려하여 사회에서 공정한 경쟁을 할 수 있도록 허들을 낮추기 위해 노력하는 것은 옳지만, 그것이 시혜적 배려나 측은지심의 영역으로 흘러 모든 사회적 책임과 의무에 대해 프리패스를 주거나 보편적 질서를 크게 훼손하는, 그들만을 위한 새로운 질서를 제공하는 것이라면 곤란하다는 것이다.

지난 1년간 젠더 이슈나 전장연의 불법적 시위에 대한 지적이 나올 때마다 분명히 외과 수술적으로 구체적인 상황과 개선할 점을 지적하더라도 종국에는 약자 혐오라는 맥락으로 역공받는 경우가 많았다. 우리 사회가 앞으로 사회적 갈등을 이불 밑에 덮어놓고 아무 문제 없는 척하는 것이 아니라 조금씩 타협점을 찾아 근본적으로 해결해가기 위해서는, 구체적인 지적에 두리뭉실한 혐오 프레임으로 받아치는 현재의 세태를 반드시 타파할 필요가 있다.

전장연이 서울지하철에서 지금까지도 지속해오는 시위는 행위의 주체가 누구인지와 관계없이 매우 부적절한 방식으로 자신들의 뜻을 관철시키려는 행동이다. 집회와 시위라는 것이 헌법적으로 보장된 권리이고 대중의 불편을 야기하는 것은 불가피하다는 주장도 있지만, 기본적인 권리에 있어서도 많은 제약이 존재한다는 사실을 환기해야 한다.

노동자에게 있어 파업할 수 있는 권리는 매우 중요하고 지켜져야 하지만, 대중 다수의 불편을 야기하는 방식으로 흘러가는 것을 막고, 최소한의 사회 서비스를 유지하기 위해 일부 직종의 경우 파업 중에도 필수업무를 유지할 인력을 따로 두고 진행하도록 되어 있다. 그 필수업무의 범주에는 다양한 사회 인프라를 운영하기 위한 업무들이 모두 포함된다. 공항, 항만, 철도, 도시철도 등을 유지하는 업무도 그렇다. 따라서 서울지하철의 운영을 담당하는 서울교통공사 노동자들이 본인들의 노동조건에 대한 쟁의를 위해 파업을 선택하더라도 필수 운영인력은 남겨놓고 진행해야 하고, 전동차를 움직이지 못하도록 육탄으로 저지하는 것은 누구도 생각하지 않을뿐더러 허용되지 않는 불법이다.

말하자면, 서울교통공사의 직원들은 본인들의 파업을 통해 본인들의 권리를 주장하는 것이 불가능한데도, 박경석 대표와 전장연은 서울지하철을 몇 시간씩 세워놓고 시민 다수의 불편을 야기하는 방식으로 자신들의 주장을 이어가고 있는 셈이다.

전장연은 대통령실이 용산으로 이전한 뒤에도 자신들의 방식으로 시위하고 있다. 지하철을 타고 출퇴근하지 않는 다수의 대통령실 관계자나 정치꾼들의 외면 속에, 4호선을 중심으로 서울지하철을 탑승하는 수십만 명의 출퇴근 승객에게 지속적이고 막심한 피해를 입히고 있다. 서울지하철 4호선을 타고 출퇴근하는 노원, 도봉, 강북, 성북구의 주민들이 불편을 느끼게 함으로써 정치인들에게 장애인들의 문제를 해결해달라는 압력을 넣고 있는 것이다. 이런 시도는 매우 위험할 뿐만 아니라, 좋지 않은 선례를 남기는 방식이다.

이러한 방식이 가능하다는 것이 공인되는 순간 앞으로 자신들의 권리를 주장하는 대한민국의 많은 시위자들은 가장 편리하고 비용효율적인 시위방법으로 지하철 및 사회기반시설 점거를 활용할 것이다. 전장연이 아니더라도 우리는 사회적 약자의 위치에서 이러한 주장을 할 수 있는 집단을 많이 알고 있다. 대형 사회적 참사의 실종자 가족이나 유가족들도 이러한 방법론에 의존하게 될 수 있다.

정치세력의 주장은 일관되어야 한다. 정치세력이라면, 지하철을 점거하고 운행을 중단하게 하는 방법이 잘못되었다는 것에 방점을 찍어 문제를 제기해야 한다. 그러나 문제 제기는커녕 행위 주체의 약자성을 무기로 삼아 반박하는 사람들이 있다. 책임 있는 정치인이라면 이에 강력하게 저항해야 한다. 정치인과 정치꾼은 다르다. 정치인은 양의 털을 깎고, 정치꾼은 양의 껍질을 벗긴다. 양과 함께 살아갈 방안을 마련하는 것이 정치인이고, 양을 아예 죽이는 방법을 제시하는 것이 정치꾼이다. 원칙과 공정이 무너질 때 모든 게 무너진다는 것을 상기할 필요가 있다.

싸잡기와 혐오론에 저항하는 용기

우리나라에서는 일부 트렌디한 단어를 사회현상을 말하는 데 오남용하는 경우가 있다. 최근 유행하는 '가스라이팅'이라는 단어도 세뇌와 단순한 간섭, 지적 등을 포괄해 너무 광범위하게 사용되고 있다. '미러링'이라는 단어도 집단적 광기에 집단적 광기로 대응하는 것을 정당화하는 용도로 바꿔 사용하는 등 본래 해외에서 수입된 그 신조어의 사회학적 의미와는 다르게 활용하는 것을 볼 수 있다.

혐오라는 것도 아마 해외에서 언급되는 헤이트 스피치(hate speech)에 해당하는 의미를 한국에 들여와 적용하려 한 것 같다. 이 헤이트 스피치를 『케임브리지 백과사전』에서는 다음과 같이 정의한다.

public speech that expresses hate or encourages violence

towards a person or group based on something such as race, religion, sex, or sexual orientation(공공연하게 사람의 인종, 종교, 성별, 성적 지향 등을 토대로 폭력이나 증오의 감정을 불러일으키는 발언).

이 개념을 한국의 헌법재판소에서는 비슷하게 받아들여 다음처럼 해석하고 있다.

차별·혐오 표현은 개인이나 집단에 대한 혐오·적대감을 담고 있다. 이는 상대방 개인이나 소수자의 인간의 존엄성을 침해하고 특정 집단의 가치를 부정한다. 이런 차별·혐오 표현을 금지하는 것은 헌법상 인간의 존엄성 보장 측면에서 긴요하다. (헌법재판소, 2017헌마1356)

『케임브리지 백과사전』과 헌법재판소 판결문을 종합해보면 집단의 가치를 부정하고 인종, 성별 등 사람의 특성을 토대로 증오를 불러일으킨다는 것이 혐오 발언의 구성 요건인 것이다. 간단하게 표현하면 누군가를 공격의 대상으로 삼고 그 사람이 속한 집단을 싸잡아 그 특성으로 비판해야 혐오 발언에 해당하는 것이다.

간단한 예시로, 전장연 사태에 있어 "전장연이 하는 시위의 방식은 반문명적이다."라는 발언은 장애인을 싸잡아 비판한 것이 아니므로 혐오 발언이 아니다. 전장연은 장애인 전반을 대변하는 대표성이 없으며 전장연은 단체의 이름이 전장연이라서 언급된 것이지 장애인을 싸잡기 위해 언급된 것이 아니다. 또한 전장연이 하는 시위라는 구체적인 행동을 적시하고 있으므로 비판의 대상이 모호하지도 않다.

그런데 이것을 대한민국에서는 혐오라는 단어의 오남용으로 장애인 혐오라고 주장하는 사람들이 있다. 그들에게는 이것이 실질적으로 사전적으로나, 사회학적으로 혐오의 정의에 들어가는지는 중요하지 않다. 정치적인 주장을 하기 위해서 세 사람이 모여서 이것이 호랑이라고 하면 호랑이가 되는 삼인성호식 혐오 낙인에 들어선 것이다. 이것을 넘어서서 가장 어이없는 상황은 혐오 표현을 연구했다고 하는 숙명여대 홍성수 교수의 논점 비틀기이다. 그는 SNS에서 다음과 같이 이야기했다.

전체적으로 많은 오류를 담고 있는 이 글 내용은, 이준석은

홍성수
7시간 · 🌐

이준석 대표가 JTBC 썰전에서 설명한 혐오표현 개념이다.

"혐오나 증오를 헤이트 스피치라고 하거든요. 헤이트 스피츠라고 하는데 이거의 정확한 정의가 뭐냐면요. '나는 박경석이 싫어'라고 하면 그것은 혐오발언이 될 수가 없어요. '나는 박경석이 장애인이기 때문에 싫어'라고 하면 그건 장애인에 대한 혐오입니다. 싸잡아 가지고 어떤 특성 때문에 누가 싫다, 아무 이유없이 ... 그걸 보통 혐오나 증오라고 하는데, 저는 전장연이 장애인단체여서 그 시위에 대해서 지적한 게 아니에요. 저는 전장연이 아니라 예를 들어 북파 공작원 하시던 분들이 와서도 만약에 지하철을 점거하고 운행을 중지하는 방식으로 본인의 뜻을 관철하려고 하시면... (똑같이 지적했을 것입니다)"

"'난 조지 부시가 싫어'라고 하는 것은 문명이에요. 그런데 조지 부시가 뭐라고 했기 때문에 내가 미국인에 대해서 뭐라고 하면 그것은 비문명이에요."

(* 받아 적느라 나 고생함)

이 얘기를 듣고 깜짝 놀랐다. 정치인들 중에 혐오표현 개념을 이렇게 정확히 알고 있는 경우는 흔치 않기 때문이다. 문제는 그래서 혐오표현 혐의를 회피하기 위한 방법도 정확히 알고 있다. 실제로 전세계의 혐오선동가들은 본인이 혐오를 한다고 인정하지 않는다.

- 이슬람 혐오가 아니다. 이슬람이 저지르는 테러에 반대하는 것이다.
- 조선족 혐오가 아니다. 그들이 저지르는 폭력에 우려를 표하는 것이다.
- 동성애 혐오가 아니다. 에이즈를 퍼뜨리는 것에 반대하는 것이다.
- 트랜스젠더 혐오가 아니다. 여성의 안전이 위협받을까봐 걱정하는 것이다.

이준석 대표는 혐오선동가들이 혐오표현 규제를 회피하는 전략을 정확히 알고 있지만 아주 뻔한 수법일 뿐이며, 그런다고 혐오선동의 혐의를 벗어날 수 있는 것은 절대 아니다. 세련된 방식의 또다른 혐오일 뿐이다..

그래서 사실 개인적으로 혐오표현 형사처벌에 회의적이다. 이준석처럼 잘 알고 대응하는 사람에게 속수무책이기 때문이다. 형사처벌은 이준석의 메시지를 듣고 멋도 모르고 혐오표현을 마구 내뱉는 사람들에게나 적용될 수 있는 이준석 같은 정치인은 털끝도 건드리지 못한다. 결국 이건 정치적으로 싸우는 수밖에 없다. 아주 치밀하고 끈질기게 문제제기하고 싸워야 한다. 우리는 건국 이래 혐오선동을 가장 능수능란하게 활용하는 정치인을 상대해야 하는 상황에 부딪히게 되었다.

출처 :

혐오 표현에 대한 개념을 정확히 알고 있고, 혐오 표현을 회피하는 방법도 정확하게 알고 있지만 하여튼 혐오를 했다는 것이다. 말 그대로 이준석이 혐오를 하지 않으면서 전장연 문제를 지적했지만 그것이 건국 이래 가장 혐오 선동을 잘하는 정치인이라는 이해할 수 없는 궤변이다. 굳이 말하자면 음주를 하지 않은 것은 확실한데 건국 이래 가장 음주운전을 잘하는 사람이라는 식의 비판을 한 것이다. 이런 궤변을 늘어놓은 분이 대한민국에서 혐오 연구의 권위자로 여겨진다는 것 자체가 이 담론이 아직까지 전혀 성숙하지 않았으며 아무 데나 혐오 낙인을 찍는 정도로 대응하고 있음을 말한다.

홍성수 교수식의 논리로 반박하자면, 이 글에서 홍성수 교수는 '보수라면 당연히 사회적 담론에 대해 무식하니까 혐오를 한다.'라는 선입견을 가지고, 본인과 반대되는 정치적 성향에 대한 혐오를 하고 있는 것인지도 모른다. 물론 아니면 말고.

구체적인 혐오 발언을 하지 않아도 사회적 약자인 장애인에 대해 언급하면 혐오주의자로 낙인찍힐 수 있고, 저런 혐오 연구 권위자라는 사람도 낙인을 찍기 위해 페이스북에 이름을 걸고 궤변을 쓸 정신자세까지 되어 있다는 사실이 이 글로써 경고된다고 여겨진다.

혐오 발언이라고 할 만한 것들은 위에서 언급한 것처럼 특정 집단을 싸잡아야 하고, 그 집단에 속해 있다는 이유만으로 부정적인 선입견을 함께 표출해야 한다. 우리나라에서 보편적으로 표출되던, 혹은 아직도 표출되는 혐오의 예는 지역적으로 전라도 출신에 대한 여러 비하 표현들을 들 수 있다. '저 사람은 전라도 출신이라 뒤통수를 잘 친다.'라는 문장은 매우 강한 혐오의 표현이다. 전혀 과학적으로도 검증되지 않았고, 말 그대로 출신지로 사람을 싸잡아 비하했기 때문이다.

우리 사회 대부분의 교양인들은 이제 그런 발언을 하는 것이 결코 본인에게도 도움이 되지 않는다는 것을 알기에 입 밖에 잘 내지 않는다. 여기서 조금 더 판단이 어려워지는 지점은 과학적으로 어느 정도의 근거자료는 만들어졌으나 입 밖으로 말을 내는 것이 적절하지 않은 주제에 대해서다.

불편한 것을 이야기하는 게 정치

정치권은 생각보다 트렌드에 민감하지 않다. 지금까지의 표심에 대한 분석은 늘 구도, 인물, 바람이라는 세 개의 변수에 따라서 진행되어왔다. 물론 지역별 표심이나 세대별 표심에 영향을 받는 구도, 후보의 개인적 역량에 따른 인물, 시대적 상황에 따른 바람이라는 것이 표심을 가르는 중요한 잣대인 것은 맞다.

그럼에도 이 관점을 그대로 받아들이면 실제 선거운동을 통해 바꿀 수 있는 결과가 많지 않다는 비관적 입장에 도달하게 된다. 그러나 전장을 어떻게 설정하느냐에 따라 구도와 바람은 충분히 만들어낼 수 있는 변수다.

2022년 12월이 되자 그동안 전장연 시위의 문제성에 대처하지 않던 정부와 서울시는 전장연이 운행을 방해하는 삼각지역에서 무정차 통과를 시행했고, 2023년이 되어 그들이 운행방해를 다시 진행하자 경찰과 서울교통공사 직원들을 동원해 시위자들을 끌어내기 시작한다. 결국 2022년 3월에 제시되었던 해법과 다르지 않고 오히려 물리력에만 의존하는 방식으로, 1년 가까이 지나서야 움직이기 시작한 것이다. 전장연이 시위를 지속한 1년 넘는 기간 동안 지하철 4호선에 탑승하는 시내 구간 기준 78만 명에 달하는 승객들이 출퇴근 시간에 지연을 감내한 것이다.

이 와중에 전장연은 그들이 원하는 것을 대부분 얻지 못했다. 왜냐하면 그들의 요구에는 들어줄 수 없는 내용이 많았고, 이를 포장하기 위해 이미 대부분의 역사에 설치된 지하철 엘리베이터 문제를 전면에 내세웠던 것이다. 애초에 전장연이 요구하는 것이 과도하고 현실화될 수 없는 것들임을 꿰뚫지 못한 정치꾼들은 그야말로 정치에 대한 책임감과 지성이 부족했다. 그것을 알면서도 자당의 당 대표를 공격하기 위한 수단으로 전장연

앞에 무릎을 꿇고 혐오론에 편승했던 사람들은 공사를 구분하지 못한 사람들이고 그들이 입에 즐겨 담는 바로 그 '내부총질'을 감행한 것이다.

2023년이 되어 강경 진압에 나서고 있는 정부와 이 정부의 인수위원장이라는 직함으로 전장연과 대화하겠다고 나섰던 안철수 의원의 모습, 그리고 이준석이 전장연과 대립각을 세우니 정치적인 목적 하나로 전장연 시위자 앞에 가서 무릎 꿇고 함께 시위하던 사람들을 종합해보면 정부 여당의 철학 부재가 뼈아프게 느껴진다.

이것이 국내 상황이었기에 망정이지, 이런 방식으로 국가의 외교나 중대사를 결정하는 상황이 된다면 어떤 혼란이 생길지 심각하게 우려된다. 사실 이미 대한민국은 국가가 맺은 조약을 다음 정부에서 뒤엎고 또 뒤엎는 일을 빈번하게 해왔기에 국제적으로 외교적 일관성을 지키지 못하는 나라가 되어버렸다.

07.
정치권의 버즈워드 오남용

　　돌아보면 내가 2016년에 첫 선거를 나갈 때까지만 하더라도 지역구에서 경로당의 영향력은 나름 지대했다. 낮에 사람들이 돌아다니지 않는 지역구에서 점심 식사를 함께하러 모인 고령 유권자들을 십수 명이라도 만날 수 있다는 것은 큰 메리트였다. 그 당시만 하더라도 경로당마다 아침에 일간지를 꺼내서 정독하시는 파파 스머프 같은 오피니언 리더가 한두 분씩 있었다. 그 분들이 소리높여 이야기하시는 정치 담론이 그 경로당의 여론을 결정하기도 했다. 그러나 코로나가 확산되면서 대부분의 경로당은 폐쇄되었고 한번 사라진 경로당 문화는 다시 과거와 같은 수준으로 회복되지 않고 있다. 파파 스머프에 해당하는 분들은 헤

게모니를 행사할 기회를 잃어버린 것이다.

패리스 힐튼이라는 유명인이 활동하던 시절이 있었다. 사람들은 패리스 힐튼을 어떤 사람이라고 정의할 것인지 매우 혼란스러워했다. 처음에는 패리스 힐튼이 힐튼가의 상속녀라고 알려져 그의 재력이 주목받다가, 미국 사회 특유의 금발에 대한 다양한 속설들과 결합되어 인구에 회자되더니, 미국을 뒤흔든 사생활이 노출되는 일까지 겹쳐졌다. 그리고 그녀는 그 유명세를 바탕으로 한국에서 방영하는 텔레비전 인기 프로그램인 〈무한도전〉에 출연하게 된다. 그를 어떻게 정의할지 고민하다가 연예계는 그를 '유명한 것으로 유명한 사람'이라고 정의했다. 그만큼 대중은 시류에 따라서 지나고 보면 아무 의미 없는 객체들을 유행시키기도 한다.

정치권에서는 마찬가지로 실체는 빈약한 버즈워드(buzz word) 현상에 빠져 낭패를 보는 경우가 있다. 버즈워드라는 것은 별 의미 없이 대중 마케팅 용어로 사용되는 '있어 보이는 용어'들을 통칭한다. 보통 IT 쪽에서 나온 새로운 유행을 표현하기 위해 정치권에 차용된다.

선거에서 경쟁자들은 서로 상대를 잡기 위해 강속구를 던진다. 야구 시합에서처럼 투수가 잘 제구해 던진 공은 아웃카운트를 늘릴 수 있지만, 힘이 너무 들어간 상태로 공을 던져 폭투를 하는 경우도 있고, 제구가 안 된 공이 가운데로 몰려서 오히려 치기 좋은 배팅볼을 만들어주는 경우도 있다. 잘 드러나지는 않았지만 지난 2021년 서울시장 보궐선거와 2022년 지방선거에서 더불어민주당은 버즈워드를 남용하다가 좋은 배팅볼을 많이 던져주는 바람에 젊은 세대의 지지를 잃어버린 경험이 있다.

2021년 서울시장 보궐선거에서 박영선 후보 캠프 측은 내부적으로 몇 번이나 메시지 관리의 허점을 노출했다. 박영선 후보는 선거전이 시작하기 전에는 매우 상대하기 어려운 후보라고 생각했지만, 선거전에 돌입하고 나서 본인의 공약을 설명하는 과정에서 'AI-삼투압'과 같은 괴 용어를 양산하며 몰락했다. 어르신들을 모셔놓고 자신도 정확하게 알지 못하는 개념을 들먹이며 아는 척하는 정치가 더 이상 통하지 않는 것이다.

이재명 의원은 지난 2022년 지방선거와 함께 치러진 국회의원 보궐선거에서 계양을 선거구에 도전할 때, 그 지역의 의원이었고 이제 서울시장 후보가 된 송영길 후보의 주요 공약 중 하나였던 김포공항 이전계획을 받아들여 발표하게 된다. 이 공약이 역공의 빌미가 되리라는 생각을 전혀 하지 못했을 것이다. 대구공항이나 광주공항 등 공항의 이전은 지역별로 지방선거의 단골 공약이었고, 한 번도 그것에 진지한 태클이 걸린 적이 없었기 때문이었다. 하지만 김포공항은 여느 공항과 조금 다른 것이 국내

선 허브공항의 역할을 하고 있다는 점이다. 제주도가 관광지로서 수도권 주민들에게 매력 있는 이유는 비행시간이 한 시간인데다 서울에서 평균적으로 30분 이내에 접근할 수 있는 김포공항이 있기 때문이다.

당시 이재명 후보는 당황해 대응 차원에서 수직이착륙기와 UAM을 언급했고 송영길 후보는 원주공항을 대체공항으로 언급하기도 했다. 전형적인 준비 안 된 답변으로 사태를 눈덩이로 키워버린 상황이었다. 이재명 후보는 대통령 선거 토론회에서도 기축통화국 발언으로 곤욕을 치른 적이 있었다. 도덕성에 다소간의 의구심이 들어도 능력은 있다는 이미지를 발판으로 삼았던 정치인이었는데, 일련의 버즈워드 오남용으로 그 이미지를 적어도 젊은 세대에게서는 왕창 잃어버리게 되었다.

정확히 버즈워드 현상이라고 규정하기는 어렵지만, 기본적인 개념을 잘 모르는 상태에서 망신을 산 케이스로 자주 회자되는 것이 바로 이은재 전 의원의 'MS 오피스 사건'이다. 이는 여러 가지 영상으로도 제작되어 꾸준히 소비되고 있는데, 아마 김문수 전 경기도지사의 '도지삽니다 사건'과 함께 유명한 영상일 것이다.

이은재 전 의원이 조희연 교육감에게, MS 오피스는 총판에서 경쟁입찰을 통해 도입했는데 한컴오피스는 왜 수의계약을 통해 예산을 절감하지 않았냐고 질의한 것이 시작이었다. 이은재 전 의원이 불명확하게 표현한 점도 있지만, 조희연 교육감은 질문 내용을 잘 알아듣지 못하고 MS 오피스를 마이크로소프트에서 사지 어디서 사냐고 반문했다. 이은재 전 의원은 자신도 정확하게 모르는 내용을 질문했던 것이고, 조희연 교육감은 질문을 제대로 못 알아듣고 역시나 맥락에 어긋난 답변을 한 것이었다.

교육청이 경쟁입찰이 아닌 수의계약으로 수십억 원에 가까운 예산을 낭비한 것은 충분히 지적해야 하는 사안이었고 교육청도 진지하게 답해야 하는 사안이었지만 질문자와 답변자가 내용을 숙지하지 못해 완전히 질의응답이 산으로 가버린 케이스다. 영상의 하이라이트는, 질의하는 중에 답답해진 이은재 전 의원이 조희연 교육감에게 그 유명한 대사 "사퇴하세요"를 던지는 대목이다. 이와 같이 정치권 내에서는 무지와 무지가 우격다짐으로 충돌하는 경우도 있다.

08.

선거의 SNS 활용과 메시지 통제

　선거는 임계치를 넘는 메시지 곱하기 스피커 크기다. 도널드 트럼프의 선거 전략은 단순했다. 그는 흔히 방송 셀럽이라는 위치에서 정치인으로 발돋움하기 위해 트위터를 적극적으로 활용했다. 트럼프가 무언가를 말하면 그것이 옳은지 그른지와 관계없이 많은 사람이 직접 그 말을 확인할 수 있었고, 자유롭게 그에 대해 논쟁할 수 있었다. 트럼프는 말 그대로 관심을 즐기는 사람이었다.

　대한민국의 정치인들은 모두 SNS의 활용도가 매우 높은 편이다. 현직 국회의원치고 기존의 인터넷 블로그와 카페는 물론이고, 유튜브, 페이스북, 인스타그램 등을 홍보의 수단으로 활용하지 않는 경우가 거의 없다.

정치선거의 SNS에서 많이 사용하는 카드뉴스는 오염 가능성이 매우 크다. 카드뉴스는 정사각형의 이미지 안에 SNS에 유포하기 좋은 형태로 여러 자료의 핵심을 요약해 넣는 방식의 홍보 수단이다. 제품 광고 등에서 유용하게 활용되고 카톡이나 문자메시지, SNS에 게시하기가 쉬워서 유포에 적극적으로 활용된다.

2022년 대통령 선거에서는 카드뉴스를 만들어야 하는지를 놓고 내부에서 이견이 많았다. 선거에 다급한 후보야 뭐라도 시도해보자고 하겠지만, 카드뉴스는 그 특유의 유포성 때문에라도 제대로 만들지 않으면 상대에게 배팅볼을 헌납하는 것과 마찬가지이기 때문에 위험했다. 또한 카드뉴스는 선거운동 기구에서 만들어 배포한다는 것이 알려지면 나중에 누군가가 당 로고와 후보자 사진을 박아 자발적으로 만들어 공식의견인 양 배포하는 식의 오염이 가능했다.

2022년 대통령 선거에서는 카드뉴스에 비해 오염과 조작 가능성이 낮고 유튜브에서 유포하기 편한 두 가지의 새로운 시도가 있었다. 첫째로는 AI 영상 합성의 활용이었고, 두 번째로는 59초 쇼츠영상 제작이었다. AI 영상 합성은 사실 인공지능이라기보다는 예전에 반짝 등장했던 사이버가수 아담과 같은 가상

인플루언서에 가깝다. 지능을 가지고 생각한다기보다는 후보의 생각을 표출하는 방식이다. 'AI 윤석열'은 생성의 통제권을 당과 후보가 가지고 있고 누군가가 시스템에 접근해 임의의 메시지를 만들어내는 것이 불가능했기에 메시지의 통제가 가능해진다.

효과는 놀라웠다고 자평한다. 'AI 윤석열'은 바쁜 대선 후보가 상계동까지 직접 방문하지 않아도 현안 메시지를 지역구 주민들에게 전달할 수 있었고, '59초 쇼츠영상'은 장황한 선거 메시지를 59초 동영상에 담아 파급력 있게 전달할 수 있었다.

반면 선거에서 카드뉴스의 맹점은 금방 드러났다. 2021년 보궐선거에서 민주당이 던져준 배팅볼은 사실, 어쩌면 더불어민주당조차 존재하는지 몰랐던 카드뉴스에서 나왔다. 민주당의 서울시당 대학생 위원회에서 페이스북에 오세훈 후보는 가난을 아느냐는 공세적 카드뉴스를 올렸던 것이다.

나는 언젠가 쓰려고 준비해두었던 강북구 삼양동에 거주하던 어린 시절의 오세훈 사진을 게시해 반박했다. 강북구 삼양동의 넉넉하지 못한 환경에서 거주하던 오세훈의 이야기는 우리 쪽에서 먼저 이야기하면 '가난팔이'고 '감성팔이'라는 비난을 받을 수 있는 소재였지만 상대방의 공격에 대한 반박으로 처음 공개되면 강력한 무기가 된다.

메시지가 통제되지 않는 상황에서의 의미 없는 공격이 상대에게 더 큰 역공의 빌미를 주는 전형적인 케이스다. 아마 민주당 박영선 후보 측과 선대위는 '오세훈은 가난을 아는가'라는 카드뉴스를 만드는 것을 승인하지도 않았을 것이다. 어쨌든 그 카드뉴스는 더불어민주당의 당 로고를 달고 나갔고 대서특필 되었다. 오세훈에게 도움이 되는 일을 통제가 안 되는 민주당 조직에서 해준 것이다.

09.

무조건 우리가 1면으로

데이터로 선거 전략을 짜야 하는 이유

2022년의 대통령 선거와 지방선거라는 양대 선거에서 내가 으뜸으로 생각했던 선거 전략의 큰 얼개는 관심을 모두 독점하는 것이었다. 아닌 게 아니라 대통령 선거기간 동안 더불어민주당에서는 볼멘소리가 나왔다. 보수정당의 대선후보가 확정된 이후로 이런저런 이벤트가 많아 모든 관심이 보수정당 쪽으로 쏠려서 손도 써보지 못하고 미디어 싸움에서 밀린다는 이야기였다. 갈등 상황에 이은 울산회동, 빨간 후드티, 선대위 총사퇴 및 개편, 윤석열차, 광주복합쇼핑몰, 호남으로 보내는 손편지에 이르는 여정까지 선거기간에 중요한 분수령이 될 만한 이벤트는 거의 모두 보수진영 쪽에 있었다.

　　원래 선거기간 중의 뉴스 보도는 언론사들도 부담을 느끼면서 양 진영을 동일한 비중으로 보도하기 위해 애쓴다. 하지만 1면을 차지하는 것은 다른 문제다. 1면을 공정하게 반으로 나눠서 보도하는 대신 그날의 최고 핫이슈를 대문짝만한 사진과 함께 보도할 수밖에 없다. 긍정적인 뉴스인지, 부정적인 뉴스인지는 크게 관계가 없다.

　　우리나라에서 뉴스 서비스를 하는 두 개의 포털사이트들의 검색량을 보여주는 네이버 트렌드와 카카오 트렌드를 보면 선거기간 내내 윤석열 후보에 대한 관심도가 높게 유지되었다는 것을 볼 수 있다. SBS에서 2021년 3월 11일에 분석해 보도한 바에 따르면 보수적 성향의 시민들은 네이버 뉴스를 많이 이용하고 진보적 성향의 시민들은 카카오의 뉴스 서비스를 많이 이용한다고 한다. 네이버에서 윤석열 후보에 대한 검색 수치가 이재명 후보를 압도하는 날이 많았는데, 그런 날 카카오가 운영하는 다음에서도 이재명 후보가 더 많이 검색된 것은 아니었다. 뉴스 서비스를 주력으로 하지 않는 구글 같은 곳에서만 이재명 후보의 검색량이 윤석열 후보보다 소폭 많았다. 데이터는 거짓말을 하지 않는다. 선거 때마다 우리 당의 가장 고질적인 병폐는 데이터를 안 본다는 것이다. 데이터로 선거 전략을 짜야 하는 이유다.

검색량 변화 추이

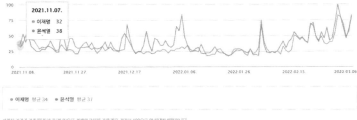

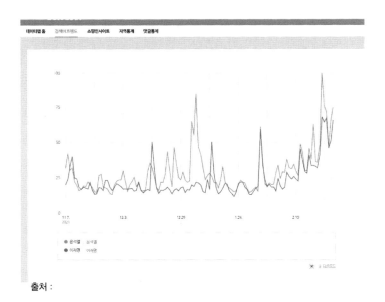

출처 :

유세차에서 그들이 마이크를 못 잡게 해야 하는 이유

선거 캠프는 채우는 것보다 비우는 것이 더 중요하다. 지난 전당대회에서 내가 대표로 당선될 때 언론이 주목했던 것은 선거를 세 명의 인원으로 치른 것이었다. 김철근 정무실장이 정치적으로 다른 정치인과 소통하는 임무를 맡았고, 박유하 공보팀장이 일정을 짜고 현장에 같이 가는 역할, 그리고 박종원 보좌역이 언론 대응을 맡았다. 전당대회에 후보로 나가면 10억 원 이상의 비용, 여의도의 대형 사무실, 그리고 명함 파서 들고 다니는 수백 명의 인원이 필요하다고 생각하는 것이 일반적이었다. 실제로 다들 그렇게 당선되었는데도 불구하고 그 도식을 거부하고 세 명이 나섰다는 것이 신선했을 것이다.

선거에서 채우는 것보다 비우는 것이 얼마나 중요한지를 보여주는 또 다른 사례가 2021년 서울시장 보궐선거에서의 유세차 기획이었다. 지난 2021년 서울시장 보궐선거는 특이한 선거였다. 당내에서 오세훈 후보와 나경원 후보가 경선으로 붙었을 때 직전까지 원내대표를 지냈던 나경원 후보 쪽으로 상당수의 당내 인사들이 줄을 섰다. 그 비대해진 캠프에 비해서 여러 번 낙선을 경험하고 세력이 궁해졌던 오세훈 후보의 캠프에는 주요 인사들이 참여를 꺼렸다.

오세훈 후보의 원만한 대인관계에도 불구하고 불나방처럼

한쪽으로 몰려간 인원들은 경선에서 진 이후에도 오세훈 후보와의 대척점을 해소하지 못하고 당 밖의 후보인 안철수 후보가 단일화 경쟁에서 승리하도록 지원했다. 어떻게 보면 해당 행위자들이었지만 그들은 김종인 지도부와 오세훈 후보를 흔들고 싶어 했다. 그것을 막아내기 위해 오세훈 캠프의 구성원들은 절치부심하며 일당백의 자세로 선거에 임해야 했다.

공직선거법에서 선거운동 기간에 할 수 있게 풀어준 몇 안 되는 선거운동 방식이 유세차 운영이다. 오세훈 후보가 단일화까지 승리하며 최종 후보가 되었을 때 어지간한 사람들은 모두 상대 후보 캠프에 붙어서 활동했기에 오세훈 캠프에서는 유세차의 원활한 운영과 기획을 맡을 인사가 없었다. 그래서 이재영 전 의원과 내가 각자 맡던 일에 더해 부가적으로 유세차에 대한 모든 것을 담당하게 되었다. 그 첫날 이재영 전 의원과 약조한 것이 있었다. 오세훈 후보가 당 후보로 결정된 뒤에도 불나방처럼 옮겨 다니며 단일화에서 그 반대편으로 붙었던 사람들이 유세차에 오르는 일은 막아야 한다는 것이었다.

그래서 나온 아이디어가 유세차의 황금시간대에, 온라인으로 신청한 젊은 세대에게 마이크를 잡을 수 있도록 문을 열어준 것이었다. 급조된 아이디어였기에 따로 신청받는 페이지를 구성할 수도 없었고, 말 그대로 보수진영에서는 그나마 팔로어가 가장 많은 내 페이스북 메신저로 신청을 받았다. 젊은 세대는 열광적으로 반응했고, 코엑스 유세 때부터 선거판에서 인기몰이를 시작했다.

많이들 간과하는데, 그 선거에서 보수가 시도했던 것은 젊은 세대의 목소리를 키운 것이라기보다, 유세차에 올라가 유세하면서 선거에서 생색내고 싶어 하는 기성 정치인들을 유세차에서 몰아낸 것이었다. 나를 포함한 정치인들은 그들만의 세계에서 통용되는 언어와 주제로만 이야기하는 것이 버릇이 되어 있다. 오세훈 후보의 유세차에 올라오는 기성 정치인들은 서울시장이 되면 자신들에게 어떤 혜택을 줄 수 있는 위치에 있는 오세훈이라는 사람을 바라보고 유세하지, 대중들이 듣고 싶어 하는 이야기를 하지 않는다.

유세에서 가장 주목받는 연설은 후보 전 연설이다. 후보가 도착하기 20~30분 전부터 하는 유세 연설은 언론인들이 도착해 자리 잡기 전에 이뤄지기 때문에 기사화되기도 어렵고 후보가 오기 전까지는 군중이 잘 모이지도 않는다. 그래서 보통의 선거에서는 후보 전 연설에 중진 의원들이나 당의 주요 당직자들이 마이크를 잡기 위한 쟁탈전을 벌인다. 그들은 유세차에 올라가서 구태의연한 연설을 하기 마련이다.

서울시장 선거에서 유세차에 자원해 올라왔던 노재승 씨는 이렇게 말했다.

"여기 뒤에 있는 오세훈 후보, 잘못 있습니다. 박원순 시장이 시장 자리에 오를 수 있도록 원인을 제공했던 것 오세훈 시장 맞습니다. 저도 그래서 오세훈 시장을 마냥 좋아하지는 않습니다. 하지만 그런 그가 여러 차례 사과했고, (…) 예전의 서울의 발전을 이뤘던 그 CEO에게 다시 한번 저는 기회를 주고 싶습니다."

오세훈 후보가 무상급식 주민투표로 시장직을 던지고 박원순 시장의 3연속 당선의 빌미를 제공했던 것은 뼈아픈 기억이지만 그것을 당 내부의 인사가 아닌 일반 시민이 정확하게 지적했다. 그에 대해서 연설에 참여한 본인은 미래를 생각해 오세훈 후보에게 기회를 주고 싶다는, 일종의 정치적 사면을 하는 연설이었다. 영상은 곧바로 백만에 가까운 조회수를 기록했고, 노재승 씨의 차분하고도 설득력 있는 연설에 공감하고 서로 연설을 돌려보면서 사람들이 오세훈이라는 인물에게 힘을 실어주기 시작했다.

상대했던 박영선 후보 측의 경우 무수히 많은 전·현직 국회의원들이 모두 유세차에 올라가서 한 번씩 연설했지만 노재승 씨의 연설만 한 파급효과를 보여주지는 못했다. 민주당은 그 공간을 비우지 못했기 때문에 새로움으로 채우지 못했고 식상하고 구태의연한 모습만 보였던 것이다.

10.

젠더와 사회 이슈를 대하는 우리의 자세

2021년 전당대회의 여운이 강했는지 2023년 전당대회를 앞두고도 소위 젊은 남성 당원들의 표심을 붙잡기 위한 공약들이 흩뿌려지고 있다. 그중에서 가장 내 눈에 띄었던 것은 김기현 후보가 내세운, 여성도 민방위 훈련에 포함시키겠다는 공약이었다. 전형적으로 젠더 문제를 〈가족오락관〉의 남성팀과 여성팀의 문제로 보는 시각이라고 할 수 있었다.

4선 의원에 원내대표까지 지낸 사람의 공약을 평가하는 것이 아이러니하지만 영남지역에서 치열하지 않은 선거를 치르던 의원들은 선거전에서 플러스 마이너스 공약 계산을 많이 해보지 않은 탓에 그 감이 약할 수 있다. 물론 국가의 정책이 무조건

표를 바라보고 계산적으로 추진되어야 하는 것은 아니지만 중차대한 선거를 앞두고 손해만 보는 공약을 낼 이유는 딱히 없는 것이다.

여성 민방위 훈련 공약이 빗나간 공약이었던 이유는 도대체 이 공약이 누가 원했던 공약인지가 명확하지 않기 때문이다. 젊은 세대의 이슈를 한 번씩은 고민해본 입장에서 적어도 젊은 세대가 여성의 민방위 훈련을 바란다는 이야기는 들어본 바가 없다. 수요가 이미 있던 정책이 아니라면 탄탄하고 설득력 있는 논리로 처음 들어본 사람의 구미도 당길 수 있도록 잘 설계된 공약을 만들어야 한다. 그런데 그 공약에서는, 여성들에게 어떤 식으로든 의무를 부과하면 남성들이 좋아할 것이라는 단순 논리 이상의 것을 찾아보기 어려웠다.

대한민국의 페미니스트를 자처하는 사람들은 지난 십여 년간 자신들의 활동에 대해서 내용적, 방법론적으로 문제를 제기하는 사람이나 집단을 만나본 적이 없었기 때문에 내가 처음 젠더 이슈를 다루기 시작했을 때, 아마 그들 사이에서도 제대로 정립되지 않았던 개념들에 대한 고민이 많았을 것이다.

영화 〈이미테이션 게임〉을 보면 2차대전 때 영국 군부가 독일군의 이니그마 암호를 깨기 위해 기울인 노력이 묘사되는데, 그 안에서 천재적인 수학자 앨런 튜링의 일화가 주로 다뤄진다.

독일군의 이니그마 암호를 깨기 위해서 다양한 능력을 가진 사람들이 투입된다. 독일어를 능통하게 할 줄 아는 사람부터 수학자, 체스의 달인까지. 영화 말미에 암호가 깨지면서 앨런 튜링 역의 배우 베네딕트 컴버배치는 다음과 같이 탄식한다.

> Turns out that's the only German you need to know to break Enigma(이니그마 암호를 깨기 위해서 알아야 하는 독일어는 Heil Hitler밖에 없었어).

의외로 젠더 이슈를 푸는 암호는 단순하다. 젠더 이슈는 공정의 문제이고 여러 모순을 풀어내야 하는 다분히 논리적이고 철학적인 문제다. 몇 가지 중요한 줄기의 문제, 즉 할당제와 성역할의 규정에 대한 자신의 입장을 명확하게 가지고 가면 일관된 이야기를 할 수 있다. 할당제는 결국 수치로 드러나는 결과들을 능동적으로 보정할 필요가 있느냐가 관건이다. 이른바 적극적 보정조치(affirmative action)에 대한 이야기다. 또 한 가지, 성역할(gender role)은 여성다움과 남성다움의 가치를 인정할지에 대한 것이다. 즉 남성과 여성에게 각각 적합한 역할과 실제로 드러나는 성품의 차이가 존재하는지가 관건이다.

예를 들어 '남성과 여성을 1:1의 비율로 뽑아야 한다.'라는 것은 적극적인 보정조치를 바라는 할당제의 주장이고, '여성은 남성보다 섬세하기 때문에 회계관리를 더 꼼꼼하게 할 수 있다.'와 같은 주장은 여성에게 일정한 성역할이 있음을 상정하고 이야기하는 것이다.

이 두 가지는 호환되지 않는 주장이다. 전자의 주장은, 능력에는 차이가 없으나 사회의 불합리한 제도 때문에 비율 차이가 발생하니 그것을 보정해야 된다는 이야기이고, 후자를 주장하는 것은 특정 부문에서 능력치가 나오니 더 뽑아야 한다는 이야기다. 현실에서는 전자를 주장하기 위해 후자를 근거나 수단으로 끌어들이는 경우가 많다. 따라서 젠더 이슈를 주장하면서 이런 모순에 빠지는 순간 소구력 없는 메시지가 나오게 된다. 이 모순만 피하면 된다.

3장

정책을
개혁할 시간

01.

데이터 산업의 미래

데이터 산업과 미래의 먹거리

If you don't find a way to make money while you sleep, you will work until you die.

세계적인 투자자 워런 버핏이 주장한 말이다. 자는 동안에도 돈을 버는 것이 아니라면 죽을 때까지 일을 그만두지 못할 것이라는 문장으로, 자산형성을 위한 투자의 중요성을 이야기하고 있다.

사람의 하루 중 생산과 노동이 차지하는 시간은 최대 열 시간 남짓이고, 나머지는 수면과 소비, 휴식 등으로 이뤄진다. 2교대, 3교대로 쉬지 않고 돌아가는 공장도 있겠지만 대부분의 생산은 하루 중 일부분의 시간을 할애해 이뤄진다. 대한민국의 대부분이 자고 있는 시간에도 돈을 벌 수 있다면 얼마나 좋을까? 그런 취지에 딱 맞는 산업이 있다면 데이터 산업이다. 데이터 산업을 통해 젊은 세대가 원하는 일자리를 만들 수 있는가? 젊은 세대에게 데이터가 갖는 의미는 무엇인가?

우리나라가 경험해온 괄목할 만한 경제성장에 대해 다양한 관점이 있다. 노동자와 국민들의 희생을 강조하는 관점도 있고 지도자의 결단력을 강조하는 관점도 있다. 아마 모든 요인들이 실제로 영향을 끼쳤을 것이다. 우리나라는 수출주도형 전략을 견지하며 그 시기에 맞는 비교우위를 만들어내기 위해 노력해왔다. 2000년대에 들어서는 이명박 정부에서 고환율 정책을 유지하면서 전반적인 수출산업의 경쟁력을 올려보려고 시도하기도 했다. 아마도 새로운 산업을 일구기 어려운 한국 경제 상황 속에서 내놓은 고육책이었을 것이다.

스위스는 두 가지로 유명하다. 스위스 용병과 스위스 은행. 다른 이들의 전쟁에서 대신 싸워주는 용병과 고객의 비밀을 철저하게 보호해주는 은행. 평화로운 영세중립국의 이미지에 맞지 않는 두 가지가 그 나라의 대표 이미지로 자리를 잡았다는 것이 아이러니지만 생각해볼 지점이다. 스위스가 은행업을 하기에 좋은 조건을 지닌 나라는 아니다. 자국 통화인 스위스 프랑(CHF)이 국제적으로 많은 유통량을 가진 화폐도 아니고 인구도 적었지만, 1934년 스위스 은행법에 따라 비밀주의를 확립하게 되면서 각국의 자금이 몰려들었고, 그 비밀주의를 바탕으로 상당한 자본을 축적했다. 그 자금의 상당 부분이 검은돈으로 알려져 있고 부정적인 이미지가 결부되어 있는 것은 사실이지만, 그 비밀주의라는 특성으로 알프스산맥의 나라가 금융업을 일으킬 수 있었다.

인터넷 검색에 많이 사용되는 '나무위키'라는 사이트가 있다. 구글에서 무엇을 검색하더라도 나무위키의 글이 상위 순번으로 검색될 가능성이 높고, 이 소비과정의 반복을 통해 나무위키 글의 상위 순번 독점성이 강화된다.

나무위키는 2022년 11월 기준으로 전 세계 214위의 사이트이며 대한민국 8위의 인기 사이트다. 사이트의 추정 가액은 사이트 가치를 측정하는 'workthofweb.com' 기준으로 보면 8억 9,500만 달러에 달한다. 원화로 환산하면 1조 원이 넘는 가치의 사이트다. 그런데 우리는 NHN 창업자나 NC Soft의 창업자 이름과 이력은 알아도 나무위키를 정확하게 누가 개발하고 누가 운영하는지에 대해서는 잘 알지 못한다.

이에 대한 궁금증을 가지고 사이트 여기저기에서 운영법인이나 운영자를 찾아본 사람은 나무위키 사이트 맨 아래에 "perado por umanle S.R.L."이라는 정체불명의 외국어를 발견했을 것이다. 구글 번역기로 돌려보면 "umanle S.R.L이 운영하는"으로 번역된다. 그리고 'umanle'는 철자의 순서를 뒤집으면 'el namu', 결국 'a tree'로 번역된다.

이 나무위키라는 1조 원 가치를 지닌 사이트의 운영자는 자신의 정체를 드러내지 않기 위해 노력하고 있으며, 한국인 이용자가 99.9%인 서비스를 운영하기 위해 파라과이의 아순시온이라는 도시에 법인을 설립했다는 것이다. umanle S.R.L이라는 회사가 나무위키에 붙인 구글 광고의 예상 수익액인 연간 수백억 원에 해당하는 부가가치와 그에 따른 세금은 모두 한국 이용자에 의해 발생하지만 과세가 되지도 않으며 자금이 한국으로 회수되지도 않는다. 결국 데이터가 어디에 존재하는지에 따라서 상당한 왜곡이 일어나고 있는 것이다. 왜 이런 일이 발생하는지 살펴보는 것이 데이터 산업을 유치하는 데 있어 중요한 분석지점일 것이다.

우리는 인터넷에서 어떤 사이트에 필요한 요청을 보내면 그에 따른 응답을 받아볼 수 있다. 요청을 보내는 우리를 클라이언트라고 하고 응답을 만들어서 보내주는 주체를 서버라고 한다.

그렇다면 서버는 어디에 있는 것일까? 네이버나 다음에 우리가 접속하면 어디서 답장을 보내주는 것일까? 정답은 데이터센터이다. IDC(Internet Data Center)라고도 불리는 데이터센터는 서버들을 고밀도로 입주시켜놓은 서버의 아파트 같은 개념으로 이해하면 좋다. 그런데 과연 데이터센터가 정치에서 다룰 만한 주제일까? 이 주제를 꺼내드는 것은 데이터센터 산업이 우리나라의 미래 먹거리 중 하나가 될 수 있기 때문이다.

데이터센터가 가져올 미래의 힘

얼마 전 네이버가 용인에 데이터센터를 건립하려고 하자 지역주민들이 전자파를 이유로 반대하는 일이 있었다. 이미 서울에는 논현동 언덕의 KIDC, 목동 아파트단지 한가운데에 KT IDC 등이 존재하는데도 말이다. 국내에서는 사람들이 데이터센터를 혐오시설로 받아들이고 있다는 방증이다.

하지만 IDC는 견실한 성장세를 보여주고 있는 안정적인 산업이고 워런 버핏의 말처럼 먹지도 마시지도 않고 자동으로 부가가치를 창출해줄 수 있는 좋은 산업이다.

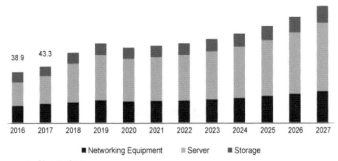

출처 : www.grandviewresearch.com

    우리나라에 다수의 데이터센터가 건립되면 자연스럽게 얻게 되는 혜택이 한두 가지가 아니다. 우선 서버에 들어가는 회선료 등을 국내 통신사가 벌게 되는 것도 있고, 다국적 기업의 IT 서비스가 우리나라의 데이터센터를 중심으로 운영되면 서비스 품질이 우수해지고, 그 우수한 서비스 품질을 기반으로 더 많은 응용산업이 입주할 수 있는 기회가 생긴다.

    데이터센터에서 다루는 것은 보통 두 가지다. 데이터를 저장하는 기능, 그리고 데이터를 바탕으로 복잡한 연산을 하는 기능. 데이터센터에 있는 서버들마다 하드디스크나 SSD 같은 기억장치가 맡는 일이 저장기능이라면, CPU가 하는 일은 복잡한 연산의 기능이다. 사람도 머리가 바쁠 때와 몸이 바쁠 때가 따로 있는 것처럼 서버도 시간대와 수행하는 작업에 따라 저장장치가 바쁠 때도 있고, CPU가 바쁠 때도 있다.

예전에는 서버를 물리적으로 소유하는 것이 일반적이었다. 서버를 회사가 구입하고 감가상각비를 부담하며 서버 관리자까지 두어 물리적으로 소유하면서 운영하는 것이 보편적이었다. 하지만 최근에는 서버를 아마존이나 마이크로소프트, 네이버 등에서 몇만 대 이상의 규모로 보유하고, 그 서버를 시간 단위로 임대해서 사용하는 클라우드 서버가 보편화되었다. 비용효율적으로 서버를 구현하기 위해 사용자가 많이 드나드는 시간대에는 많은 서버를 빌리고, 사용자가 적은 시간대에는 빌린 서버의 수를 줄이는 방식이다. 이것을 오토스케일링(Auto-scaling)이라고 한다. 렌터카를 하루 단위로 빌려 계약하던 방식을 벗어나 미국에서 시작되었던 zipcar나 한국의 쏘카, 그린카처럼 더 작은 단위로 사용하는 것이 가능해진 것처럼, 서버도 잘게 나누어서 빌려주고 빌리는 것이 가능해진 것이다.

다른 산업과 달리 데이터센터는 스케일링이 보편화되면 한국에서 사용률이 낮은 시간에 13시간 차이 나는 지구 반대편에서 남는 자원을 싸게 활용하도록 구현할 수도 있다. 한국에 대단위 데이터센터가 구축되고 이것이 24시간 내내 지구 각지에서 지시한 연산을 수행한다면 워런 버핏의 충고처럼 대한민국은 잠들어 있는 시간에도 돈을 벌고 상당한 부가가치를 창출할 수 있는 것이다.

데이터 산업을 운영하는 데에 있어서 한국에 많은 서버가 설치되도록 하기 위해서는 두 가지를 냉정하게 판단해야 한다. 첫째는 전기요금, 둘째는 검열이다. 첫째로 전기요금이 국제적으로 봤을 때 매우 낮은 수준으로 유지되어야 한다. 데이터센터 운영비용의 상당액은 전기요금이 차지한다. 원자력 발전은 매우 저렴한 발전 단가를 유지할 수 있을 뿐만 아니라 출력을 시간대별로 조정하기 어렵고 고정적으로 기저 발전의 역할을 하므로, 24시간 운영되는 데이터센터의 특성에 맞게 결합해서 운영하기 좋다. 둘째는 무검열의 원칙이 지켜져야 한다는 점이다. 비밀보장의 원칙이 지켜져야 한다는 것이다.

검열에 관한 사건은 지난 2022년 7월, 대통령이 공인한 적이 있었다. 사실 카카오톡에서 제공하는 비밀대화 기능은 기술적으로 매우 안전하다. 종단 간 암호화라는 기능은 서버에 메시지가 일시적으로 저장된다고 해도 각 단말기에 저장된 키를 서버가 알지 못하기 때문에, 유출되어도 내용의 해독이 불가능하다.

하지만 대한민국 대통령이 자당의 원내대표와 대화하면서 정치적으로 민감한 내용을 텔레그램 메신저를 통해서 주고받는 모습이 포착되었다. 내용이 어떤 수준인지는 정치적인 이야기이므로 거론하고 싶지 않지만, 대통령이 텔레그램 메신저를 여당 원내대표와의 소통에 사용한다는 것은 보편화된 다른 방법들, 즉 전화, 문자, 카카오톡 등을 신뢰하지 못한다는 의미일 것이다.

컴퓨터에 사용되는 전기에너지는 회로를 거치다 보면 결국 열에너지로 전환된다. 스피커라면 소리에너지, TV라면 빛에너지로 전환되는 전기에너지도 있겠지만 컴퓨터의 전력소모량의 99%는 열로 전환된다. 고성능 서버 한 대가 사용하는 전력량은 1,000W에 이르고 이 소비전력은 전기다리미와 비슷하다. 결국 IDC에 놓인 서버 하나하나가 최대 용량으로 가동될 때 다리미 하나만큼의 발열을 하고 있는 것이다. 보통 IDC 하나에는 최소 10,000여 대의 서버가 입주하게 되니 최대 10MW까지의 열이 발산될 수 있는 것이다. 물론 서버가 1,000W가량의 열을 지속적으로 발산하는 경우는 드물고 보통 300W 내외의 전력소비량을 보인다.

최근 데이터센터와 관련하여 에너지 활용을 최적화하는 것이 화두에 올랐다. 서버에서 발생하는 열을 잡기 위한 냉각시스템을 또다시 전기를 들여 에어컨과 송풍기를 쓰는 대신 조금이라도 에너지 효율을 높이기 위해 물을 이용해서 서버를 식히는 냉각방식이 시도되기도 한다. 화석연료와 쓰레기를 태워서 열병

합 발전을 하는 경우 먼저 발전을 통해 전기에너지를 만들어내고, 그러고서 남는 열을 물을 덥혀 난방에 사용하면서 에너지 효율을 높이는 것처럼 데이터센터에서 수냉각으로 냉각한 후 발생한 폐열을 다시 회수하여 활용하는 기술은 전력비용을 저렴하게 하면서도 데이터센터의 효율을 높이는 방법이다. 이를 위해서 데이터센터에서 발생하는 대단위 폐열을 소비해낼 수 있는 대도시가 배후에 있는 것도 유리하다.

예를 들어 우리나라에서 가장 큰 데이터센터 중 하나인 네이버의 춘천 데이터센터는 2020년 기준 157GWh 정도의 전력을 사용했는데 이로 인해 발생하는 폐열은 만약 다시 회수되기만 한다면 지역 내 난방수요에 그대로 사용될 수 있다. 실제로 춘천 데이터센터에서는 현재 이러한 폐열을 도로의 열선 등으로 활용하고 있다. 대도시와 결합된 데이터센터는 에너지의 재사용성을 높일 수 있다.

데이터센터 산업의 최적 입지는 부산이다

부산은 한국전쟁 이후 2차산업을 기반으로 중흥기를 누리다가 최근 산업이 쇠퇴하는 위기에 놓여 있다. 이것을 대체하기 위해 여러 가지 아이디어들이 나오곤 한다. 하지만 대부분의 아이디어는 부산이 가진 실질적 비교우위를 바탕으로 해서 제안했다기보다 수도권의 과밀된 산업을 지방으로 이전하기 위해서 선정된 경우가 많다. 금융도시로 부산을 키우기 위해 이미 거래소 등의 기관이 이전했으며 산업은행 이전 등도 추진되고 있다. 그리고 항만과 공항의 물류 기능을 강화하기 위한 가덕도 신공항 건설도 추진되고 있다. 그러나 공공기관과 공항 인프라를 넘어서 더 성장세가 큰 산업이 부산에 자리 잡는 것이 중요하고 그것은 데이터 산업이 되어야 한다는 것이 나의 소신이다.

부산은 고리원자력발전소가 가까운 곳에 있다. 그래서 지역 내에서의 전력 생산량이 소비량의 두 배 가까이 되는 상황이다. 부산지역의 잉여전력을 수도권으로 송전하지 않고 부산지역에서 활용해 경제발전에 도움이 되도록 하는 편이 송전 과정에서 손실되는 에너지 등을 고려해도 합당할 것이다. 원자력 발전소가 소재하고 있는 울진, 월성, 고리, 영광 등의 지역 사이에서 부산은 데이터센터와 결합하기 가장 좋은 조건을 가지고 있다. 해외에서 해저 광케이블로 들어오는 국제 통신회선이 모두 거쳐 가며, 충분한 냉각수를 위한 강과 바다를 보유하고 있다. 그리고 지역에 훌륭한 대학들이 위치하고 있어 지원인력을 많이 배출할 수 있다. 또한 광역권에 500만 명 가까운 인구가 거주하고 있어 데이터센터에서 생산된 폐열을 바로 효율적으로 활용할 수 있다.

02.
인테리어 끼워팔기를 없애자

평생 사는 가장 비싼 물건

의식주 중에서 가장 비싼 것을 꼽자면 집이다. 개인이 집을 소유하기 위해서는 본인의 평생 기대소득을 모두 납입해야 할 경우도 있다. 집을 사기 위해서 대출을 받고, 그 대출을 다 갚을 때쯤이면 주택연금으로 다시 은행에 집을 담보물로 제공하는 것이 한 사람의 숙명이라는 이야기도 있을 정도다. 주택을 투자의 수단으로 삼을 여유가 있는 자산가가 아닌 이상 대부분의 시민은 자신과 가족의 주거 수요를 감당할 수 있는 주택마련에 진지한 관심을 갖는다.

대한민국의 주택가격은 경기에 따라 매우 큰 등락을 거듭해왔다. 주택가격 폭등기에 정치인들은 조세정책과 금융정책으로 그 수요와 공급을 조절하려고 했고, 주택가격의 안정 여부에 따라 정권이 교체되는 경우도 있었다. 주택가격의 형성에 있어 수요와 공급이 가장 중요한 영향을 끼치는 것은 사실이다. 하지만 집 중에서도 특히 공동주택을 분양하는 데 있어서 거품이 낀 것이나 비용을 줄일 수 있는 것이 있다면 그것을 최대한 감축하는 것도 중요하다.

주택의 가격을 구성하는 요소는 크게 토지와 건축비로 나뉘어 있고, 지금까지는 토지 임대부 주택이라든가 용적률 상향조정 등으로 인해 대지 지분에 대한 비용을 조정하는 정책이 주로 검토되어왔다. 그러나 나는 건축비에 손을 대야 할 시점이 왔다고 생각한다. 그리고 선정적인 구호로 반값 아파트니 하는 말을 내세우기보다 '내가 원하는 집을 경쟁을 통해서 저렴한 가격에 구매하는 제도'가 필요하다고 생각한다.

대한민국은 아파트 왕국이다. 서구권에서는 아파트가 열악한 주거환경을 상징하는 경우가 많다면 대한민국에서는 1960~1970년대를 거치면서 관리 및 난방의 편의성, 학군 등의 이유로 선호하는 주거 형태가 되었다. 또한 과거 소위 '집 평수를 늘려가면서' 빈번한 매매를 거듭하던 시절에는 규격화되어 호가 형성이 단순하고 환금성 좋은 아파트를 선호한 것이 사실이다.

그러나 주택이 투자의 수단이 아니라 주거의 필수품으로 자리 잡으려면 투자나 매매의 용이성을 위한 획일성과는 다른 개념이 필요하다고 생각한다. 바로 분양할 때부터 주택의 인테리어를 자유롭게 할 수 있도록 자유도를 높이는 것이다. 지금은 아파트를 분양하면 같은 면적이라도 건축물의 구조하에 어떻게 끼워 넣느냐에 따라 A형, B형 정도의 분류만 하고 있다. 84A형, 84B형과 같은 형태로 분양한다는 것이다. 그리고 빌트인 가구나 가전제품의 설치 등에 있어서도 옵션이 매우 제한되어 있다.

주택수요라는 것은 사람의 생애주기에 따라 매우 다양하게 변한다. 30대가 결혼을 하면서 주택을 구매한다면, 그 주택에서 출산과 육아, 그리고 은퇴 후의 생활까지 모두 해결하기 위해서 공간의 구성이 많이 달라져야 한다. 아이를 키우면서는 아이를 위한 작은 방이 필요할 수 있고, 은퇴 후에는 작은 방이 많은 것보다 넓은 공간으로 트인 것을 선택할 수도 있다.

건축물에는 구조물의 지탱을 위해 필요한 내력벽과 비내력벽이 있다. 내력벽은 구조물의 안전을 위해 유지해야 하지만 비내력벽은 변경이 가능하고 지자체의 허가를 받아 구조를 변경할 수 있다. 그러나 가장 용이한 방법은 분양받을 때 애초에 방 구조를 자유롭게 선택할 수 있게 하는 것이다.

무늬만 마이너스 옵션제도

대한민국의 건설사들은 건축물의 건축 이후에 아파트 내부 인테리어까지 통으로 발주받아 납품한다. 혹자는 단일한 구조로 하면 공동구매 효과로 주택가격이 낮게 유지된다고 주장한다. 하지만 실제 현장에서 아파트를 건축할 때 납품된 빌트인 가구나 가전제품의 단가가 가격비교 사이트의 최저가 가격보다도 높게 책정되는 등 실제로 가격을 낮추기보다는 건설사의 이윤을 높이는 형태가 될 경우가 많다.

누군가는 84형 아파트에서 3개의 방을 원할 수도 있고, 누군가는 비내력벽이 있을 공간을 터서 2개의 방을 원할 수도 있다. 그리고 누군가는 아파트 벽에 입주할 때부터 랜선이 아니라 광케이블을 매설하고 싶을 수도 있다. 화장실에 물을 받아놓을 욕조가 필요한 사람도 있을 것이고, 누군가는 오히려 샤워부스가 필요할 수도 있을 것이다.

이러한 다양한 수요를 담아내는 방법은 주택을 판매할 때 아파트 건설사가 짓는 구조물 건축과 인테리어를 분리하는 것을 의무화하는 것이다. 지금도 아파트가 신축되면 수많은 인테리어 업체들이 새로운 집에 입주하기 전에 중문의 설치나 발코니 확장 등 많은 부가적 공사를 따내기 위해 홍보에 열을 올리고 모델하우스를 운영한다.

이미 공동주택을 구매할 때 건설사가 '마이너스 옵션' 제도라는 것을 운영하기도 한다. 마이너스 옵션을 선택하면 벽지나 창호, 싱크대 등의 인테리어를 설치하지 않는 대신 주택가격의 3% 정도를 빼주는 형태다. 2007년 주택법 개정과 함께 시작된 이 마이너스 옵션 제도는 현재로서는 건설사 측에서 무늬만 마이너스 옵션으로 운영하지 실제로 선택하기는 매우 어렵게 되어 있다. 더군다나 마이너스 옵션을 선택하면 공동주택을 구매할 때는 대부분 기본으로 선택하는 발코니 확장을 못 하게 해놓은 경우가 대부분이다. 또한 마이너스 옵션을 통해 고작 3% 정도의 금액만 할인해주는데, 이 금액으로는 실제로 인테리어를 하기에 턱없이 부족하다. 그래서 인테리어를 사실상 강매당하고 있다고 봐야 한다.

중국은 주택공급에 있어 마이너스 옵션 제도가 활발하게 활용되고 있다. 가구별 인테리어는 온라인 구매로도 충분히 구현할 수 있다. 가구별로 선택할 수 있는 인테리어 요소들을 발주하기 전에 사전적으로 검증이 가능한 것이다. 벽체를 어디에 두었을 때, 건축물이 안전한지 아닌지, 그리고 어떤 빌트인 가구와 어떤 가전제품을 선택할지, 하다못해 집 어느 곳에 무선 인터넷 AP를 설치할지까지 도면상에 구현하고 업체별로 견적을 받아보는 것도 가능하다. 이미 건축설계 현장에서는 3D 모델링을 통해 구조물 안정성 등을 사전에 검증할 수 있고, 원자재 가격도 바로바로 비교해볼 수 있다.

조립 컴퓨터를 살 때는 가격비교 사이트에서 부품별로 골라 업체들에게 해당 사양을 제시하고 역견적을 받아 최저가로 물건을 사는 것이 일반화되어 있다. CPU를 자기 용도에 맞게 구매하고 게임을 위해 비싼 것을 구매할 수도 있다. 하물며 평생 사는 가장 비싼 물건이 집인데 선호하는 방식대로 구입하자는 게 무슨 문제인가.

아파트를 구매할 때 소위 삼성, GS, 대림 등이 시공하는 1군 브랜드의 아파트들에 대한 선호는 그 아파트들의 골조나 튼튼함에 대한 평가는 아닐 것이다. 내장재나 인테리어의 호화로움이나 커뮤니티 시설에 대한 평가 정도가 반영되어 있을 것이다. 그러다 보니 고가의 분양가를 지닌 강남의 아파트들은 상당한 인테리어 비용이 분양가에 녹아 있고, 강북의 아파트들은 좋은 인테리어를 원한다 해도 선택하기 어려운 경우도 있다. 직장의 위치 등 여러 이유로 강남이라는 지리적 공간에 거주해야 하는 사람도 인테리어에 과도한 비용을 지출하고 싶지 않은 경우가 있으며, 강북지역에 거주하는 사람도 좋은 인테리어를 시공하고 싶은 경우가 있는 것이다.

우리나라의 주택은 구조가 획일화되어 있다. 시대에 따라

편의시설이 일부 추가될 뿐 국민 평수라고 하는 34평(84제곱미터) 주택의 구조는 어느 건설사가 어떻게 건축을 해도 대충 비슷하다. 골조에 따라서 대충 방 크기는 잘 구성되어 있더라도, 나처럼 혼자 사는 사람의 경우에는 다용도실에 세탁기를 놓고 그 공간을 사용하는 것보다 차라리 인테리어를 다시 해서 집에서 혼자 운영하는 서버들을 정리해 다용도실에 배치하는 것이 낫겠다는 생각을 한다. 그러기 위해서는 서버랙을 놓기 쉬운 구조와 함께 전기공사가 잘 되어 있어야 한다. 요즘 초고속 인터넷 인증 아파트들은 벽에 랜선이 포설되어 있다. 원가절감을 위해 1Gbps까지 속도가 나는 랜선을 매설해놓은 곳이 많은데, 나 같은 사람은 방마다 애초에 10Gbps 이상 사용할 수 있는 광섬유 케이블이 포설되어 있었으면 좋았을 것이다.

생애주기에 맞는 집 설계

아파트를 짓게 되면 토지 지분에 수반되는 비용과 건축비가 들어간다. 건축비는 크게 공용부분과 전용부분을 공사하는 비용으로 나눌 수 있다. 공용부분은 지하 주차장, 엘리베이터, 조경, 경비 및 기타 공용시설을 구축하는 데 필요한 비용이다. 이런 것들은 딱히 세대별로 개인화하기 어렵고 건설사에서 책임지고 일괄해 지어도 크게 문제가 없는 부분이다. 하지만 세대별 전용공간, 즉 현관문을 열고 들어가면서부터 나오는 공간은 건설사가 시공하는 것을 제한해야 한다.

지금까지 시행된 마이너스 옵션 제도는 앞서 언급했듯, 건설사가 마이너스 옵션을 선택하는 사람에게 실질적으로 인테리어가 불가능한 정도의 비용만을 공제해주는 문제가 있었다. 만일 인테리어를 제하고 골조만 분양하는 것을 법제화한다면 주택 시장이 어떻게 변할지 생각해보자. 건설사가 골조를 분양하게 되면 입주하기 전에 시간을 두고 인테리어 업체들이 주택 입주자들을 놓고 경쟁할 것이다. 온라인에서 마우스 클릭 몇 번으로 내가 원하는 형태의 집을 구성하고 미리 살펴볼 수 있는 서비스들이 운영될 것이다. VR을 통해서 내가 설계한 집 구조를 미리 걸어 다니면서 확인해볼 수도 있을 것이다. 항목별로 선택하고 배치할 때마다 정확하게 정찰제로 재료의 가격과 공임이 매겨질 것이고 자신의 예산 규모 내에서 최적화된 선택들을 하기 위해 고민할 것이다.

또는 이런 아이디어들을 사고파는 장터가 열릴 수도 있다. 지금도 '오늘의집'이나 유튜브의 인테리어 전문 채널들을 살펴보면 누군가가 자신의 인테리어 결과물을 올렸을 때 그 아이디어를 차용하고 싶어 하는 사람들이 댓글을 달곤 한다. 다른 사람이 구성해놓은 15제곱미터짜리 정사각형 방의 인테리어가 마음에 들면 그 사람의 도면을 바로 적당한 가격을 지불하고 가져와서 나에게 알맞게 고쳐 쓰는 것도 가능할 것이다.

본인의 집 설계를 완벽히 끝내고 그 도면을 인터넷 공간에 포스팅하면 전국의 인테리어 사업자들이 그 도면을 열람하면서 아마 본인들이 시공 가능한 최저 금액을 역경매 형식으로 제시하게 될 것이다. 가장 전통적이면서도 변하지 않던 인테리어 시장에 새로운 변화가 생길 것이다. 물론 이러한 변화는 이미 기술적으로는 구현하는 것이 어렵지 않고 오직 제도의 변화만을 기다리고 있다. 아파트를 분양할 때 골조와 인테리어를 따로 분리해서 판매하는 것을 의무화한다면 상당한 변화가 있을 것이다.

생애주기에 맞게 집은 어차피 계속 재구성되어야 한다. 경제가 고도성장하고 인구가 느는 추세에 있었을 때 부동산은 거주의 공간임과 동시에 투자의 수단이었다. 가정을 이루고 아이가 태어나면서 전셋집을 옮겨 다니다가 집을 구매해서 평수를 늘려가면서 살아가는 것이 익숙했던 문화 속에서 집은 규격화되어 있어야 매매가 편했고, 어느 아파트 몇 평이라는 규격으로만 통칭되는 상품이었다. 하지만 이제 주택을 투자의 대상으로 삼는 것은 일부 강남의 고가주택에서나 기대할 수 있고, 젊은 세대는 주거의 공간으로서의 의미를 더 강하게 바라볼 것이다. LH가

분양하는 주택부터 인테리어를 개인화할 수 있게 보장할 필요가 있다. 마이너스 옵션이라는 이름부터, 집이 원래 포함하기 마련인 인테리어를 **뺀**다는 느낌을 함축한다. '골조-인테리어의 분리 판매'라고 이름을 새로 붙이면 좋을 것이다. 각자의 집을 생애주기에 맞게 설계를 변경해가면서 사용할 수 있는 문화가 정착되어야 한다.

03.

기숙사 학교를 통한 지방 살리기

지방에 무엇을 내려보낼 것인가?

지방 살리기라는 표어는 정치권의 단골 소재다. 지방의 인구가 유출되고 지방의 산업이 도태되며 지자체가 소멸한다는 이야기는 언제 들어도 시급하고, 또 언제 들어도 답을 내기 어려운 문제다. 지금까지 공기업, 공공기관 지방 이전을 통해 지방과 수도권의 격차를 줄이겠다는 정책은 제한적인 효과밖에 거두지 못했다. 공기업이 부담하는 일정한 지방 법인세가 이전된 것에 더해 각지에 약 1~2만 명 규모의 상주 거주 인구를 보유한 혁신도시들이 생겨난 것이 성과일 것이다.

하지만 태생적으로 혁신도시는 공기업의 이전으로 생겨났

기에 사업영역을 급하게 확장할 수 없는 관계로 추가적인 규모나 생산성 확대는 불가능에 가깝고 준공무원 조직으로서 각자 주어진 업무 범위를 소화하는 정도의 의미에 그치고 있다. 결국 공기업과 공공기관 이전을 넘어서 민간 주도의 지방 살리기라는 것은 어떻게 해야 가능할지를 고민할 시기가 온 것이다.

말은 제주도로 보내고 사람은 서울로 보낸다는 말처럼, 사람들이 날이 갈수록 지방을 떠나는 이유는 일자리와 우수한 근무환경을 찾아가기 때문이며, 젊은 세대가 향유할 수 있는 문화와 상품에 대한 접근성이 차이가 나기 때문이다. 교육봉사단체를 운영하던 시절 가장 놀라웠던 것은 대학생들의 여름방학, 겨울방학 시즌이 되면 대구에서, 광주에서, 부산에서 자신이 서울에 묵는 체류비를 부담하면서까지 올라와 무급인 교육봉사단체에서 활동하고자 하는 사람들이 줄을 이었다는 것이다. 단순한 스펙 경쟁이나 이력서에 한 줄 넣기 위한 과잉투자라고 볼 것이 아니라, 20대 초반의 치열한 삶의 시기를 놓치고 싶지 않아 하는 마음의 발로로 봐야 할 것이다.

경제개발의 시대에 그런 것을 꿈꿀 여유가 공평하게 없었던 70대 이상의 세대, 민주화의 열풍 속에 정치 민주화를 향한 어젠다가 모든 다른 것들을 잠식했던 1950~1960년대생의 20대 초반과는 달리 향유할 것이 많고 어젠다가 많은 지금의 20대 초반은 교육봉사라는 기회를 놓치기 싫어하고, 접근이 거부당했을 때 좌절감을 느낀다.

지금 20대 초·중반이 창업 열풍에 뛰어들기 위해서는 수도권으로 무리해서라도 올라오는 것이 유일한 방법이다. 창업에 필요한 조건인 사람, 자금, 네트워크가 모두 수도권에 있기 때문이다. 수도권에서 거주하는 비용은 비쌀지 몰라도, 같이 창업할 수 있는 인재를 모집하고 사업을 운영하는 데 드는 비용을 고려하면 종합적으로 수도권이 더 유리할 수밖에 없다.

내가 경험한 창업의 첫 번째 어려움은 필요한 역량을 가진 사람들이 조합된 팀을 구성하고 사업을 수행하는 데 필요한 최소한의 유대감을 형성하는 것에 있었다. 실리콘 밸리의 많은 창업자들이 자신의 집 창고에서 동네 친구들이나 학교를 같이 다니는 친구들과 함께 창업을 한 것은 우연이 아니다. 하버드 대학교를 다니던 마이크로소프트의 창업자 빌 게이츠는 사업을 시작하면서 미국 동부의 아이비리그 주변에서 창업하지 않았다. 고등학교 친구이면서 다른 대학에 다니고 있던 폴 앨런과 함께 중퇴하고 그들의 고향인 시애틀의 레드먼드시에서 창업했다. 빌 게이츠의 아버지는 시애틀에서 가장 큰 로펌을 창립한 지역의 저명인사였고, 빌 게이츠는 사업을 하면서 지역사회의 지원과 주목을 받을 수 있는 공간을 선택한 것이었다.

시애틀 대도시권의 위성도시 중 하나인 레드먼드는 1980년 대에 인구가 3만 명이 채 되지 않는 곳이었다. 당시 시애틀은 인구가 60만 명쯤 되었으니 어쩌면 현재 인구 60만 명쯤인 충청남도 천안 옆의 인구 3만 명쯤인 충청북도 진천군 덕산읍 정도의 위상을 가졌다고 볼 수 있다.

20대의 젊은 나이에 창업할 경우 아직 사회 경험이 적은 시기이기 때문에 대부분 학교를 통해 맺어진 인연을 바탕으로 창업하게 되는데, 페이스북을 창업했던 초기 멤버들도 그러했으니, 빌 게이츠의 경우와 크게 다를 바 없었다. 우리나라도 지방에 기업이 정착하고 뿌리를 내리기 위해서는 사람들 간의 네트워크가 잘 발달하는 것이 중요하다. 가장 먼저 떠올릴 수 있는, 학교를 통한 인연이 창업에 도움이 되기 위해서는 지방의 학교들이 소멸해가는 문제부터 정통으로 다루어야 한다.

지금은 광역시 지역을 벗어나 도 단위 지역으로만 가도 고등학교의 정원이 과거보다 크게 줄었다. 많게는 3분의 1로 줄어든 곳도 있다. 한 학교 한 학년에 졸업하는 동기들 수가 크게 줄어든 것이다. 그 안에서 문과와 이과를 나누고 나면 지역 내에서 교류할 수 있는 젊은이들의 숫자는 더 줄어든다. 특히 대학 진학률이 매우 높아진 현 상황에서 같은 동향 출신이라 하더라도 대학 진학을 위해 각지로 흩어지게 되면 그 이동한 곳에서 정착하고 살아갈 확률이 귀향할 확률보다 높다.

서울과학고는 서로서로 다 안다

서울과학고등학교는 아마 서울에 있는 학교 중 몇 안 되는 기숙사학교일 것이다. 나는 고등학교 때 기숙사에서 지낸 생활에 크게 만족한다. 우선 통학이라는 개념이 없었기 때문에 안전했고, 그 시간을 다른 것에 활용할 수 있었다. 그리고 기숙사의 한방에서 생활하는 또래끼리 공부를 넘어 수많은 문제와 관심사에 대해서 자유롭게 대화할 기회가 있었다. 인터넷 메신저도 아니고, 말 그대로 침대 이층자리에 누워서 침대 아래층 친구와 대화하면서 자랐다.

기숙사학교에 들어가면 무엇보다 부모님의 양육 부담이 현격하게 줄어든다. 급식은 영양사 선생님의 세심한 배려 속에 관리받았다. 나는 서울과학고등학교에서 영재교육을 받으면서 공립학교 학생으로 내가 누렸던 혜택들이 대한민국의 모든 고등학교 학생들에게 보편적으로 적용되기를 기대한다.

대한민국에서 자녀를 양육하는 데 가장 큰 부담이 되는 것은 교육비다. 공교육의 틀을 넘어서 사교육비까지 포함하여 가처분소득의 상당 부분을 투자해야 하고, 많은 경우에 신분 상승의 유일한 통로로 교육을 생각하기에 난방비는 아껴도 교육비는 아끼기 어려운 것이 현실이다.

경상북도 문경의 가은고등학교는 현재 1학년부터 3학년까지 각각 17명의 학생이 다니는 학교다. 이 학교를 유지하기 위해서 12명의 교원이 배치되어 있다. 우선, 배치되는 교원의 수가 절대적으로 적기 때문에 고등학교에서 가르쳐야 하는 과목의 수를 생각하면 난관이 예상된다. 한 교원이 여러 과목을 가르쳐야 하는 상황도 올 수 있고, 그렇게 되면 각 교원의 전문성 확보가 요원해질 수도 있다. 한 학년에 17명이면 학교의 사회적 공간으로서의 기능은 사실상 과거에 비해 매우 미약하다고 볼 수 있다. 적어도 이들이 학교에서 지식의 습득을 넘어서 사회활동을 함께하고 졸업했을 때 새로운 일을 같이 시작해볼 수 있는 신뢰할 만한 학교 친구들을 확보하기 위해서는 한 학년에 최소 200명 정도의 학생은 있어야 한다고 본다.

경상북도 문경의 문제는 인접한 경상북도 상주, 예천도 함께 겪고 있는 문제라고 볼 수 있다. 이런 지역들은 과감하게 학교를 광역화해야 한다고 생각한다. 한 학년에 200명 이상의 학생이 있을 수 있고, 각 학교의 교원을 모아 조금 더 전문화되고 수준 높은 수업을 할 수도 있다.

학교를 광역화하기 위해서는 고등학교를 기숙사 학교로 운영하는 것도 생각해볼 만하다. 지자체와 국가가 도농지역을 중심으로 학교를 광역화하고 100% 기숙사 학교로 운영할 수 있도록 시범사업을 진행해봤으면 한다. 고등학교부터 대학교까지 기숙사에서 생활한 경험에 따르면, 성장기에 있는 학생들에게 가정환경의 불균형이 가져올지 모를 불공정을 해소해주는 효과가 있다. 또한 규칙적인 생활과 관리되는 식단 등을 통해 영양과 건강 면에서 유익할 수 있다. 그리고 통학 시간이 사실상 없는 것이나 마찬가지이기 때문에 시간을 효율적으로 사용할 수 있고, 여가선용에 있어 친구들과 함께하는 스포츠 및 예능 활동을 자유롭게 시도할 수 있다.

물론, 기숙사에 학생들이 모여서 몇 년 동안 함께 생활했다는 것만으로 나중에 무조건 그들이 지역에서 창업과 경제활동을 하게 되리라는 것은 안일한 생각이다. 창업을 하고 정착하는 상황에서 현실적인 두 가지 지리적 선택지는 자신이 오래 살아 익숙한 터전인 고향과 사람들이 모여드는 수도권이다. 기숙사에서 지역의 인재들이 함께 교류하는 것의 파급효과도 간과할 수 없을 것이다.

04.

출발자금 취업 후 상환제의 활성화

생애주기형 맞춤복지는 가능할까

젊은 세대에 대한 복잡한 지원제도는 일원화해야 한다. 사회가 운영되는 체계에서 너무 많은 법과 제도가 존재하면 혼란만 가중되고 '법꾸라지'들만 좋은 일이 생긴다. 중국 한나라의 고조 유방(劉邦)이 진나라를 무너뜨리고 나서 가장 먼저 했던 일 중 하나는 법가의 사상에 따라 그물코처럼 오밀조밀하게 짜이고 지나치게 가혹했던 진나라의 법령을 간소화해서 세 가지로 줄인 일이다. 사람을 죽인 자는 사형에 처하고(殺人者死), 사람을 다치게 하거나 재물을 훔친 자 역시 그에 상응하는 처벌을 한다(傷人及盜抵罪)는 원칙이 그것이었다. 현대사회의 오밀조밀한 상호작용을 생각해봤을 때 이 세 가지만으로 국가가 운영되기는 어렵겠지만 대체로 따지고 보면 이 세 가지만 잘 지켜져도 사회의 큰 질서는 유지될 수 있다.

보수정당의 기본적인 복지 어젠다는 생애주기형 맞춤복지를 하겠다는 것이다. 이 생애주기형 맞춤복지의 문제점은, 과도하게 세분화되어 있어 어떤 복지혜택들이 있는지 다 파악하기가 어렵고 내가 수혜자가 될 수 있는지도 쉽게 알지 못한다는 점이다. 또한 이를 세분화하고 전달체계를 정리하기 위해 과도한 복지행정의 수요가 생긴다는 문제도 있다.

2012년, 정치를 처음 시작하던 시점에는 대학등록금 이슈가 컸다. 그래서 당시 TV토론에 나가면 대학등록금의 폭등에 관한 주제를 많이 이야기하게 되었다. 결국 박근혜 대통령이 취임하면서 소득을 10분위로 나눠 소득에 따라 차등 장학금을 부여하는 국가장학금 제도가 시작되었다. 예전부터 존재하던 것으로, 우리나라에서는 '든든학자금' 제도가 시행되고 있다. 든든학자금은 해외 다른 나라에서도 인기가 높은 ICL(Income contingent loan)으로, 학생이 학자금을 대출받은 뒤 취업 후에 일정한 소득이 발생하는 시점에 상환하는 제도다. 청년들에게는 소중한 제도가 아닐 수 없다.

소위 젊은 세대에 대한 지원은 학자금, 창업자금, 주택자금 등에 걸쳐 너무 다양하고 복잡하게 설계되어 있다. 지자체별로 주어지는 세세한 지원과 복지혜택은 차치하더라도 중앙정부에서 지원하는 자금 중에서도 지역 간, 소속 간 불균형이 심하게 발생하는 부분들이 있다.

우리는 입버릇처럼 대학 진학은 선택이지 강제된 것이 아니라고 이야기한다. 하지만 현실에서 1980년대생 이후로 대학을 다니지 않은 사람에 대한 일정한 편견이 존재하는 것도 사실이다. 그래서 어쩌면 우리는 복지제도를 설계할 때 많은 모순점을 노출하고 있는지도 모른다. 예를 들어 국가장학금 제도의 혜택은 대학생과 대학원생들만 받고 있다. 고등학교를 마치고 자신의 진로를 찾아 나서는 사람들의 경우 수천만 원에 달하는 세금으로 지원되는 학비 혜택을 받지 못하고 있다. 이것이 공정한지는 한번 공론화해야 한다.

정의당이 주장했던 기본자산제

정의당은 2020년에 기본자산제를 공약화한 바 있다. 만 20세가 되는 사람들에게 3,000만 원가량의 출발자금을 무상으로 제공하자는 취지다. 더불어민주당이나 여러 단위에서 주장하는 기본소득제에서 한 발짝 더 나아간 제도라고 평가하지만 사실 기본소득제보다는 국가의 부담이 덜하다. 든든학자금이 국채 발행 금리로 자금을 조달해 지급하는 제도인 만큼 현재 가장 저렴한 자금 조달 방식이다.

따라서 기본자산제보다 출발자금 취업 후 상환제를 시행해야 한다고 나는 생각한다. 기본자산제는 예산상의 부담이 상당한 제도다. 연간 40만 명 정도의 인구가 태어난다고 하면 3,000만 원씩 일괄 지급할 경우 정부는 12조 원 정도의 금액을 매년 지출해야 한다. 노령층에게 지급되는 기초연금의 예산에 비하면 그다지 많지 않아 보일 수도 있지만, 돈 많이 든다고 소문난 GTX 한 노선을 까는 데 드는 비용이 약 5조 원인 것을 감안하면 매우 큰 액수다.

반면 국채금리로 조달해서 취업 후 상환제로 출발자금을 제공하는 것은 기본자산제에 비해 비용이 훨씬 적게 든다. 항목이 나뉘지 않고, 까다로운 신청서를 넣지 않아도 되는 출발자금 대출은 우선 눈먼 돈이 아니다. 정책의 신뢰도를 높이기 위해 이 돈은 대한민국에서 살아가면서 꼭 갚아야 하는 돈이라는 사회 인식이 형성될 수 있도록 소득세와 함께 통합하여 일괄적으로 징수하는 것이 중요하다. 이미 든든학자금의 경우 상환업무를 국세청이 담당해서 의무상환을 시행하고 있다.

다만 젊은 세대가 취업을 준비하는 자기계발의 시기나, 아니면 나이가 들어서도 일시적 실업 상태로 소득이 발생하지 않는 시점에서는 상환을 유예하거나 중지하는 형태로 운영되고 있다. 이 경우 상환을 유예하거나 중지하는 시기들에 대한 이자만 부담하는 정도가 될 것이다.

젊은 세대의 욕구는 다양하다. 취업 후 상환제의 보편적 적용을 통해 자신의 꿈을 실현하기 위해서는 젊은 세대를 위한 여러 가지 제도의 개선이 시급하다. 만약 젊은 남녀가 결혼을 하기 위한 주택자금을 마련해야 한다면 저리 상환이 가능한 출발자금 대출이 큰 효과를 가져올 것이다.

학자금 대출의 연체 문제가 사회적으로 대두되고 있지만, 취업 후 상환제에는 사실 연체라는 개념이 존재하지 않는다. 상환을 시작하지 못한 미취업자나 저소득 취업자의 개념이 있을 뿐이다. 또한 만 20세라는 특정 시점을 정해놓고 제공하는 기본자산제와 다르게 출발자금 취업 후 상환제는 이를테면 20세부터 25세의 기간 등을 정해놓을 필요가 있다.

도덕적 해이는 충분히 예측이 가능하지만 어떤 복지제도에서도 그것을 막기는 쉽지 않다. 가장 먼저 예상되는 비판이, 일시금으로 저신용자 등에게도 저리로 대출을 해주면 그 돈을 바탕으로 사업이나 학업 자금으로 쓰는 대신 코인이나 주식 등의 고위험 상품에 투자해 상당한 손실이 발생하고 빚만 남게 될 수도 있지 않냐는 반론이다. 하지만 그런 지적은 다른 모든 현금성 복지제도에도 적용되는 이야기다. 각종 육아 자금을 통장계좌로 받아 아이에게 쓰지 않고 부모가 자신들을 위해 쓰는 상황, 심지어 코인 투자를 하는 상황도 마찬가지로 있을 수 있다. 그럼에도 중요한 것은 이 취업 후 상환제 대출은 국세청의 주도로 매우 강력한 상환의무가 발생한다는 것이다.

목돈으로 자기 책임하에 미래 설계

3,000만 원을 국채로 조달 가능한 3%의 이율로 대출했을 때 원리금균등상환을 30년간 한다고 하면 한 달에 약 126,481원의 상환의무가 생기게 된다. 이 정도의 조건이라면 국세청에서 소득이 발생한 시점에 소득과 함께 징수하는 데 큰 어려움이 없을 것이다.

젊은 세대에게 주어지는 3,000만 원의 신용대출이 어떻게 활용될지는 아무도 모른다. 지금 쓰이는 것처럼 학자금으로 쓰이는 경우도 있을 것이고, 누군가에게는 사업을 시작하기 위한 자금이 될 수도 있다. 또 어떤 예비부부는 주택마련 자금을 조금 더 조기에 저리로 조달해 일찍 결혼해서 가정을 이루는 데 사용할 수도 있다.

3,000만 원이 적어 보일지 몰라도, 창업할 경우 서너 명의 동업자가 같이 자금을 모은다면 작은 규모의 사업을 시작하기 위한 충분한 종잣돈이 될 수도 있다. 또한 출발자금 취업 후 상환 제도는 지금까지 전세자금 대출 등 여러 가지 주거 지원에 들어갔던 비용도 포괄해야 한다.

　우리 국민은 누구나 원하면 중학교, 고등학교까지 무상교육을 받을 수 있고, 대학교육에조차 상당한 지원금을 지급하고 있다. 예전처럼 여성이라는 이유로 교육에서 배제되지도 않고, 가정환경이 어려운 경우에는 국가장학금이 더 많이 지원되기 때문에 학비가 모자라서 학교에 등록하기 어려운 상황은 잘 생기지 않는다. 하지만 학비의 문제를 넘어서 학생 시절에 생활비를 마련하고, 또 미래를 위한 추가적인 자기계발을 하고, 사회에 진출해서 일을 시작할 때 월세 보증금을 구하기 위해서 짧게는 몇 달, 길게는 몇 년을 아르바이트로 시간을 보내야 한다면 그것은 공정하지 못하다. 출발자금 취업 후 상환제는 누구든 오롯이 본인의 꿈을 실현하는 데 집중할 수 있도록 국가가 투자하는 것이고, 이 혜택은 보편적이어야 한다.

　저리 대출 출발자금은 대기업 회장의 자녀에게도 제공되고, 빈곤을 겪는 가정의 고학생에게도 제공되는 공평함이 있지만, 대출이라는 특성 때문에 이 수혜에 감사를 느끼는 정도는 다를 것이다. 대부분의 사람들은 수혜를 받겠지만 굳이 이 자금을 대출받아 이자를 내는 선택을 할 필요가 없는 사람들은 선택하지 않을 것이다. 보수가 채택하는 복지정책은 약법삼장과 같이 간명하면서도 사회에 공평하게 온기가 닿을 수 있도록 설계하는 것이 필요하다.

05.

택시요금제의 현실화

세계 물가 기준의 법칙 택시요금

문재인 정부에서는 "사람이 먼저다"라는 슬로건을 내세웠었다. 대한민국의 정치 슬로건이 늘 그랬듯이 과거 클린턴 대통령의 "Putting People First"라는 슬로건을 어느 여의도 언저리의 정치 컨설턴트가 맛깔나게 한국어로 번역해낸 것이다. 이 슬로건은 문재인 정부의 인기가 식어가면서 때로는 조롱의 의미로 사용되었지만, 그 인본주의(人本主義)적 가치관은 전혀 비판의 소지가 없는 좋은 관점이다.

윤석열 정부는 방역 차원에서의 코로나 대응이 완화되고 포스트 코로나 시대에 대한 대처가 강조되는 시점에 출범했다. 포스트 코로나라는 국면에서 우리는 과거로 돌아갈지, 아니면 이 바뀐 생태에 적응해가야 할지 고민하게 된다. 공룡과 같이 번성했던 생물도 한 방에 멸종되었듯이, 코로나가 남긴 경제환경의 변화에 합리적으로 대응하지 못하면 우리의 경제 생태계는 멸종에 가까운 파멸을 맞을지도 모른다. 코로나 이전의 삶으로 돌아갈 수 없다면, 앞으로 우리 사회에서 각각의 재화는 어떤 가치를 갖게 되고 어떤 직업들이 사라질 것인가에 대해 정확한 진단과 처방을 해야 한다.

전 세계 어느 나라를 가도 공통적으로 소비되는 재화가 있다면 물가 비교에 매우 적절하게 사용될 수 있다. 서울의 김치찌개 가격과 싱가포르의 김치찌개 가격을 비교하는 것은 의미가 없다. 뭄바이의 탄두리 치킨 가격과 뉴욕의 탄두리 치킨 가격을 비교하는 것도 큰 의미가 없다. 하지만 국가마다 진입한 다국적 패스트푸드 체인인 맥도날드의 대표메뉴인 빅맥의 가격을 비교하는 것은 의미가 있다. 그래서 빅맥지수라는 것을 흔히 이야기한다. 식재료의 원료가격과 인건비 정도가 원가를 구성하는 빅맥과 마찬가지로, 어느 도시에나 있으면서도 인건비와 연료비 정도로 원가 구성이 단순한 것은 택시요금이다. 그리고 대부분의 국가에서 시간, 거리 등으로 요금을 측정하기 때문에 비교적 균질한 상품으로 볼 수 있다.

국가별 택시요금을 비교하면 대한민국의 택시요금은 상당히 싼 편이다. 현재 이 책을 집필하는 시점을 기준으로 서울에서의 택시요금은 3,800원을 기준으로 2km까지는 기본요금이고, 132m에 100원씩 추가 요금이 붙는다. 여기에 더해 택시가 15km/h 이하 저속으로 운행할 경우 시간 요금으로 31초당 100원이 과금된다.

택시를 타는 승객의 입장에서 택시 미터기만 바라보면 숫자가 올라갈 때마다 가슴이 철렁할 수 있겠지만, 택시 기사의 입장에서는 택시요금이 노동의 가치를 낮게 평가하고 있다는 생각을 한다. 택시 기사가 하루에 12시간을 일한다고 했을 때 300km 정도의 거리를 이동하게 되고 70%의 승차율을 보인다면 하루 매출이 20만 원가량 되는 것이 정석이다.

대리운전비는 왜 두 배 이상 뛰었는가?

요즘 서울에서 택시잡기는 하늘에 별따기다. 공급이 부족하다는 이유로 서울시와 국토교통부도 여러 가지 정책적 수단을 동원하지만 쉽게 해결되지 않는다. 개인택시도 피크타임에 차량을 운행하는 기사가 적지만, 법인택시의 경우 애초에 회사별로 보유한 택시 수에 비해 부족한 수의 기사들이 일하고 있기에 운행률 자체가 오르지 않고 있다.

그런데 아이러니하게도 정확히 택시의 대체재는 아니지만, 대리운전은 어떻게든 기사를 구할 수 있다. AI 추천요금이라는 기능으로 호출을 하면 항상 기사를 찾을 수 있다. 다만 그 AI가 추천하는 요금이라는 것이 2~3년 전에 비해 두 배로 올라버린 것이 현실이다. 서울 시내에서 서울 외곽인 상계동 지역으로 대리운전을 이용해 귀가하면 약 55,000원의 요금을 부담해야 한다. 2~3년 전에는 운 좋으면 18,000원에도 가던 거리인데 이렇게 오른 것은 매우 특이한 현상이다.

원인은 간단하다. 많은 인력이 배달업에 종사하는 라이더로 빠져나갔기에 대리운전이나 택시 운전을 하려는 사람들이 절대적으로 줄어든 것이다. 라이더로 종사하면서 시간당 4만 원을 상회하는 수익을 내는 경우가 있는데 이 금액을 생각해보면 일을 고민하는 사람의 입장에서는 신중하게 선택할 수밖에 없다. 라이더, 대리운전, 택시 중에서 굳이 골라야 한다면 라이더 일을 하는 경향성이 늘어난 것이다. 대리운전비 55,000원은 이런 입장으로 생각해보면 상계동까지 운행하고 원점으로 복귀하기 어려운 상황에서 합리적인 요금인 것이다. 어차피 1시간을 배달하는 것이나, 상계동까지 운전한 후 제자리로 복귀하는 것이나 더 많은 수익이 나는 방향으로 인력이 자연스럽게 이동하기 마련이다.

여기서 가장 취약한 업종은 택시 기사다. 라이더와 대리운전 기사는 시장수요에 따라서 요금을 결정할 수 있고, 심지어 AI가 그것을 대행해주기도 하지만 택시 기사에게는 택시요금에 대한 결정권이 없다. 지자체에서 정한 요금으로 시간거리 병산제를 통해 요금을 받을 수밖에 없는 것이다. 택시 운전을 해보면 한 시간에 3만 원어치 운송을 하는 것도 매우 어렵다는 것을 알 수 있다. 정말 운이 따라와 장거리 승객이 안 막히는 길로 계속 잡혀야 그 정도 매출이 나온다. 물론 이 금액은 매출이지 수익이 아니기 때문에 유류비를 제하고 차량에 대한 감가상각, 보험료 등까지 고려하면 수익성은 더 떨어지게 된다.

법인택시 기사에게 부과되는 사납금 제도가 불법이지만 대부분의 회사에서 근태관리 등을 위해 변형된 형태의 사납금 제도를 운영하고 있다. 그 논의는 차치하더라도 임금수준을 따져보면 법인택시 기사의 경우 하루에 벌어들이는 대략 20만 원의 수익 중 14만 원 이상을 사납금으로 회사에 낸다. 그리고 한 달에 26일 매일 12시간씩 만근해서 14만 원 이상을 회사 측에 납부하면 최저임금에 가까운 액수의 봉급을 받게 된다.

법인택시 기사가 하루에 12시간씩 토요일까지 일해가면서 버는 돈은 350만 원이 채 안 되는 경우가 대부분이다. 법인택시 기사로 일을 지속해야 할 이유가 없고 처음 시작하는 사람이라도 대리기사나 라이더같이 탄력적으로 요금이 변경되는 직종을 택할 가능성이 높다.

현재 전국적으로 택시 기사 구인이 어려워지는 상황은 기대수익이 현저하게 낮게 유지되는 조건에서는 해법이 나오기 어렵다. 우리나라의 택시요금에 비해 일본의 택시요금은 3배 가까이 비싸다. 일본과 한국이 최근 1인당 GDP에서 거의 비슷한 수준을 기록하는 상황인데 인건비가 비용의 대부분인 택시요금이 이 정도 격차가 나는 것을 주목할 필요가 있다. 미국의 뉴욕 등지의 택시요금도 일본과 비슷하지 한국과 비슷하지는 않다.

결국 민간이 요금을 결정하는 대리운전과 배달 라이더의 영역에서는 인건비가 시장의 기준대로 탄력적으로 책정되지만, 요금을 지자체가 정하는 택시의 경우 정치인들이 대중의 비난을 우려해 요금을 현실화하지 못한 것이다.

택시를 타는 시민들 입장에서 요금 인상이 반가운 이야기는 아니겠지만 정치권은 이제 택시요금의 문제도 공정의 영역으로 가져와야 한다. 운전이라는 기술을 바탕으로 비슷한 일을 하는 택시 기사, 대리운전 기사, 배달 라이더의 시간당 기대수익이 몇 배 이상 차이가 난다면 이것을 공정한 경쟁이라 하기 어렵다.

따따블의 정신을 실현한다면

최근 언론에서는 정부가 '타다 금지법'을 재검토해야 한다는 이야기를 하고 있다. 현재 대한민국의 택시업은 소위 소나타에 상대적으로 저렴한 LPG 연료를 쓰면서 월 26일씩 매일 12시간 운전하는 기사의 임금이라는 극한의 절감된 원가를 바탕으로 구성되어 있다. 디젤 연료를 쓰는 카니발 차량으로 운행하던 타다는 원가 구조상 매우 불리한 상황이었다. 그럼에도 불구하고 타다가 택시와 비슷한 서비스로 인식되고 택시의 대안 또는 보충재로 여겨졌던 이유는 택시에 가해지는 규제가 타다에 전혀 적용되지 않았기 때문이다. 우선 택시와 달리 요금을 마음대로 정할 수 있었다. 택시는 하루에 보통 기사 한 명이 25명 이상의 승객을 바꿔가며 태우지만, 타다는 그의 절반 남짓한 손님을 태우고도 수익성을 가질 수 있었고 그 이유는 요금의 자율적 결정이었다. 수요가 많을 때는 비싸게 받고, 적을 때는 적게 받는 형태로 미터기 방식이 아닌 탄력요금제를 적용했기 때문에 가능한 일이었다.

그리고 타다는 택시 면허를 발급받지 않기에 소위 택시 권리금이라고 하는 택시의 노란 번호판 비용을 지불하지 않았다. 이 금액은 도시별로 7~8천만 원에서 2억 원까지 이르는 막대한 투자비용이다. 타다는 이것을 지불하지 않았으므로 여러 책임에서 자유로웠고 요금규제도 받지 않았다. 택시에 대한 대중의 비판적 시각을 이용해 편법을 썼던 것이다. 만약 타다 같은 서비스가 사실상 택시와 동일한 서비스를 제공하면서 렌터카로 영업하는 편법과 요금을 마음대로 정하는 특혜를 바탕으로 혁신이라고 포장된다면 그것도 공정한 경쟁이 아니다.

결국 이 상황을 공정하게 해결하기 위해서는, 택시요금을 미터기 기반의 시간거리병산제에서 수요에 따라 가변적으로 요금을 정할 수 있는 탄력요금제로 바꾸는 게 필요하다. 대리운전을 호출할 때 추가로 웃돈을 얹어서 호출할 수 있는 것처럼 택시도 피크 타임에 추가 요금을 지불하고 호출할 수 있도록 바꾸는 것이다.

물론 이 방법은 택시요금의 상당한 인상을 의미하므로, 택시를 이용할 수밖에 없는 상황의 취약 계층으로부터 비판받을 소지가 있다. 그래서 지금까지 이런 논의를 어느 누구도 용기 있게 시작하지 못했다. 하지만 서울 같은 지역에서는 택시로만 접근할 수 있는 지역이 있거나 지하철·버스 같은 대중교통의 가격 억제가 이루어지고 있으니 탄력요금제로 전환하는 것이 충분히 가능하다.

그리고 그에 더해 탄력요금제는 택시 수요가 적은 시간대에 더 저렴한 요금으로 새로운 수요를 창출하는 데에도 사용될 수 있다. 지금은 출근과 퇴근, 심야시간대에는 과수요가 있지만 나머지 시간대에는 수요가 부족해서 공차로 운행하는 택시가 많다. 예를 들어 택시수요가 가장 적은 오후 2~4시에 요금 할인 시간대를 적용하면 택시를 통해 장거리를 이동하거나 장보기 수요 등으로 택시를 이용하는 승객들의 비용부담을 완화시키고 택시도 운행률을 높일 수 있을 것이다.

택시의 요금조정 문제를 가지고 이런 이야기를 하는 이유는 앞으로 우리 사회에서 사람의 노동력의 가치에 대한 재조정이 매우 중요한 문제이기 때문이다. 미국은 공산품의 가격은 낮게 유지하고 인건비는 상대적으로 높게 책정하는 방식으로 물가정책이 이뤄지고 있다. 물론 미국은 물산이 풍부하고 자원 부국이기에 그런 물가구조가 형성되었다고 할 수도 있지만, 어떤 국가에서든 사람의 육체 노동력의 가치를 더 높게 산정하지 않으면 위기가 올 것이다. 이 문제에 대해서는, 최저임금을 올리는 방식보다 계속해서 합리적인 의문을 던지는 편이 옳다. 택배 요금이 도서지역을 제외하고는 전국 단일가로 유지되는 것에도 의문을 던져야 한다. 한 마디가 아니라 길게 보고 움직여야 한다.

06.

화물차 자율주행이 가장 먼저 온다

화물연대의 파업과 안전운임제

화물연대가 파업을 했다가 철회했다. 화물연대는 안전운임제라는 제도의 존속을 요구하면서 시위를 벌였다. 안전운임제는 간단하게 화물 운송에서의 최저임금제와 같은 역할을 한다. 공표된 일정한 수준 이하의 운임을 지급하는 화주와 운수업체에게 500만 원의 과태료를 부과할 수 있는 법안이다. 화물연대의 파업은 한번 진행될 때마다 공공에 미치는 영향력이 막대하다.

품목별 화물 차주의 월평균 소득 (단위: 만원)

화물 품목	월소득총액	순소득
자동차(카캐리어)	1155.0	527.9
곡물·사료	1149.6	525.4
택배 지·간선	1058.4	394.6
유통배송	513.5	340.1

※2021년 기준. 순소득은 연료비 등 공제 후 기준
자료: 고용노동부, 한국여성정책연구원

출처 : www.grandviewresearch.com

화물 차주가 한 달에 버는 소득은 도시 근로자 평균 임금에 비하면 낮지 않은 편이다. 여러 가지 비용을 제한 순소득 기준으로 350만~550만 원의 소득을 기록하고 있다. 파업을 막는 입장에서는 이런 자료를 적극적으로 공개하며 화물차 차주의 안전운임제 항목확대 요구가 과도하고 물류를 볼모 삼는 과격투쟁이라고 지적한다. 하지만 고정임금을 받는 도시근로자와 화물, 버스, 택시 등 차량 운전을 기반으로 한 직업을 가진 사람들을 직접 비교하는 것이 적절한 비교는 아니다.

최근 유튜브에서 미국이나 캐나다의 장거리 운송을 하는 트

러커들의 이야기가 자주 인기 영상에 올라오곤 한다. 경우에 따라 10만 달러까지 벌 수 있는 점도 관심을 끌겠지만 우리나라에 비해 상대적으로 나은 주행환경도 눈길을 끌고, 한국과 미국의 트럭 차종이 다른 점도 인상적이다.

우선 우리나라에서는 화물차 사고가 났을 때 사망률이 매우 높다. 도로가 좁고 회전반경이 잘 나오지 않아 트럭이 모두 엔진 위에 운전자가 걸터앉는 방식의 캡오버(cab over) 트럭이기 때문이다. 자연히 운전자와 외부 사이에 엔진룸이 없고, 사고가 나면 충격을 흡수할 공간이 없어 곧바로 인명사고로 이어질 가능성이 매우 높다. 우리나라의 주력 운송수단으로 충돌안전시험을 실시하면 최하등급인 4등급을 받는 이유다. 안전도가 취약한 건설 노동, 공장 근무, 광산 등의 직업군 외에도 화물차 운전은 위험한 직업군에 속한다.

안전운임제의 갈등을 푸는 방법

안전운임제가 단순히 최저임금제가 아닌 그 이름을 얻은 것은 끝내 이 법안을 통과시키기 위해 화물차 차주들이 운행시간을 줄이겠다고 주장했기 때문이다. 정부는 그렇다면 실제 화물차 차주들의 운행시간이 어떻게 돌아가는지 면밀하게 살펴야 한다.

요즘 차를 사게 되면 고속도로 반자동주행을 옵션으로 선택할 수 있다. 자율주행의 전 단계로 전후방 충돌방지장치, 차로 유지 보조 등의 기능이 적용되고, 크루즈 컨트롤 기능이 결합되면 사실 고속도로에서는 큰 무리 없이 자동주행을 할 수 있다. 현재는 핸들에서 손을 일정 시간 이상 떼고 있으면 자동주행이 해제되도록 규제하고 있지만, 기술적으로 고속도로에서 차선을 맞춰서 달리는 것은 큰 문제가 아니다. 최신 차량에는 차로변경 기능도 있다.

화물차는 장거리 화물 운송의 경우 고속도로 위에서 보내는 시간이 많아, 시내 주행을 통해 가감속 및 경로변경을 많이 해야 하는 택시나 버스 같은 유상 운송과 달리 기술적인 난이도가 낮다. 물론 화물차도 고속도로를 내려온 뒤의 구간에 대해서는 자율주행에 필요한 연구가 많아지겠지만, 적어도 고속도로 위에서는 운전자가 탑승할 필요가 없어지는 것이다.

그렇다면 화물차를 현재 같은 형태로 화주에게서부터 종착지까지 연결하는 형태의 영업은 효율이 떨어질 수밖에 없다. 부산에서 서울까지 운송되는 화물이라면 부산에서 고속도로를 타자마자 운전자는 내리고 화물차는 올려보낸 뒤 서울 가까운 곳에서 다른 운전자가 탑승해 최종 목적지까지 시내 운전을 하는 방법이 효율적이다. 반대 방향도 마찬가지가 되는 것이다. 자율주행의 최종 단계가 오지 않아도 상업적으로 법적인 규제가 없다면 충분히 몇 년 안에 가능해지는 운송 형태다. 자율주행 화물차는 운전자가 휴식을 취할 필요도 없어 더 빠르게 도착할 것이다.

이러한 변화를 빠르게 가져오도록 인프라를 정비하고 테스트베드를 제공하는 것이 정부의 역할이고 화물연대의 파업보다 노동자들과 더 심각하게 상의해야 하는 지점이다. 지금 논제가 되는 안전운임제보다 더 산업을 획기적으로 뒤바꿀 수 있는 변화다. 정부도, 화물연대도 테이블에 앉아야 할 이유가 있다.

지하철 무임승차 제도를 손볼 시간

지하철은 분명 고효율의 고용량 운송수단이다. 서울지하철은 러시아워에 막힘 없이 한 편성당 2천 명에 가까운 사람을 실어나른다. 그런데 그 운임이라는 것은 2천 명이 환승까지 하는 것을 고려하면 기본요금은 1,250원이라도 1인당 탑승할 때마다 1,000원 정도 부담한다고 보아야 할 것이다.

그리고 앞으로 대심도 광역전철인 GTX 등이 개통되면 수요가 분산되어 기존 노선들의 수익성은 더욱 악화될 것이다. 3호선이나 경의중앙선을 타고 출퇴근하던 일산과 파주의 주민들이

GTX-A로 옮겨타게 되면 3호선과 경의선의 탑승 인원은 줄어드는 것이 정상이다.

결국 지하철 요금의 인상은 불가피하다. 하지만 지하철 요금인상을 최소화하고 현재 무임승차로 혜택을 보고 있는 만 65세 이상 고연령층의 혜택을 축소하는 논의를 시작하기 전에 자구적인 노력을 선행해야 한다.

서울지하철 전동차에는 이미 자동운전(ATO) 장치가 들어 있다. 자율주행이라는 개념에 있어 지하철이나 철도 자동운전은 이미 한참 전에 도입된 성숙한 기술이다. 서울의 지하철 운행을 책임지고 있는 서울교통공사는 52% 정도의 비용이 인건비다. 교통수단에서 효율화가 진행되면 승무원이나 운영인력의 수가 줄어드는 것은 필연적인 변화다. 초기의 제트여객기에는 기장과 부기장에 더해서 항공관제사라는 운항승무원이 있었다. 보잉 747-400 기종의 출시와 함께 항공관제사가 할 일의 상당수가 자동화되면서 최근의 항공기들은 기장과 부기장 두 운항승무원만으로 운행되고 있다. 버스도 수금을 돕기 위한, 안내양이라고 불리는 차장이 있던 시절이 있었다.

궤도를 따라 운영되는 지하철이나 철도의 경우 안전 면에서 고려할 사항이 적은 편이므로 영화 〈부산행〉처럼 좀비 떼가 습격하는 정도의 예측불가능한 기형적 상황이 아닌 이상 사고 발생이 흔치 않다. 특히 야지를 운행하는 철도에 비해 지하철은 천재지변과 악천후에 의한 영향도 드물기에 자동운전이 대응할 수 있는 범주를 넘어서지 않는다.

일례로 출발역을 제외하고는 전 구간 지하로 되어 있고 100% 자동운전을 시행하는 신분당선의 지연율과 사고율은 노선을 통틀어 제일 낮은 편이다. 서울지하철은 5호선부터 8호선까지의 2기 지하철을 도입하던 시기부터 자동운전이 가능한 차량이 도입되어 있다. 그럼에도 불구하고 지하철 자동운전을 통한 효율화가 진행되지 않는 것은 기술적으로 다소 미비한 점도 있겠지만 결국 일자리에 대한 교통공사 노동자들의 불안심리가 해소되지 않고 있기 때문이다.

서울지하철은 사람이 붐빌 때 출입문을 취급하고 운영하기 위해 무조건 유인승무를 해야 한다고 말하지만 사실 관제장비가 발달한 시점에 꼭 열차에 탑승한 승무원이 출입문을 취급해야 할 필요는 없다. 내가 자주 이용하는 서울지하철 4호선을 예로 들면 동대문역사문화공원역, 충무로역, 사당역 정도를 제외하고는 러시아워에도 출입문을 자동으로 개폐하기 어려울 정도로 승객이 몰리는 경우는 많지 않다.

지하철 운영기관의 기관사 업무가 많이 자동화되고 무인화되면 그다음에 생각해볼 노력이 경제적 약자가 아닌 고연령층에 대한 혜택 축소다. 소득수준에 따라 무임승차 범위를 줄일 수 있다. 또한 비경제활동 인구의 러시아워 지하철 탑승을 자제하게 하기 위해서 개찰구 기준으로 피크 타임인 7시 30분부터 10시, 6시부터 8시 정도까지는 지하철 무임 탑승을 중지시켜야 한다. 도시의 자원을 효율적으로 이용하기 위해서는 사회 인프라를 분산해 활용할 필요가 있고, 지하철 무임승차 시간 조정은 효과가 있을 것이다.

그리고 한 가지 검토해볼 수 있는 방법은 월간 무임승차의 횟수를 제한하는 것이다. 무임승차가 지하철 택배와 같은 사업적 목적으로 활용되는 것은 합리적이지 않다. 무임승차는 약관을 통해 비영업활동과 영업활동을 구분해야 한다.

07.

2000년생 남성은 누구와 결혼하는가?

표를 옆으로 보지 말고 대각선으로 봐야 한다

출산율 문제를 생각하면서 대한민국이 인구감소세에 들었다는 내용이나 노동인구 부족의 위험을 가지고 있다는 이야기는 이제 진부하다. 그런데 통계를 1년 단위로만 볼 것이 아니라 사회적인 현상까지 적용해서 살피면 더 눈에 띄는 결과를 도출해낼 수 있다.

2000년생 남성과 2004년생 여성을 비교해보자. 33만 명 남짓한 2000년생 남성과 23만 명 남짓한 2004년생 여성을 비교하는 것은 우리 사회에서 전혀 과학적이지 않지만 통념처럼 받아들여지는 4살 차이 결혼을 가정해 가장 극단적인 상황을 잡아본 것이다.

33만 대 23만이면 거의 1.465 대 1의 비율이다. 여성에 비해 남성이 46.5% 많은 조합인 것이다. 어르신들의 통설이 아니라 실제 통계를 바탕으로 남녀 초혼 연령 차이를 보면 2021년 기준으로 2.3년 차이가 난다. 누구나 예측할 수 있겠지만 병역의 의무 기간 정도의 나이 차이가 나는 것이다.

지금까지 대한민국에서 정체불명의 MZ세대 공략과 같은 애드벌룬에만 치중해왔던 정치인들이 이 문제에 대해서 어떤 진지한 고민을 해봤을까? 무엇이든 상위개념을 해결하지 못하면 하위개념을 해결하는 것은 요원한 법인데, 성비문제를 해결하지 않고 결혼, 그리고 출산율 문제를 잡을 수 있을까? 세상을 옆만 보지 말고 대각선으로 읽어야 하는 이유다.

구 분	총출생아	남녀아 증감률 및 구성비					출생성비 (여아=100.0)
		증감률	여 아	구성비	남 아	구성비	
1988	633,092	1.5	296,889	46.9	336,203	53.1	113.2
1989	639,431	1.0	301,956	47.2	337,475	52.8	111.8
1990	649,738	1.6	300,121	46.2	349,617	53.8	116.5
1991	709,275	9.2	333,999	47.1	375,276	52.9	112.4
1992	730,678	3.0	342,105	46.8	388,573	53.2	113.6
1993	715,826	-2.0	332,461	46.4	383,365	53.6	115.3
1994	721,185	0.7	335,105	46.5	386,080	53.5	115.2
1995	715,020	-0.9	335,416	46.9	379,604	53.1	113.2
1996	691,226	-3.3	326,793	47.3	364,433	52.7	111.5
1997	668,344	-3.3	320,853	48.0	347,491	52.0	108.3
1998	634,790	-5.0	301,987	47.6	332,803	52.4	110.2
1999	614,233	-3.2	293,039	47.7	321,194	52.3	109.6
2000	634,501	3.3	301,854	47.6	332,647	52.4	110.2
2001	554,895	-12.5	265,434	47.8	289,461	52.2	109.1
2002	492,111	-11.3	234,290	47.6	257,821	52.4	110.0
2003	490,543	-0.3	235,028	47.9	255,515	52.1	108.7
2004	472,761	-3.6	227,056	48.0	245,705	52.0	108.2
2005	435,031	-8.0	209,346	48.1	225,685	51.9	107.8
2006	448,153	3.0	215,980	48.2	232,173	51.8	107.5
2007	493,189	10.0	239,190	48.5	253,999	51.5	106.2
2008	465,892	-5.5	225,773	48.5	240,119	51.5	106.4
2009p	445,200	-4.4	-	-	-	-	-

출처 「인구동태 통계연보(총괄·출생 사망편)」(통계청), 각년도 및 「2009년 출생통계 잠정결과」 (후 p는 잠정치임)

출처 :

남녀 간의 사회진출 연령은?

결혼에 대한 문제를 알아보면서 군 복무 등으로 인해 남녀 간에 구조적으로 사회진출 연령에 2년 이상의 시격이 있음을 통계로 확인했다. 그렇다면 취업시장에서는 어떨까?

결혼의 영역에서 3대 2에 가까운 성비를 보인 2000년생 남성과 2004년생 여성은 취업 영역에서도 비슷한 경쟁을 할 가능성이 높다. 110 대 100 정도의 자연성비에서와 다르게 사회적으로 경쟁하는 3 대 2 상황에서의 경쟁은 매우 치열해진다. 대학 진학은 보통 연령에 맞게 이뤄지기 때문에 자연성비를 넘어서는 왜곡은 일어나지 않지만, 남성이 군 복무를 마치고 나오는 시점에서 전문대학원 진학부터 취업까지 저출산 기조와 맞물려 경쟁의 강도가 확 올라가게 되는 것이다.

이것을 해결할 수 있는 방법이 있을까? 설사 성비의 조절이 가능하다고 해도 성비 불균형을 해결하는 데에는 몇십 년이 걸린다. 2.3년의 성별 간 결혼연령 격차를 줄이는 것도 군 복무에 대한 급진적인 전향점을 마련하지 않는 한 불가능하고 쉽게 정치적 합의를 이룰 수 있는 지점도 아니다.

1980년대와 1990년대에 태어난 사람들은 비슷한 가족 형태를 공유한다. 부모가 자식을 두 명 정도 낳는 소위 4인 가족의 형태가 많았다. 4인 가족이라는 정형화된 가족 형태는 사회의 여러 영역에 큰 영향을 끼쳤다. 먼저 아파트에는 국민 평수라고 하는 34평 아파트가 보편적으로 자리 잡았다. 일반적으로 방이 세 개 있어서 안방에 부모가 살고 자녀가 하나씩 방을 쓰는 형태로 많이 활용되었다. 그리고 패밀리 차로 가장 많이 사용되었던 것은 4인 가족이 타고 다니기에 알맞은 소위 세단 형태의 2000cc 이하의 준중형 또는 중형 차량이었다.

이러한 가족 모델의 전형이 주택과 자동차에만 영향을 끼친 것은 아니다. 사회적으로도 이 가족 단위를 바탕으로 많은 의무와 책임이 부과되었다. 우선 과거 육아가 여성의 전유물이었던 시절 두 명의 자녀를 양육하는 것은 매우 큰 부담이었고, 대부분의 기혼 여성은 본인의 사회생활을 접고 육아에 전념하는 길을 택했다. 그리고 남성은 가족을 부양하는 부담을 짊어진 경우가 많았다.

군 복무와 출산을 비교하여 언급하는 것은 이런 논의에서 무리수가 있는 것이 사실이다. 그럼에도 과거의 가정에서 남성은 군 복무와 경제적 부양의 책임을 안고 여성은 두 명 남짓한 자녀의 육아를 하는 경우가 많았으니, 적어도 상계동 주공아파트 20~30평대에 자리 잡은 수많은 4인 가족 안에서 남녀 간의 부담은 서로 공평했다고 할 수 있다.

그러나 30여 년이 지나 2020년대의 가족 형태는 더욱 다양해졌다. 우선 30대 후반까지도 미혼 인구가 크게 늘어났고, 4인 가족이 살던 아파트에는 이제 너무나도 다양한 가족들이 산다. 결혼한 지 시간이 꽤 흘렀지만 아이를 갖는 것을 늦추는 부부도 있고, 비혼을 선언하고 혼자 사는 사람들도 있다. 이런 다양한 가족 형태 간에는 상호의 의무와 부담의 비교가 불가능하다. 예를 들어 비혼을 선언한 1인 여성 가구는 병역의 의무도 지지 않고 육아도 하지 않지만, 과거의 여성과 달리 활발한 활동을 통해 사회에 참여한다. 이렇듯 가족 형태가 너무 다양해져 서로 비교할 수 없는 것들을 비교하다 보니 내가 수행한 의무를 다른 단위가 수행하지 않으면 불공정이라고 여기는 것이다. 예전에 4인 가족이 보편적이었던 시기에는 이 집 남성도, 저 집 남성도 군역을 치르고 예비군 훈련에 나가는 것이 서로 비교되었던 것과 다른 인식이다.

대한민국은 앞으로 이런 사회적 의무의 수행에 있어서 공정이라는 화두를 놓고 많은 논쟁을 겪을 것이다. 이것은 지금까지 출산율 통계 하나만 바라보면서 관리해오던 출산율 정책이 근본적으로 가족 형태에 대한 인식전환부터 다시 설계되어야 한다는 것을 의미한다.

대리모, 정자은행 그리고 출산율

저소득층 중학생을 대상으로 한 교육봉사단체를 운영했던 경험은 사실 교육의 경험보다, 무난한 가정에서 자라왔던 나에게 사회에 대한 시야를 넓히는 데 큰 도움이 되었다. 서울시 용산구 청파동과 후암동 일대에 살던 내 제자들에는 한부모 가정 자녀가 많았고, 이혼이 아니라 다른 이유로 한부모 가정의 자녀가 된 경우도 종종 있었다. 한부모 가정 자녀가 성장하면서 어떤 발달과정을 겪게 되는지는 과학적으로 여러 가지 연구가 있고 그 자체로 상당히 넓은 주제이기 때문에 여기에 다 풀어 설명할 수는 없을 것이다.

적어도 내 경험 속에서 한부모 가정의 자녀들 중에 본인의 아버지를 전혀 기억하지 못하는, 아버지의 존재 자체를 인식하지 못하는 학생들의 내적 상실감은 매우 컸다. 요즘은 학교에서 더 세심하게 배려하리라 기대하지만, 당시 학교에서 아버지의 이름을 써내라고 해 한 제자가 고민 끝에 내 이름을 써서 냈을 때, 얼마나 놀라고 충격에 빠졌는지 모른다.

우리는 지금까지 남녀 간 결합을 통한 결혼제도의 대안을 쉽게 언급하면서 비혼여성이나 남성도 정자은행이나 대리모 출산을 통해 아이를 낳을 수 있다고 이야기해왔다. 그러나 이것은 아이를 낳고자 하는 사람의 관점일 뿐, 그렇게 해서 태어난 아이들이 겪게 될 상대적 박탈감에 대한 입장은 전혀 고려되지 않은 것이다. 물론 아이를 낳기 어려운 난임부부도 있고, 아이를 마음으로 낳아 기르는 가정도 있다. 따라서 이런 내용을 지나치게 보편화해 설명하면 안 되겠으나 결혼 이외의 가족제도를 논할 때 반드시 아이의 관점에서도 생각해보는 것이 바람직하다.

사회적으로 다른 형태의 출산을 장려하는 것은 옳은가 다시 한번 자문해본다. 출산율을 올리자는 취지에서 결혼제도 이외에 동성결혼이나 동거, 심지어 이혼 및 재혼 등 다양한 가족의 결합제도를 마련하자는 이야기를 하곤 한다. 앞서 말했듯, 이것은 아이를 낳는 부모들의 입장만 고려되고 정작 태어나는 아이의 입장은 전혀 고려되지 않은 논의라고 생각한다. 물론 지금도 미혼여성의 출산 등 결혼에 종속되지 않은 출산이 이뤄지고 있지만 이것을 예외적인 사례로 보지 않고 보편으로 받아들이는 것은 시기상조이다.

08.

출산율이 아니라 결혼율이 먼저다

도널드 트럼프는 돈을 많이 벌었던 사업가이면서 동시에 결혼과 이혼을 자주 했던 남성이다. 세 번째 부인인 멜라니아와 결혼한 직후 CNN의 래리 킹의 토크쇼에 출연해서 다음과 같이 이야기한다.

"There's nothing really nice about it. But in our world? With the long courts and with the vicious lawyers, and with all of the problems? If you have money or if you think you're going to have money, you have to have a prenuptial agreement."

간단하게 번역하자면 이혼을 해보니 그 과정이 너무 힘들었으니 당신이 돈이 많거나 돈을 많이 벌게 되리라고 생각되면 'prenuptial agreement'라는 것을 꼭 가지고 있어야 한다는 게 그의 말의 핵심이다.

'prenuptial agreement'는 소위 '혼전계약서'라고 부르는 계약문서다. 부부간의 의무 등을 계약관계로 정리해놓고 나중에 재산분할 등의 상황이 발생했을 때 명시된 조건에 따라서 계약을 이행한다는 문서다. 우리나라에서는 이 '프리넵'이라는 문서 자체가 법적으로 인정되지 않는다. 아마도 지금의 기성세대가 살아온 대한민국에서는 여성이 결혼과 함께 독자적인 경제력을 상실하는 경우가 대부분이었고, 만약 일방적으로 이혼을 당하게 된다면 누구의 책임으로 이혼하는가와 관계없이 여성이 경제적 파탄을 맞게 될 수도 있기 때문일 것이다.

법은 들쭉날쭉하다. 물론 법원은 이러한 복잡한 재산분할 과정에 대해서 여러 가지 내부적인 기준들을 가지고 있을 것이다. 하지만 그런 기준들은 보통 시민들에게는 잘 알려져 있지 않을뿐더러 그 기준의 판단을 받기 위해서는 법원에 가야 하고 법원에 가서도 지리한 공방을 벌여야 한다.

최태원 SK 회장과 노소영 관장의 이혼소송 판결이 나왔을 때 사람들은 그 결과에 주목했다. 독점적인 지위에 있던 석유기업인 유공과 SKT의 모체가 되는 한국이동통신을 민영화를 통해 인수한 SK그룹의 특성상 재산형성 과정에서 노소영 관장과 노태우 대통령의 역할이 상당했다는 국민적 시각이 있었던 것은 사실이다. 결국 양쪽 다 항소하긴 했지만, 노소영 관장 측이 요구했던 금액에 크게 미달하는 분할금액이 선고된 이후 또 하나의 '돈 많은 사람들의 이혼재판'이라는 이정표가 생기게 되었다. 대기업 회장이나 정말 돈이 많은 사람들의 이혼 외에 일반적인 상황에서 가사노동 등에 법원이 상당한 비중을 두어 재산분할을 인정하는 것은 신중하게 따져볼 문제다.

의외로 사람들은 통계적 위협을 실제 위협보다 더 크게 평가한다. 사고를 당할 통계적 위협을 실제 위협보다 더 크게 평가하기에 사람들은 보험에 가입한다. 물론 의무가입이긴 해도 자동차 보험료가 확률적으로 내가 평생 자동차 사고를 내서 받을 보험료보다 적을 텐데도 대인이나 대물 사고를 낼 가능성에 항상 위협을 느끼기 때문에 갖가지 특약까지 계약 조항에 집어넣는다. 그만큼 사람은 위험 회피적인 동물이다. 사람이 만약 위협을 실제적으로 평가하는 동물이었다면 보험회사는 이윤을 낼 방법이 없다.

젊은 세대가 결혼에 대해서 가진 리스크에 대한 관점을 잘 읽어내야 한다. 결혼을 통해 자신의 자기계발 및 자아실현 기회가 박탈된다고 생각하는 사람들의 관점에 못지않게 과거보다 보편화된 이혼, 그에 따른 재산분할, 육아 책임의 귀속 등의 문제에 대한 불확실성이 결혼의 장애물로 동작하고 있는 것도 사실이다. 예측가능한 제도를 수립해야 하는 것이고, 혼전계약서와 같은 명시적인 관계 설정 등의 요구도 충분하게 있을 수 있다.

출산율을 높이려면 당연히 결혼율을 높여야 한다. 결혼율을 높이기 위해서는 결혼을 통해서 얻을 수 있는 실질적인 기대효과와 결혼을 통해서 가지게 되는 리스크를 잘 구분해서 기대효과는 늘리고 리스크는 현실적으로 평가하도록 해야 할 것이다.

결혼정책 이외에도 정책을 살필 때 위협이나 부담이 과대평가된 지점이 어딘지를 살펴봐야 할 것이다. 때로는 실질적인 대안을 제시하기보다 위협을 매개로 한 정책을 악용하고 남용하는 정치인들이 있다. 가장 대표적인 사례가 박원순 시장이 추진했던 화장실 몰카 방지사업이었던 여성안심보안관 사업이다. 혈세 49억 원을 들여서 매주 수만 개의 화장실을 뒤져 몰카를 찾는 일이었다.

49억 원의 예산을 들였지만 단 하나의 몰카도 찾지 못했다는 것에 그 문제의 심각성이 있었다. 나 같은 얼치기 과학도에게 몰카를 막을 수 있는 현실적인 방법을 모색하자고 한다면, 국내에서 판매되는 모든 초소형 카메라에 대해 등록제를 시행하고, 장기적으로는 초소형 카메라로 촬영된 영상에 디지털 워터

마크를 남기는 것을 의무화해야 한다고 주장할 것이다. 어떤 영역에서든 현실적이고 구체적인 방법론으로 위협에 대한 과도하게 증폭된 인식을 잠재우는 방향으로 정책을 설계하는 것이 중요하다.

09.

배달로봇의 가장 큰 난관은?

IT 강국 대한민국의 배달로봇 인프라

2차 세계대전 이후, 유럽 방면 연합군 총사령관이었던 아이젠하워가 미국 대통령에 취임하면서 아이젠하워 주간고속도로 시스템(Eisenhower Interstate System)이 구축되고, 드넓은 미국 대륙은 고속화된 도로교통으로 연결되기 시작한다. 막대한 투자를 통해 고속도로 시스템이 구축되고 난 뒤에, 화물차를 통한 도시간 배송 및 허브-스포크 운송체계가 구축될 수 있었던 것처럼 국가의 인프라는 새로운 산업이 태동할 수 있는 밑거름이 된다.

프로그래머 또한 존재하는 인프라 위에서 창의력을 발휘해 새로운 서비스를 설계해낸다. 대한민국은 지금의 IT 산업기반을 구축하는 데 있어 김대중 정부 시절 투자된 많은 인프라의 혜택을 보고 있다. 소위 정보고속도로라고 하는 초고속 인터넷 통신망의 구축이 이 시기에 이루어졌고 인터넷 PC라는 저가형 국민 PC의 보급이 이루어지면서 시장이 현격하게 많이 창출되었다.

문재인 정부를 거치면서 인건비 문제가 크게 대두되었다. 최저임금 인상이 평년에 비해 급격하게 이루어지다 보니 사람의 노동효율이 최저임금보다 못한 경우가 발생하기 시작했다. 그것은 사람이 다른 수단으로 대체되기 시작하는 것을 의미한다.

로봇의 시대를 맞이하여 당장 어떤 로봇이 떠오르냐고 묻는다면 어떻게 대답할까? 영화 〈스타워즈〉에서 선보였던 C3PO와 R2D2와 같은 모습의 로봇은 과연 존재할 수 있을까?

택배 운송비용을 분석해보면 마지막 단계에서 배송하는 택배기사에게 지급되는 비용이 616원, 즉 전체 비용의 4분의 1 정도라고 한다. 예를 들어 택배를 부산에서 서울로 보낸다고 하면 이동거리의 대부분인 수백 킬로미터의 고속도로 구간보다 대리점에서 집까지의 마지막 몇 킬로미터 구간의 비용이 훨씬 크다는 것이다. 이것은 개별 택배기사가 주소지를 방문하는 데에 드는 시간비용을 고려했을 때 당연한 수치일 것이다. 이 마지막 단계에서의 운송을 '라스트마일(last mile)'이라고 한다. 배달업계도 택배업계도 이 라스트마일을 어떻게 효율적으로 구축하느냐에 따라 수익성이 결정되는 것이 현실이다.

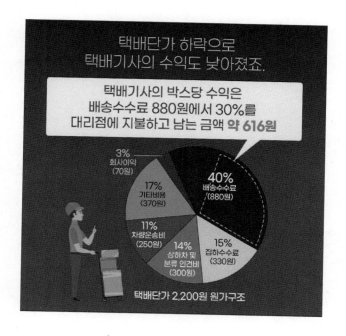

출처 : 서울연구원 카드뉴스 제10호- 몸보다 마음이 더 고된 택배기사 (내가 낸 택배비 중 택배기사 손엔 616원?)

배달 로봇이 물건을 운송할 때 가장 중요한 것은 로봇이 자신의 위치를 어떻게 인식하느냐이다. 건물 밖에서는 GPS 위성을 통해서 신호를 받아 움직이는 것이 어렵지 않지만 건물 안에서 배송하는 단계에서는 내가 어디에 있는지 알아내는 것이 쉽지 않다.

스타벅스에서 커피를 앱으로 주문하면 앱을 켜자마자 어떤 스타벅스 매장인지를 앱이 바로 인식한다. 사람이 들을 수는 없지만 스마트폰의 마이크는 인식할 수 있는 고주파의 음성을 스타벅스 매장마다 흘러나오도록 해놓았기 때문이다. 이런 장비를 '비콘(beacon)'이라고 한다. 원래 비콘은 '등대'를 뜻하는 단어로 이 비콘이 설치되어 있으면 위치나 간단한 정보들을 쉽게 인식할 수 있다. 비콘은 민간의 영역에서 이미 많이 설치되고 있다. 스타벅스의 사례도 있지만 곳곳에 설치한 공공 와이파이도 각자 이름을 가지고 있기 때문에 충분히 비콘의 역할을 할 수 있다. 이런 비콘과 각종센서를 충분히 설치하는 것이 로봇 산업 발달에 도움이 된다.

2족 보행 로봇은 오히려 대세가 되지 않을 것으로 예측된다. 〈스타워즈〉에서 나온 로봇 C3PO처럼 우리는 로봇을 사람의 형상을 한 두 팔과 두 다리를 지닌 2족 보행 형태로 연상하곤 한다. 2족 보행을 하면서 사람과 매우 유사하게 생기고 비슷한 동작을 하는 로봇을 휴머노이드(humanoid)라고 한다. 하지만 가까운 미래에는 2족 보행 로봇보다는 특화된 로봇들이 활용될 가능성이 높다. 휴머노이드 자체가 사람과의 유사성이 높아 친밀도는 있다 하더라도 매우 비효율적일 것이기 때문이다.

로봇이 음식을 배달한다고 가정했을 때, 사람과 유사한 휴머노이드 로봇이 오토바이에 시동을 걸고 철가방을 들고 사람처럼 배달하는 것보다는 그냥 아이스박스처럼 생긴 바퀴 달린 로봇이 더 많은 양을 운송할 수 있고, 더 적은 부속품으로 로봇을 만들 수도 있기 때문이다.

로봇은 엘리베이터를 어떻게 탈까?

로봇이 점심식사를 배달하려면 건물에 도착해서 엘리베이터를 어떻게 타야 할까? C3PO같이 생긴 휴머노이드 로봇이라면 손을 뻗어 사람이 하는 것처럼 엘리베이터 버튼을 층수별로 눌러야 할 것이다. 그런데 만약 아이스박스같이 생긴 특화된 로봇이라면 어떻게 해야 할까? 이미 업계에서는 엘리베이터에 로봇과 무선 송수신을 할 수 있는 통신 모듈을 내장하는 것을 시도하고 있다. 로봇이 기계적으로 팔을 이용해 도착할 층을 누르는 것이 아니라 간단한 전파로 몇 층에 가는지 입력하는 것이다. 기계적으로 구동하는 부분이 없기에 당연히 내구성도 훨씬 뛰어나며 아무리 사람이 많이 탄 만원 엘리베이터에서도 도착할 층을 지정할 수 있다.

2021년 기준으로 전국에 설치되어 있는 엘리베이터의 수는 78만 대 정도라고 한다. 엘리베이터는 보통 20년가량의 교체주기를 갖고 있기 때문에 신형 엘리베이터에 모두 이런 센서를 설치하는 것을 의무화한다고 해도 20년의 세월이 걸린다. 이보다는 사용률이 높은 엘리베이터부터 빠르게 바꿔나갈 수 있도록 정부가 강하게 정책적으로 인프라 구축에 나서는 것이 좋다.

배달로봇이라면 음식배달뿐만 아니라 택배로봇으로서 라스트마일의 수송수단으로도 활용될 수 있다. 2000년경 세계에서 가장 앞선 구축속도로 구현된 초고속 인터넷망이 한국의 IT산업 발전을 이끌어낸 것처럼, 한국을 로봇산업의 메카로 만들 수도 있는 투자가 필요할 것이다.

장애인 이동권과 유사한 로봇의 이동경로

혹자는 드론이 배송방법의 대세가 될 것이고 노면의 고르기는 중요하지 않다고 주장하기도 한다. 하지만 미국의 단독주택 밀집지처럼 낮은 밀도로 건축물이 존재하는 환경 속에서나 공중수송이 라스트마일 운송으로서의 가치가 있지 우리나라처럼 공동주택에서 집단 거주하는 사람의 비율이 높은 경우에는 불가능한 얘기다. 당장 악천후로 인해 하늘에서 물건이 추락하면 어떻게 할 것인가? 그래서 결국 바퀴 달린 이동수단이 라스트마일 운송수단으로 적극적으로 활용될 것이다.

그렇다면 바퀴 달린 운송수단의 가장 큰 장애물은 무엇일까? 휠체어로 이동하는 장애인이 도로에서 가장 위협적으로 느끼는 것은 잘 정리되지 않은 보도블록과 도로 턱이다. 일반적으로 2족 보행을 할 때보다 바퀴로 이동할 때 노면의 요철이 더 큰 영향을 미친다. 마찬가지로 배송로봇의 활성화를 위해서는 먼저 어디든지 접근 가능한 고른 노면이 필요한 것이다.

공교롭게도 이것은 휠체어 장애인이 바퀴를 이용해 어느 곳에나 편하게 접근하기가 가능한지의 여부와 정확하게 일치하는 요구사항이다. 고른 노면, 완만한 경사, 넓은 도로 폭이 확보되어야 하는 것이다. 모든 건물에 휠체어의 접근 가능성을 높이는 정책은 따라서 장애인을 위한 정책을 넘어서 우리나라의 로봇산업 기반을 넓힐 수 있는 중요한 변화다.

이것을 배리어 프리 접근성(barrier free access)이라고 부르는데, 일반적으로 교통수단에 있어 저상버스나 지하철 엘리베이터의 도입 등으로 국한해서 생각하곤 한다. 장애인 이동권에 대한 정책으로 받아들여질 수도 있으나 그러나 탈것을 넘어서 사람이 살아가는 건물과 모든 공공시설에 바퀴로 접근하는 것을 용이하게 하는 것은 로봇경제와 산업이 발달하도록 하는 인프라의 관점에서 바라볼 수도 있다. 과감한 투자를 조기에 시작해야 한다.

10.
차별금지법도 논의해야 한다

보수는 어떤 주제라도 자신 있게 토론할 수 있어야 한다. 2000년대 초부터 2010년대 초까지 TV토론은 진보진영의 놀이터였다. 지상파 방송에서 매주 진행되는 〈100분 토론〉이나 〈심야토론〉 같은 권위 있는 토론의 장에서는 유시민, 진중권 등의 토론자들이 보수진영 토론자들을 농락하는 것이 다반사이곤 했다. 보수진영의 토론자들이 토론 실력 그 자체가 부족해서가 아니었다. 가진 것이 많고, 많은 것의 눈치를 보기 때문에 토론에 임할 때마다 궤변을 늘어놓을 수밖에 없었던 것이다. 당 문제에 대해서 토론할 때는 당내 권력자의 눈치를 보아야 했고, 경제문제를 토론할 때는 재벌의 눈치를 보며, 사회문제를 토론할 때는 기독교계의 눈치를 살펴야 했으니 모래주머니를 한가득 차고 달리는 모양새였다.

이러한 분위기는 2023년이 되어서도 마찬가지여서 심지어 민감한 주제에는 토론하러 나서는 토론자 자체를 찾기 힘든 경우도 있다. 사실 기술적이나 직업적인 전문성을 필요로 하는 주제가 아니라면 시사나 사회에 관련된 토론을 할 때 한 손에는 헌법, 한 손에는 본인의 이념적 지향을 바탕으로 고민하여 다루지 못할 주제가 없다. 젠더 이슈도 따지고 보면 전혀 이 주제에 대해 논의하거나 연구한 적이 없던 이준석이라는 사람이 신지예라는 이름이 널리 알려진 페미니스트와 상식선에서 토론하면서 시작된 것이다. 그 전까지 보수진영에서는 이런 주제를 회피하기만 해왔다.

보수도 이제 어떤 주제가 나오든지 토론하는 것을 주저하면 안 된다. 토론을 통해 본인의 철학과 헌법을 기반으로 상대와 대화를 나누고 내가 생각하지 못했던 점을 상대가 언급하면 그것을 받아들여 내 생각을 보완할 수 있다. 다른 사람의 논리에 허점이 있으면 그것을 공략해서 내가 생각하는 대로 사회적인 여론을 형성하는 정반합의 과정이 변증법적인 사회변화를 위해서 꼭 필요하다. 어느 정도 이상의 동력이 생긴 사회적 이슈는 예외 없이 당에서 논의를 통해 당의 입장을 만들어나가는 것이 중요하다.

차별금지법은 진보진영에서 몇 년째 보수 쪽에 입법을 제안하며 공론화하려고 애쓰는 주제다. 차별금지법은 말 그대로 정치, 경제, 사회 등의 영역에서 성별·인종·외모·학력 등을 기반으로 해서 다른 처우를 하면 안 된다는 주장이다. 구체화된 법안은 여러 가지가 있지만 최근에 주로 논의되는 차별금지법은 모든 차별을 철폐한다는 의미에서 "포괄적 차별금지법"이라고 부르고 있다. 이 금지법과 관련하여 최근 진보진영에서 꺼내든 화두는 논리적인 맹점이 너무 많기 때문에 차라리 이것을 논의 테이블에 올려놓고 보수진영의 입장을 합리적으로 설명하는 것이 나을 수 있다.

보수가 지금까지 대처해온 것처럼 차별금지법의 논의를 미루고 수면 아래 놓아두면 그 법은 대중에게 이름만으로 각인되어 남게 된다. 차별을 금지하자는 법에 보수가 논의 자체를 거부하는 것은 말 그대로 차별을 옹호하는 것처럼 인식될 여지가 크다. 실제로 차별금지법의 논리적 모순을 혁파하기 전까지는 이 법이 진보진영의 주장대로 국민들에게 보수에 대한 부정적인 이미지를 각인할 것이며 보수세력은 고루하고 수세적인 입장으로 비칠 것이다.

포괄적 차별금지법의 경우 여러 단계에서 논쟁할 소지가 있다. 우선 차별금지법이 지향하는 차별을 철폐하자는 구호와 차별행위에 대한 처벌 가능성을 여는 문제는 대중에게 매우 다르게 받아들여진다. 차별의 개념은 매우 추상적이고 때로는 선호와 차별을 구분하는 것도 모호한 경우가 있다. 또한 현실에서 지켜지기 어려운 경우가 대부분이다.

포괄적 차별금지법은 보통 외모에 대한 차별을 금지하고 있다. 한 카페의 사장이 매장에서 근무하는 직원을 뽑을 때 조금 더 외모가 돋보이는 지원자를 뽑았다고 해서 그가 선발된 이유가 외모만이라고 단정지을 수 있는 것인지, 그리고 만약 탈락한 지원자가 그것에 대해서 차별받았다고 주장할 경우 그것을 처벌의 대상으로 삼아 카페 사장에게 소명을 요구할 수 있는 것인지는 매우 모호할 뿐 아니라 실제 상황에서 받아들이기 어려운 적용이다.

또한 선호와 차별을 구분하기는 매우 어렵다. 어떤 종교를 가진 사람이 '나의 배우자도 같은 종교를 가졌으면 좋겠다.'는 생각을 하고 배우자를 찾는 경우 이것을 종교에 따른 차별이라고 볼 수 있는 것인지, 그리고 그것이 역시나 처벌의 대상이고 규제의 대상인지를 살피는 것은 난센스에 가깝다.

포괄적 차별금지법은 언뜻 들으면 모든 영역에서 어떤 기준으로도 차별할 수 없도록 기준을 세우는 것 같지만 "타당한 이유가 있는 차별"에 대해서는 예외를 두는 모순을 내포하고 있다.

예를 들어 진보정당이 포괄적 차별금지법을 받아들인다고 해도 각 당의 공천규칙에서 '전과자'에 불이익을 주는 조항을 삭제할 수는 없을 것이다. 나이·종교·성별·인종 등에 의한 차별이 불가능한데 사람의 수형 이력이 차별 기준이 되는지는 매우 모호하다. 진보정당을 곤란하게 하자는 취지가 아니라 차별금지법을 도마에 올리는 순간 이런 모순점에 대한 논의가 이뤄지면서 더 발전된 형태의 입법이 논의될 수 있는 것이다. 그리고 보수는 이 전장을 두려워해서는 안 된다.

11.

소스 관리 도구와 망 중립성 제고

깃허브 기반 OSS 개발자 평가 체계 구축

나무위키라는 것을 통해 위키시스템이 사회에 널리 알려졌다. 누군가가 가진 지식을 가장 작은 단위로 공유해 그 위에 얹는 방식으로 지식의 크기를 늘려나가는 시스템이다. 기여자별로 어떤 수정을 했는지, 그리고 매번 지켜지는 것은 아니지만 그 문서를 다른 곳에 활용했을 때 어떤 저작권 표시를 해야 하는지 등을 정확하게 관리하는 것이 위키다. 그리고 위키라는 것은《브리태니커 백과사전》처럼 연도별 판본이 따로 있는 것이 아니라 실시간으로 업데이트되고 공개되는 방식이다.

문헌을 대체하는 위키의 출연에 못지않게 우리 삶을 많이 바꿔놓은 영역은 오픈소스 소프트웨어 운동이다. 인류의 지식은 누군가가 만들어놓은 과거의 발명품을 차용해서 그다음 단계의 진화를 이끌어내는 방식으로 점진적으로 진행되어왔다.

프로그래밍이 대중화되는 기반에는 누군가가 만들어놓은 소프트웨어 코드를 쉽게 검색하고 쉽게 차용할 수 있는 시스템이 있고, 그것이 깃허브(GitHub)와 같은 소스 관리 도구다. 전 세계에서 매일 수만 명의 프로그래머가 깃허브에 자신이 짠 코드를 업로드한다. 누군가의 심심풀이용 개인 프로젝트일 수도 있고, 상업용으로 활용이 가능하도록 공개하는 프로젝트일 수도 있다.

요즘 프로그래머들은 본인의 이력서보다도 깃허브 저장소에 있는 본인의 소스 코드를 공개하는 편이 취업에 유리하게 작용할 수도 있다. 자연과학과 사회과학에서는 논문을 통해 자신의 연구성과를 증명하고, 논문의 유용성과 학문적 가치는 일반적으로 피인용 지수로 계량화된다.

택시 기사는 하루에 운송할 수 있는 승객의 수에 영향을 미치는 변수가 적다. 길거리에 서서 손을 흔드는 사람을 인식할 수 있는 능력(그나마 콜택시가 보편화되면서 크게 중요하지 않게 됐다), **빠른 길을 찾는 능력**(네비게이션에 의해 무력화되고 있는 능력이다), 그리고 **빠르게 운전하는 능력**(기껏해야 10% 이내의 소요 시간 차이를 보일 것이다) 정도가 택시 기사의 매출에 영향을 주는 유효한 변수들일 것이다.

하지만 프로그래머는 본인의 역량에 따라 어떤 사람이 다른 사람의 100배의 효율을 낼 수 있는 영역이다. 그렇다고 프로그래머의 노임단가가 프로그래머의 소득이 되어서는 곤란하다. 프로그래머는 자신이 만들어낸 프로그램 코드에 대한 권리도 보유하고 있고, 보통 그것을 이용해서 용역을 제공하는 두 가지 역할을 한다. 우리나라에서 전자에 해당하는 코드와 소프트웨어에 대한 가격은 합리적으로 보상받지 못하고 있다. 이것을 정상화 시키는 것이 중요하다. 그리고 현재 대한민국에서 프로그래머를 분류하는 체계는 초급·중급·고급 등의 분류를 통해 노임단가를 산정해서 프로젝트별로 비용을 매기는 경우가 많다. 용역단가에 소위 Man-Month라고 하는 식으로 몇 사람이 몇 시간 일했느냐를 곱한 수치로 보상받고 있고, 그에 사용되는 꼬리표가 소프트웨어 노임단가표라는 비합리적인 가격표다.

프로그래머의 노동은 부가가치와 같이 조금 더 정확하게 측정될 수 있다. 소위 갑을병으로 내려가는 하청의 과정을 겪으면서 보다 정량화되어 청구할 수 있는 소프트웨어의 가격은 사라지고 후려치기가 가능한 인건비만 남아서 하청업체의 마진을 최소화하는 지금의 상황은 반드시 개선되어야 한다.

망 중립성은 회선 FTA다

최근 망 중립성 관련 이슈가 주목을 받고 있다. 인터넷은 어떤 데이터가 있을 때 그것이 몇 메가바이트짜리 문서 파일이라도, 몇 기가바이트짜리 동영상 파일이라도, 그것을 매우 잘게 쪼갠 패킷이라는 것으로 바꾸어 전송한다. 택배를 이용할 때 물건을 보내주는 곳에서 여러 개의 터미널과 중간자를 거쳐 우리 집까지 도착하는 것처럼, 여러 경로를 들러서 이동한다. 그래서 정보를 처리한다는 것은 패킷이 어디서 출발하는지, 그리고 어떤 경로를 거쳐오는지에 따라서 매우 큰 성능 차이를 보인다.

인터넷을 쓰다 보면 KT의 인터넷과 SK, LG의 유선인터넷 등이 국내 사이트 접속에는 큰 성능 차이를 보이지 않지만 해외에서 운영하는 서비스를 사용할 때에는 매우 다른 성능을 보이는 경우가 있다. 패킷은 전선이나 광케이블을 통해 전달되는데 한 번에 통과할 수 있는 양이 정해져 있다. 가정용으로 100메가비트, 1기가비트 인터넷이라는 서비스를 따로 분류하여 파는 것이 바로 그 1초에 전달이 가능한 패킷의 양을 이야기하는 것이다.

국내에서는 기존에 구축된 지하선로나 전봇대를 이용해 회선용량을 확장하는 것이 어렵지 않고, 비용도 저렴한 편이지만 해외로 나가는 회선의 경우 부설이 어렵다. 우리나라는 분단으로 인해 해외로 인터넷 패킷을 전달하기 위해서는 해저 케이블을 부설하는 것 외에 방법이 없다. 해저 광케이블은 해양생물과 해류의 영향을 최소화해야 하기에 생각보다 부설 위치를 선정하는 것이 어려워 보통 국가별 통신사들이 컨소시엄을 만들어 부설한다.

태평양을 건너서 미국과 한국, 미국과 일본, 중국과 한국, 중국과 일본 등 동북아시아에는 다양하게 망이 구성되어 있다. https://www.submarinecablemap.com이라는 웹사이트에 접속해보면 전 세계적으로 거미줄처럼 구성되어 있는 망을 확인할 수 있다.

제목

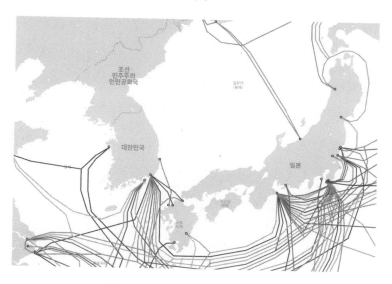

우리나라는 대부분의 해저 광케이블이 부산을 거쳐서 들어오며 그 기점은 미국이나 일본 등지이다. 대한민국의 철도망이 서울역을 위주로 구축되어 있어 서울역이 항상 붐비는 것처럼 회선이 집중된 곳은 데이터도 집중되며, 그곳에서 많은 데이터 패킷의 환승이 일어난다.

망 중립성 논쟁을 설명하면서 이런 패킷 데이터망에 대해 살펴보는 것은 중요하다. 우리나라의 해외 트래픽 이용이 늘어나면 늘어날수록, 우리가 아무 생각 없이 매일 열고 접속하는 인터넷 브라우저에 정보가 도달하기까지 어떤 단계에서 어떤 비용들이 발생하는지를 이해해야 할 필요가 있기 때문이다.

넷플릭스 영화를 보통 동영상으로 소비하는 패킷의 양은 네이버 뉴스 하나를 읽는 데 사용되는 양의 1만 배 이상이다. 최근에 망 중립성 이슈가 불거진 것은 동영상 서비스가 활성화되면서 통신사가 부담해야 하는 회선 비용이 기하급수로 늘어났기 때문이다. 이 비용은 콘텐츠를 팔아서 수익을 얻는 콘텐츠 제공자가 부담할 것인지(넷플릭스, 티빙 등 소위 OTT 업체), 인터넷 회선을 제공하는 업체가 벌어들일 것인지에 대해서 살펴야 한다.

우리나라는 노무현 정부 이래 세계 각국과의 FTA 체결을 꾸준히 추진해왔다. 그리고 이것이 경제적으로 유리한 이유는 간단히 말해 우리가 수출국가이기 때문이다. 물론 품목마다 세율은 다르지만, 우리가 물건을 팔았을 때 10%의 관세를 타국에 물고 우리가 물건을 샀을 때도 10%의 관세를 물린다면, 우리는 사는 물건보다 파는 물건이 더 많기 때문에 불리한 것이 자명하다. 그래서 FTA를 통해 장벽을 제거할 수밖에 없었던 것이다.

인터넷 회선에 있어서도 세계 각국은 한국의 망 중립성 논쟁을 심각하게 보고 있다. 한국의 망 중립성 논쟁에 대한 판단이 다른 나라에서 하나의 기준점이 될 수 있고, 이것은 콘텐츠에 있어서 수출국인지 수입국인지에 따라 유불리가 갈린다. 수출국은 FTA를 선호한다.

만약 통신망 사업자가 아니라 콘텐츠 사업자들 쪽으로 회선 비용이 많이 전가된다면 우리 콘텐츠가 해외로 수출될 때 하나의 비용으로 작동하게 된다. 우리나라의 드라마나 소위 한류 콘텐츠들은 동남아를 비롯한 전 세계에서 많이 소비되고 있다. OTT 서비스를 통해 그 콘텐츠를 소비하는 비용이 회선 비용만큼 늘어나게 된다면 우리 콘텐츠의 소비가 확연히 줄어들 것이고 그에 파생된 산업들의 파이가 줄어들 수도 있다.

망 중립성을 버리는 것은 보호무역을 선언하는 것과 같이 수세적이고 폐쇄적인 지향점이다. 망 중립성을 지키고 콘텐츠의 수출 비용을 낮추는 것이 공세적이고 진취적인 지향점이다.

12.

프랑스 축구팀과 로마제국, Pax Americana

프랑스 축구팀의 인종적 다양성

2022년 카타르 월드컵에서 프랑스 대표팀의 특징을 살펴보면 인종적 다양성이 느껴졌다. 프랑스에서는 인종이나 종교에 대한 차별을 금지하면서 인구주택 총조사에서부터 인종을 조사하는 것을 법으로 금지하고 있다. 따라서 정확한 통계는 공개되지 않지만 여론조사나 설문에서 파악하는 것은 가능한데, 조사결과에 따르면 약 85%의 프랑스인이 유럽계열 혈통이고 10%가 북아프리카 계열, 3.5%가 흑인이고 1.5%가 아시아계열이다.

프랑스 대표팀에서 보여주는 인종의 구성비는 실제 프랑스 인구의 그것과 매우 차이가 있다. 실제로 이것을 놓고 정치적인 논쟁이 일어났던 적이 있다. 프랑스의 정치인 장 마리 르펜이 1998년 프랑스 월드컵을 앞두고 백인을 제외한 모든 선수를 대표팀에서 제외해야 한다고 하자, 당시 에메 자케 감독이 그의 주장을 일축했다. 2004년 르펜은 무려 "지단과 나 둘 중에 선택하라"라는 자극적인 구호 속에 대통령 선거에 출마했고 프랑스 유권자들은 물론 그런 주장을 한 르펜 후보를 선거에서 떨어뜨렸다.

프랑스 시민들은 결국 프랑스의 인종적 다양성을 지키는 것을 중요하게 생각한다는 것이다. 프랑스 헌법 제1조는 다음과 같다.

La France est une République indivisible, laique, démocratique et sociale. Elle assure l'égalité devant la loi de tous les citoyens sans distinction d'origine, de race ou de religion. Elle respecte toutes les croyances. Son organisation est décentralisée.

번역하자면 다음과 같다.

프랑스는 불가분적, 비종교적 민주적, 사회적 공화국이다. 프랑스는 출신, 인종 또는 종교에 따른 차별 없이 모든 시민이 법 앞에서 평등함을 보장한다. 프랑스는 모든 신념을 존중한다. 프랑스는 지방분권화된 조직을 갖는다.

'사회적 공화국'이라는 의미와 함께 출생지·인종·종교의 구분 없이 시민의 권리를 인정한다는 것은 그들이 상당히 개방된 '시민' 개념을 가지고 있다는 것이다.

우리나라의 헌법에서 국민에 대해 나오는 조항은 2조 1항으로 다음과 같다.

대한민국의 국민이 되는 요건은 법률로 정한다.

우리 헌법이 프랑스 헌법에 비해서 낫거나 못하다는 것을 따지는 것은 아니다. 하지만 개헌이 된다면 '국민'이라는 전체주의적 용어를 '시민'으로 바꿨으면 좋겠고, 국민이라는 단어가 시민으로 전환되면서 우리 사회의 구성원의 권리와 의무가 대한민국이 공유하는 가치를 지닌 사람들의 집합체에게 열려 있었으면 한다.

가치를 지킨다는 것

미국은 자유주의가 발달한 나라치고는 애국을 많이 내세운다. 미국의 국가 〈The Star Spangled Banner〉는 어려운 곡이라 제대로 부르기 어려운 노래임에도 불구하고 많은 행사에서 불리고 국기에 대한 경례를 유도한다. 미국의 애국주의는 다만 민족주의적 애국이 아니다. 미국의 애국주의는 계약적 애국주의(covenanted patriotism)로 그들의 헌법과 그것이 상술하는 자유가 국체이고 그것을 지키는 것이 애국이라는 개념이다. 그에 반해 한국의 경우 유교적인 군주에 대한 충과 의가 애국의 개념으로 전환되어 민족주의적이고 전체주의적 경향성을 띤다.

'국기에 대한 맹세'의 "나는 자랑스러운 태극기 앞에 조국과 민족의 무궁한 영광을 위하여 몸과 마음을 바쳐 충성을 다할 것을 굳게 다짐합니다"에서 "나는 자랑스러운 태극기 앞에 자유롭고 정의로운 대한민국의 무궁한 영광을 위하여 충성을 다할 것을 굳게 다짐합니다"로 바뀔 때 이를 기획한 사람들은 민족의 개념을 이제 더 이상 내세우지 않는 것이 개방된 시민국가로의 변화를 위해 필요하다고 생각했을 것이다.

자유롭고 정의로운 대한민국에 대한 충성은 미국이나 여타 다른 시민국가에서 정의하는 것과 마찬가지로 가치에 대한 충성이다. 속지주의로 대한민국에 거주하면서 헌법에 명시된 시민의 권리와 의무를 다하는 사람을 대한민국의 시민으로 볼 것이냐, 아니면 속인주의로 한민족의 피를 타고난 사람을 공동체의 구성원으로 받아들일 것이냐의 문제도 보인다. 반면 미국에서는 애초에 시민권과 인종, 또는 민족의 개념이 어릴 때부터 잘 학습되어 있다는 것을 주지할 필요가 있다.

기원전 202년에 끝난 포에니 전쟁을 통해 로마는 지중해를 지배하게 된다. 그때부터 로마는 광범위한 정복전쟁과 식민지 확장을 거쳐 로마의 힘에 의한 평화를 의미하는 팍스 로마나(Pax Romana)를 구축했다. 도시국가에서 시작한 로마는 범위가 확장될 때마다 그들이 누리는 시민권을 정복대상자에게도 열어젖히면서 이탈리아반도를 통일할 때까지 확대해갔다. 로마의 황제들 중에는 게르만족 출신도, 오리엔트 출신도 있었고, 그들은 인종은 다르지만 로마라는 공동체가 지키고자 하는 공통의 가치를 지키는 것에 몰두했기에 모두 황제가 될 수 있었다.

대구의 북구 대현동에서는 경북대학교 앞에서 몇 달째 이슬람 사원의 건축 문제로 갈등이 벌어지고 있다. 이미 사원이 건축되기 오래전부터 대현동 일대에는 150명이 넘는 이슬람 신도들이 거주하고 있었다. 유학 등을 목적으로 경북대학교 인근의 저렴한 숙소를 찾아 모여든 사람들일 것이다. 이들과 다른 주민 간의 갈등은 우리 사회가 성문화된 헌법을 준수하느냐 아니면 관습적으로 각인된 단일민족성을 판단의 준거로 놓는가를 놓고 벌어지는 중요한 갈등이다. 대구 북구의 대현동에서는 이슬람 기도소를 짓는 것에 반대하는 주민들의 시위가 이어지고 있지만, 그로부터 20km 정도 떨어진 칠곡군 지천면 신동리에서는 마트 주인도, 식당 주인도 근처 공단에서 일하는 노동자들을 종교와 국적에 관계 없이 편하게 대한다. 경상북도의 농촌 지역이 다문화에 대해서 대구라는 광역시의 주민들보다 더 관대해질 수 있는 것은 후천적인 학습에 의한 것일 테고, 다른 문화와 공존했을 때 대한민국의 중요한 헌법적 가치들이 훼손되지 않는다는 경험적 확신이 있기 때문일 것이다.

인구가 줄어들고, 다양한 문화와 공존할 수밖에 없는 대한민국은 이제 공동체의 문호를 더 넓히는 것을 고민해야 한다. 인종과 종교를 넘어 각자 시민의 공유하는 가치를 지키는 것, 그것이 곧 우리가 받아들여야 할 미래인 셈이다.

13.

북한 TV, 통일 그리고 군 복무 제도

북한 TV 개방의 의미

종합편성채널 방송 대기실에 앉아서 TV 리모컨으로 채널을 오르락내리락해보면 방송국 각각의 스튜디오나 타사 방송들이 나오는 채널들을 지나 '조선중앙TV'가 나온다. 한동안 조선중앙 TV를 너무 많이 자료화면으로 쓰면서 그것이 《조선일보》와 '중앙일보TV'의 약어냐는 우스갯소리가 나올 정도였으니 사내에서 조선중앙TV를 모니터링할 필요성이 있었을 것이다. 그만큼 북한 내의 가장 정확한 정보를 얻기 위해서 언론사들이 꾸준히 모니터링하고 있는 것이 조선중앙TV다.

분단 시기 독일은 1980년대부터 서독의 케이블TV 공급자가 동독의 방송을 중계할 수 있었다. 그로 인해 서독 시민들은 동독 사회가 실제로 어떻게 돌아가는지 보고 확고한 체제 우위를 체감할 수 있었다. 공산국가들은 엄격한 국가통제하에 자신들이 가장 낫다고 생각하는 모습을 방송으로 송출하지만, 그마저도 서독의 시민들이 보기에는 나날이 경제적으로 발전하던 서독의 모습에 비해 한참 뒤처져 있었던 것이다. 동독의 TV를 서독의 시민들이 보면서 동독을 동경하는 사람이 없게 된 것이 아이러니한 노릇이었다.

우리는 지난 몇십 년 동안 북한 TV에 비친 북한의 실상을 공개하는 것이 북한의 관점을 주입하고 체제선전을 하는 통로가 된다는 이유로 공개를 막아왔다. 하지만 생각을 뒤집어볼 필요가 있다. 혹시 북한의 치부를 우리가 통제를 통해서 오히려 감춰주고 있는 것이 아닐까? 동독이 아무리 자신들의 체제를 홍보하려고 노력해도, 이미 서독의 일반 시민들의 관점에서 동독의 체제는 매력 없는 지속불가능한 체제로 보였을 것이다. 한반도에서도 그대로 적용해보면 전통적 보수층에서 항상 우려하는 것과 반대로 북한 TV는 오히려 최고의 안보교육 소재가 될 것이다.

이미 유튜브에서는 우리나라의 방송사들이 2018년에 진행된 미국과 북한의 싱가포르 회담 같은 것도 조선중앙TV에서 기록영화로 만든 것을 통째로 올려놓고 서비스하고 있으며, 50만회가 넘는 조회수를 기록하고 있다. 앞으로 이런 이벤트성 영상을 넘어 조선중앙TV의 정규편성 방송을 케이블TV나 IPTV를 통해 서비스하길 기대한다.

인터넷 문화에 있어 일방성을 넘어 양방향 소통이 가능하게 만드는 도구 중 하나가 댓글이다. 일반적인 유튜브 영상만 봐도 채널을 운영하는 사람들은 더 많은 수익을 위해 자신들의 영상을 시청하고 그에 대한 신랄한 댓글을 남기는 시청자들의 의견을 참고한다. 물론 북한이 수익을 목적으로 유튜브 채널을 운영하지는 않겠지만 북한의 권력자들도 그들의 문화가 대한민국에서 어떤 평가를 받는지를 신랄하게 접해야 한다.

대한민국에서는 대통령이 본인의 치적을 홍보하는 영상을 올려도 국민들이 그 내용 중에 과장이나 진실되지 않은 것이 있다고 생각하면 어느 정권을 막론하고 신랄하게 비판해왔다. 아울러 다른 사람이 댓글 등을 통해 표현한 그런 의견들을 보고 조금씩 힘을 보태 더 많은 관심과 참여, 상호작용이 이루어지고 있다. 북한 뉴스의 특성상 김정은이 하는 행보 하나하나가 보도될 것이고 이것은 대중의 평가를 받을 수밖에 없다.

체제경쟁을 군비경쟁에서 문화경쟁으로

대한민국과 북한은 이미 여러 면에서 경쟁이 어려울 정도로 격차가 벌어져 있다. 한국전쟁 이후로 계속되어오던 군비경쟁은 1990년대를 기점으로 재래식 전력에서는 대한민국의 절대우세가 확보되었기 때문에 북한은 그저 비대칭 전력인 핵과 대량살상 무기에 집중투자하는 모습이다. 우리는 국가적으로 북한과 군비경쟁을 하면서도 해외의 다른 나라들과는 경제적 경쟁을 할 수 있는 능력이 있는 반면, 북한은 동시에 여러 분야에 투자할 여력이 없다.

대한민국이 어떤 발자국을 내디디면 놀랍게도 북한은 그것을 능가하거나 따라잡기 위해 무리수를 두곤 했다. 1988년 서울올림픽의 개최에 자극받은 북한은 1989년 세계청년학생축전을 개최하기에 이르고, 그것이 재정적으로 엄청난 지출을 야기해 북한의 경제가 파탄상태에 이르기도 했다. 1984년 여의도에 63빌딩이 세워져 한동안 아시아에서 가장 높은 건축물의 지위를 차지하자 1987년 북한의 김정일은 63빌딩을 뛰어넘는 건물을 짓도록 지시했다. 그것이 아직까지 미완의 상태로 남아 있는 평양의 류경호텔이다.

이러한 북한의 경쟁의식을 그대로 문화경쟁에 대입하면 북한방송에 대한 수요가 늘어나고 대한민국의 대중이 그것을 평가하기 시작하면 방송 제작의 품질을 높이기 위해 매우 전격적이고 무리한 투자를 감행할 가능성이 있다. 김정일이 63빌딩에 자극받아 류경호텔을 지을 생각을 한 데 비해, 김정은은 지도자의 자리에 앉자마자 모란봉악단을 만들고 고려항공의 승무원의 치마 길이를 짧게 했던 사람이다. 그가 자극받아 문화와 방송에 투자하게 되면 그것은 대한민국과 서구의 방식에 동화되어가는 과정이 될 것이다. 북한에서 TV 수상기를 가진 사람의 수보다 대한민국에서 북한방송을 볼 사람의 수효가 더 많아질지도 모른다.

휴전선을 사이에 두고 무기를 가지고 서로 경쟁하는 것은 결코 생산적인 경쟁이 아니며 차라리 북한이 문화의 경쟁에 뛰어들도록 유도하는 편이 더 낫다. 북한 콘텐츠의 개방을 우리가 주도한다고 해서 상호주의를 바탕으로 북한이 우리의 콘텐츠를 자유롭게 주민들이 소비할 수 있도록 열어주지는 않을 것이다. 하지만 국제적으로도, 자신감을 바탕으로 북한의 콘텐츠를 유통시킨 대한민국과 콘텐츠 유입을 꼭꼭 틀어막는 북한의 대조적인 모습은 체제경쟁이라는 측면에서 이미 끝난 승부가 될 것이다.

과거 일본문화가 개방되면 우리나라의 문화산업이 크게 잠식될 것이라는 우려가 있었다. 그러나 1998년에 김대중 대통령의 결단으로 영상과 게임문화의 개방 이후, 그 우려와 달리 지속적인 교류를 통해 우리나라의 영화산업과 게임산업이 높은 수준으로 발달해 이제는 아시아와 세계 전역에서 우수한 상품이 되어 팔리고 있다. 북한 콘텐츠를 개방한다고 해서 갑자기 북한의 콘텐츠가 상업적으로 우리나라에 영향을 주거나 유행하는 경우는 발생하기 어려울 것이다. 북한 콘텐츠의 개방이 체제경쟁에서 우리에게 불리하게 작용하리라는 막연한 불안감만 지우면 대중은 오히려 북한의 실상에 대해 정확하게 알게 될 것이고 북한은 그들의 콘텐츠의 주요 소비층이 될 대한민국 시민들의 눈치를 볼 수밖에 없을 것이다.

국가보안법 7조는 북한에 대한 고무·찬양을 금지하고 있다. 사실 지금 시점에 북한이 만든 어떤 콘텐츠를 본다고 해도 북한을 긍정적으로 평가할 여지는 없을 것이지만, 고무·찬양이라는 것은 고무줄 잣대가 될 수도 있기에 모호함을 없애는 것이 중요하다. 예를 들어 누군가가 북한에서 올린 유튜브 방송을 보고 김정은을 두고 '김정은 요즘 살 뺐네'라고 했을 때 이것이 진정한 의미의 고무·찬양이라고 할 수 있을지, 그래서 처벌의 대상이 될지 등에 대해서 어느 누구도 고민하지 않고 자유롭게 온라인에서 북한 콘텐츠를 접하고 상호작용할 수 있도록 해야 한다.

이미 유튜브에서는 북한을 방문했던 외국인들이 올린 영상이나 압록강, 두만강 너머에서 찍은 북한의 영상, 탈북자들이 소개하는 북한의 이야기가 매우 활발하게 소비되고 있다. 그러나 그것이 북한 체제에 대한 호감도로 이어지는 경우는 거의 없다. 보수진영에서 북한의 방송을 대중에게 더 넓게 노출했을 때 대한민국에 '종북(從北)', 즉 북한 체제를 선망하고 대한민국에 해를 끼치려는 세력이 자라날 수 있다고 우려하는 것은 기우에 그칠 것이다.

김정은이 방송을 통해서 본인이 백마를 타고 뛰어가는 모습을 공개하든, 회의를 주재하고 있는 모습을 공개하든 젊은 세대는 경외심으로 그것을 보기보다는 일종의 희화화의 밈으로 만들어낼 가능성이 높다. 가끔 신문기사에서 사진이나 캡처된 모습으로 보이는 김정은의 모습이 아닌 더 다양한 소스를 바탕으로 희화화해낼 것이다.

누군가가 대한민국의 인터넷에 조선중앙TV를 캡처해 올리면서 김정은 사진을 올린다면 대한민국의 대통령을 포함한 다른 정치인들이 매일 풍자되어 올라오는 것과 크게 다르지 않을 것이다. 그렇다면 우리나라 젊은 세대는 그들만의 방식으로 북한에 대한 집단적 관점을 형성해나갈 것이다. 국가보안법이 그 정치적 자유를 제한하지 않았으면 한다.

통일에 대해서 어떤 고민을 하고 있는가

통일은 북한과의 체제대결에서 승리하는 것이나 북한 체제의 붕괴만으로 완성되는 것이 아니다. 우리는 통일을 위해서 많은 제도적 고민을 풀어내야 한다. 통일국가의 사회, 경제, 교육제도를 어떻게 정립해야 할지에 대한 진지한 고민이 우리들 사이에서 보편화될 때 통일의 그날은 더 현실감 있게 다가올 것이다.

태영호 의원과 미국에 출장 갔을 때 장시간 대화를 나눌 기회가 있었다. 미국으로 가는 비행기에서 마침 북한에 관한 책을 읽었기에 평소에 궁금해하던 이야기로 대화를 시작했다. 한창 국내에서 부동산 문제가 심각하게 다뤄지던 시기라 만약 통일이 되면 북한의 토지를 어떻게 처리해야 할까라는 주제였다. 휴전선 이남의 면적보다 20%가량 더 큰 123,138제곱킬로미터의 북한 땅은 현재 토지의 사유를 허용하지 않는 공산주의 이념에 따라 모두 국가의 소유로 되어 있다. 이 토지가 누구에게 귀속되느냐에 따라서 통일비용과 남북 주민 간의 관계, 그리고 사회통합이 모두 영향을 받을 수 있다.

우선 첫 번째로 생각할 수 있는 방법은 광복 이후에 농지개혁을 통해 농민들에게 일정한 규모로 토지를 불하하고 분배했던 것처럼 토지의 품질 등을 따져 북한 주민들에게 골고루 배분하는 것이다. 하지만 이 방법은 토지이용에 대한 경제적 학습이 되어 있지 않은 북한 주민들이 바로 토지를 팔아버리고 현금화하면서 그것을 사들이는 누군가에게 토지를 몰아주는 것과 비슷한 결과를 낳을 수 있다.

두 번째 방법은 소위 통일비용이라는 것을 마련하기 위해 북한지역의 알짜배기 토지를 자본가들에게 파는 것이다. 예를 들어 당장 휴전선이 열리면 수많은 개발업자들이 북한지역에 부족한 여러 시설을 구축하기 위해 눈에 불을 켤 것이다. 농담 반 진담 반으로 말하자면 그리 길지 않은 기간 안에 북한의 마을 곳곳마다 교회와 주유소가 지어질 것이다. 교회와 주유소의 개발 부지에 대한 투자는 어느 지역에서나 각광받을 것이다.

또 한 가지 방법은 아이러니하게도 중국식 토지 이용권 임대모델을 구축하는 것이다. 거대한 북한의 토지를 국가가 소유하고, 대신 그 위에 북한 주민들이 단기간에 생활 수준을 높일 수 있는 임대주택 등을 다량 건설하는 것이다.

이 세 가지 방법 모두 허점을 지니고 있는바, 이것들을 어떻게든 고민해서 잘 조합해야만 북한의 토지라는 자원을 효율적으로 개발하고 통일비용을 마련할 수 있을 것이다. 젊은 세대가 통일에 대해 이야기할 때 통일의 이해득실과 당위에 대해서만 따질 게 아니라 앞서 제시한 주제들을 진지하게 고민해봤으면 한다.

젊은 세대가 통일에 대해서 회의적이거나 부정적으로 생각하는 큰 이유는 통일비용과 통일 이후의 제도에 대한 흥미 있는 논제들이 다뤄지고 있지 않기 때문이다.

싱가포르식 군 복무 제도

우리나라에서 징집이 가능한 연령대의 남성 숫자가 급격하게 줄어들고 있는 것은 심각한 문제로 받아들여진다. 그리고 이런 문제에 있어서 젊은 남성들이 지속적으로 형평의 문제를 제기하고 있기에 이에 대한 적극적인 해법을 마련하는 것이 중요하다.

지금까지는 징집 그 자체보다 징집에 따른 경제적 손실이라든가 기회의 손실을 벌충하기 위해서, 부족했던 것들 채워주기를 정책의 기본으로 삼아왔다. 하지만 자기계발을 할 수 있는 시간이 2년 가까이 군 복무로 제한되는 데 대한 젊은 남성들의 불만은 해소되지 않고 있다. 그렇기에 군 장병 복지에 관한 부분을 넘어서 징집 자체를 제도적으로 어떻게 바꿔갈 것인가에 대해서도 고민해야 한다.

그런 측면에서 싱가포르의 군 복무 제도를 살펴볼 필요가 있다. 싱가포르는 도시국가이지만 말레이시아에서 독립한 이후 항상 주변의 군사적 위협이 크다고 간주하기에 강력한 징집 제도와 막대한 국방비를 투자하고 있는 나라다. 싱가포르는 GDP에서 3.2%가량을 군에 투입하는데 이것은 경제 도시로 알려진 싱가포르의 이미지와 완전히 다른 것이다.

싱가포르의 복무 제도를 보면 특이한 부분이 있다. 첫 번째로 군 복무를 마치지 않은 사람은 공무원이 될 수 없도록 하는 것이다. 이것은 싱가포르가 지금까지 군 복무를 명예로운 영역으로 인식되도록 하는 데 아주 큰 보탬이 되었다. 나는 공무원 시험에서 한두 문제 더 맞춘 사람들보다 국가를 위한 복무를 마친 사람이 공무를 담임하기에 더 적절하다고 생각한다.

또 싱가포르 군대의 가장 특징적인 제도 중 하나는 2년 가까운 현역 복무 이후에 매년 하루 또는 40일까지 예비군 복무를 강제화한다는 것이다. 이 의무는 40세까지 지속되는데, 한국의 예비군 제도와 민방위 제도의 운영과 비슷하다고 할 수도 있겠지만 어떻게 보면 현역 복무의 기간을 줄이고 예비군의 기간을 늘려놓은 것과 비슷하다. 이는 적은 인구로 영세중립국의 지위를 유지해야 했던, 스위스의 예비군 제도와 비슷한 측면이 있다.

우리나라에서는 예비군이라는 것이 향토방위 그리고 동원 훈련 등 1년에 며칠 정도 자신의 전투력을 측정하는 정도로 사용되곤 하는데 실질적으로 전쟁이 발발할 경우에 예비군 전력이 어떻게 가동되느냐는 굉장히 중요하다. 특히 전면전이 발발하기 좋은 한국의 경우 예비군 전력의 관리가 무엇보다 중요하다. 그런 의미에서, 예비군에 조금 더 비중을 둔 싱가포르의 군 복무 체계는 현역 복무 기간을 단축시킨 것과 더불어 총동원 전쟁의 측면에서 더 유리한 제도라고 볼 수 있을 것이다. 그리고 싱가포르에서는 기초 군사훈련(Basic Military Training)을 이수한 이후에 그 성과에 따라 계급을 정한다. 예를 들어 100명이 입대하면 그중 80명은 사병, 15명은 부사관, 5명은 장교, 이렇게 임관하는 제도를 가지고 있다.

　우리나라의 경우 단기 초급장교 육성을 위해 ROTC나 학사 장교 제도를 통해서 긴 교육 기간을 가져가기도 하는데 결국에는 이 기간마저 줄여야 하는 상황이 다가온다는 생각을 한다. 최근에 용사 봉급 200만 원 공약으로 인해 ROTC와 학사 장교 모집에 굉장히 어려움을 겪고 있으므로 처우 문제 등에 있어서도 한번 심도 있게 살펴볼 필요가 있다. 군 복무 제도를 점진적으로 개선해서 단기 장교를 따로 육성하는 것보다 기초 군사훈련에 입소한 훈련병 가운데 전투 능력을 포함한 전반적인 능력이 우수한 사람 중에서 단기 장교를 선임하는 형태가 바람직해 보인다.

4장

정치 개혁이
필요한 시간

01.

직업으로서 정치와 누더기 선거제도

정치는 안정적인 직업이 될 수 있을까?

중학교 시절, 나는 시험 기간에만 열심히 공부했던 것 같다. 중간고사나 기말고사를 앞두고 한 달 정도 동네의 조용한 독서실에서 교과서와 참고서, 문제집을 두루 읽으며 시험공부를 하고 저녁에는 휴게실로 가서 컵라면을 먹던 정도의 기억이 있다. 시험 기간이 아닐 때 그 당시 학생들은 피시방을 전전하거나 TV를 보며 시간을 보내는 것이 대부분의 일과였다. 1년이면 1, 2학기가 있고 학기별로 중간고사와 기말고사가 있으니 네 번의 정기고사를 준비하면서 그래도 긴장감을 늦추지 않고 공부했었다.

정치인에게 선거는 정기고사와 같다. 심지어 정치인은 선거에서 낙선하면 본인의 뜻을 펼칠 방법이 크게 제한되기 때문에 모든 것을 걸고 전력투구하게 된다. 물론 선거의 목적은 표를 얻어 당선되는 것이기에 주로 해당 지역의 유권자를 대상으로 여러 가지 활동을 하게 된다.

정치는 한 나라 시민의 의사결정을 위임받아 수행하는 매우 중요한 기능이다. 펀드매니저가 펀드를 관리하면서 옳은 선택들을 연속해서 하기 바라는 것처럼, 그리고 군대의 지휘관이 병사들을 안전한 승리의 길로 이끌기를 바라는 것처럼, 정치 지도자가 옳은 선택을 하는 것은 매우 중요하다. 국회의원이나 지방의원으로 구성된 의회는 보통 세 가지 권한을 가진다. 법이나 조례를 만들 권한, 국가나 지방자치단체를 감사할 권한, 그리고 예산을 편성할 권한이다. 국회의원이나 지방의원들은 이러한 권한을 수행할 수 있도록 최대한 자질을 갖추어야 한다. 정치, 특히 선출직에 당선되는 것을 인생의 훈장 정도로 여기는 것은 안이한 생각이다.

주변을 살펴보면 젊은 사람들도 정치에 대한 관심이 많아졌다. 정치가 전문화된 직업이 되려면 고등교육을 마친 젊은 세대가 바로 뛰어들 수 있는 길이 필요하다. 대학을 졸업한 정치지망생은 어떤 길을 갈 수 있을까? 과연 정치는 젊은 사람들이 바라는 대로 안정적인 직업이 될 수 있을까?

누더기 선거제도의 폐지

우리나라의 선거제도는 이미 누더기가 되어버렸다. 노원구의원, 성남시의원과 같은 기초의원은 중선거구제+정당명부 비례대표제를 적용하고 있다. 그리고 서울시의원, 경기도의원과 같은 광역의원은 소선거구제+정당명부 비례대표제가 적용된다. 마지막으로 국회의원은 소선거구제+준연동형 정당명부 비례대표제가 적용되고 있다. 분명히 선거제도라는 것은 지역의 대표를 민심에 가장 가깝게 뽑아내기 위한 제도를 채택해야 하는데 각각의 단위마다 그 방식이 다른 것은 논리적으로 맞지 않는다.

개인적인 선호는 중대선거구제의 전면 적용이다. 우리나라 정치에서 지역별 독주를 깨는 것은 무엇보다 중요하다. 영남지역의 60여 개 선거구를 국민의힘이 사실상 독점하고 있는 것은 바람직하지 않다. 국민의힘의 영남지역 의원들이 들으면 기분 나쁜 정도를 넘어서 정치생명의 위협까지 느끼겠지만, 국민의힘이 영남지역에서 얻는 득표율이 50%에서 60%인데 의석을 대부분 가져가는 것은 표의 비례성에 어긋난다.

국민의힘이 영남에서 20개가량의 의석을 상실할 가능성이 있지만, 호남과 수도권 지역에서는 상당수의 의석을 확보할 수 있다. 지금 국민의힘이 호남지역에서 소선거구제로 승리를 만들어내는 것은 정말 어렵고 그 도전이 단기간에는 불가능에 가깝기 때문에 허들이 너무 높다는 생각에 사람들이 정치에 입문하지 않는 경우가 많다. 중대선거구제에서는 경우에 따라 15% 정도의 득표율만 얻어도 의석을 확보할 수 있는 상황이 생기고, 최근에 국민의힘의 지지율이 호남에서 15%를 상회하는 지역들이 더러 있기에 좋은 도전자들이 많이 나올 수 있을 것이다. 그리고 선거를 앞두고 선거구별 경계를 조정하기 위한 치졸한 선 긋기 전쟁도 사라질 것이다.

우리가 중대선거구제를 선택했을 때 영남에서 잃는 의석이 많을 수도 있고 그만큼 호남에서 벌충할 수 있는 의석이 적을 수도 있다. 그러나 유불리를 따져서 수치로 유리한 변화만 밀어붙이려 하는 관성 때문에 대한민국 정치는 한 발짝도 앞으로 나가지 못한다. 지금의 지지율과 상황만 놓고 엑셀을 돌릴 것이 아니라 '우리도 도전할 수 있다', 혹은 '할 수 있다'는 각오로 희망이 주는 담대한 도전과 정치 발전의 기회를 놓지 말아야 한다.

정치세력이나 정치인은 경쟁이 있을 때 긴장하고 유권자를 향한 노력을 기울인다. 이번 대통령 선거와 지방선거를 거치면서 광주에 갈 때마다 나는 이제 광주가 부산과 같은 경쟁체계를 구축해야 한다고 강조했다. 부산은 2012년부터 소위 더불어민주당의 낙동강 벨트 공략이 치열하다. 19대 총선에서 과거 문재인 전 대통령이 사상구에 출마해 당선되었고, 당시 더불어민주당의원이던 조경태 사하구을 국회의원과 민홍철 김해시갑 국회의원 등이 당선되었다. 그리고 친노의 주요 인물이었던 문성근 후보와 지금은 꾸준한 도전으로 국회의원이 된 전재수, 박재호 후보 등의 치열한 도전이 있었다.

지금 21대 국회에 이르러 민홍철 의원의 경우 3선 의원이 되었고, 전재수, 박재호 의원 등도 재선의원이 되면서 낙동강 주위의 서부산 벨트는 경쟁이 아주 치열한 지역이 되었다. 부산의 정치권 안에서 서부산 벨트를 중심으로 더불어민주당의 도전이 강해지면서 2012년 이후 모든 선거에서 부산을 중심으로 나오는 공약들이 전국단위의 관심을 받게 되었다. 그래서 전 국민이 알만한 동남권 신공항, 즉 이제 가덕도 신공항으로 결론 난 신공항 건설 문제와 2030 부산엑스포 유치 문제 등이 양당의 공통공약으로 빠르게 실현되는 결과를 가져왔다.

지난 대통령 선거와 지방선거에서 국민의힘이 주도한 광주 복합쇼핑몰 문제는 보수정당이 호남지역에서 처음으로 이슈를 제공하여 선거의 한복판에서 겨룬 상황이었다. 광주에서 정책으로 국민의힘과 경쟁해본 경험이 없던 더불어민주당은 이 공약에 속수무책으로 당했고 전국단위 선거에서 국민의힘은 호남에서의 득표와 호남 출향민들의 득표를 상당 부분 얻어올 수 있었다고 자평한다. 호남지역에서도 서부산 벨트처럼 국민의힘이 지역구 후보를 당선시킬 정도로 경쟁할 수 있는 환경이 마련된다면 지역의 주요 공약이 더 빠르게 실현될 수 있을 것이다. 여수와 순천, 광양을 포괄하는 전남 동부권과 호남에서 젊은 층의 거주 비중이 가장 높은 광주, 정운천 의원이 지역구 당선을 해낸 적 있는 전주 등은 중대선거구의 적용과 함께 총선에서 당선자를 단기적으로 기대해볼 수 있는 지역이다.

비례대표 남녀 짝홀제의 폐지

비례대표 공천이야말로 국민들에게 가장 부정적으로 인식된 정치의 영역이다. 국민들이 당을 보고 표를 찍되, 당이 공천한 비례대표 후보들을 세세하게 살펴서 판단하기는 쉽지 않다. 그렇기 때문에 부적격자들이 속된 말로 '묻어서' 정치에 진입할 수 있는 경로가 되기도 한다. 결국 후보자들은 권력에 충성하고 비위를 맞춰 정치에 진입하기 쉬운 경로로 인식하고, 때로는 돈 공천의 근원으로 보기도 한다.

우리나라에서는 정당이 비례대표 명단을 제출한 뒤 그 득표율에 따라 일정한 공식으로 배분해 순번대로 당선자를 내는 구조다. 그리고 홀수 순번에는 무조건 여성을 배치해야 한다. 이것을 통해 비례대표의 50% 이상은 여성이 당선되도록 안배하고 있다. 정당에서는 비례대표 제도를 개혁하기 위해 많이 노력해왔다. 정의당은 사실상 비례대표 당선자를 바라보고 총선을 뛰는 정당이기 때문에 내부 경쟁이 치열하고, 그래서 비례대표 명단을 짜기 위해 당내 당원투표를 진행한다. 언뜻 보면 합리적인 방법인 것 같지만 정의당의 2021년 총선 비례대표 공천은 최근 정의당이 과거에 비해 당세가 훨씬 약해지는 근본적인 원인이었다.

다음 표를 보면 정의당이 가산점과 할당으로 어떻게 자기 발등을 찍었는지 알 수 있다. 정의당은 당원 3만 5,960명과 일반 시민선거인단 12만 5,317명 중 당원 2만 4,337명(투표율 68%)과 일반 시민 5만 6,504명(45%)이 투표에 참여했다. 이 결과대로라면 정의당에서 비례대표 1번을 받은 류호정 후보는 1.76%의 득표율로 여성과 청년이라는 이유로 대략 1,500표 남짓을 얻고서 의원이 된 것이다. 물론 정의당에서 당권자가 되려면 여러 가지 조건을 충족해야겠지만, 한 젊은 여성이 국회의원이 되기 위해 고등학교 동창회 정도를 설득해 1,500명 정도를 전화 선거인단에 참여시켜 투표하게 하면 당선될 수 있다는 이야기다. 보수진영에서 기독교 세력이나 안보 단체들이 수천 명, 수만 명 단위로 당에 집단 가입을 시도한다는 상황에 비하면 매우 취약한 상황인 것이다.

정의당 제21대 국회의원선거 비례대표후보자(경쟁명부) 선출선거 결과표

득표순위	후보자	장애	청년	여성	최종 득표율
1	배진교				9.54%
2	신장식				7.56%
3	박창진				7.30%
4	양경규				7.21%
5	강은미			o	6.83%
6	이은주			o	6.32%
7	이자스민			o	4.83%
8	한창민				3.77%
9	김응월				3.74%
10	염경석				3.49%
11	강상구				3.16%
12	김영훈				2.58%
13	이홍우				2.22%
14	조성실			o	2.20%
15	김혜련			o	2.10%
16	정호진			o	1.92%
17	박인숙			o	1.83%
18	이현정			o	1.83%
19	류호정		o	o	1.76%
20	배복주	o		o	1.75%
21	장혜영		o	o	1.62%
22	문정은		o		1.60%
23	이병록				1.60%
24	정민희		o		1.46%
25	김용준		o		1.23%
26	조혜민		o		1.22%
27	박동두				1.16%
28	용미경			o	1.11%
29	임푸른		o		1.10%

정당명부 게재순위	할당	후보자
1	청년	류호정
2	청년	장혜영
3	여성	강은미
4		배진교
5	여성	이은주
6		신장식
7	장애	배복주
8		박창진
9	여성	이자스민
10		양경규
11	청년	문정은
12	청년	정민희
13	여성	조성실
14	농어민	박응두
15	여성	김혜련
16		한창민
17	여성	정호진
18	장애	박종균
19	여성	박인숙
20		김응철
21	여성	이현정
22	청년	김용준
23	여성	조혜민
24		염경석
25		최명란
26	비경쟁	배수정
27		실지선
28	장애	이영석
29	비경쟁	김가영

이런 취약성은 선거법의 여성 할당과 정의당의 자체적인 청년 할당이 가져온 결과다. 실제 총선에서는 비례대표 1번 공천을 받은 류호정 의원의 4배 이상 득표했던 신장식 후보와 박창진 후보가 떨어지는 결과가 나왔다. 정의당은 비례대표 위주의 정당으로 여성의 50% 당선이 일찍이 기정사실화되긴 했어도 전체 의원 6명(지역구에서 당선된 심상정 의원 포함) 중 여성은 5명, 남성은 배진교 의원 1명만 당선되었다. 물론 정의당도 연동형 비례대표가 전면적으로 시행되어 20여 석 가까운 의석을 획득할 것이라고 생각하고 이런 공천제도를 짰던 것이겠지만, 거대양당을 믿었던

것이 안일했고, 결국 이 공천 결과로 불공정에 대한 당내 불만이 형성되었으며 과도한 소수자 정치에의 집착과 노동 관련 정책의 주도권 상실로 어두운 미래를 가진 정당이 되었다.

3인 선거구냐 4인 선거구냐

갑자기 2023년에 선거구제 개편논의가 촉발되었다. 이 선거구제 논의를 시작한 사람들의 진심이 무엇인지는 파악하기 쉽지 않다. 예를 들어 집권 여당이 중선거구제를 제안하는 것은 정치적으로 큰 결단인 것이 과반의석 확보가 실질적으로 불가능하기 때문이다.

두 가지 해석이 가능하다. 첫째로, 과반의석 획득을 포기하면서까지 지역 구도와 승자독식의 선거문화를 개선하기 위한 고심에 찬 결단이라고 볼 수 있다. 그런 의도라면 선거제도가 아닌 다른 영역에서도 상대 당을 포용하고 협치하려는 의지를 사전에 보여야 할 것이고, 보이지 않는다면 다른 의도를 의심할 수밖에 없다. 둘째로 소선거구제에서 소위 180석이라는 패스트트랙 저지선, 그리고 200석이라는 개헌 저지선을 보장할 수 없을 정도로 선거 결과를 비관하기 때문에 이런 선택을 했으리라는 분석도 가능하다.

원래 선거를 앞두고 선거법 논의를 하게 되면 첫째로는 동상이몽, 둘째로는 선거에 가까워질수록 자당에 유리한 제도를 만들려는 이전투구가 벌어질 수밖에 없다. 2019년 준연동형 선거제 개편이 있었을 당시, 더불어민주당은 초반에 바른미래당, 정의당 등과 연합해 연동형 비례대표제를 확립하려고 했다. 이에 자유한국당은 영남 기반의 소선거구제 기반을 유지하기 위해 격렬하게 반대했다.

　　문제는 선거에 임하기 전에 유불리를 따지는 정당들이 계산을 제대로 하는 경우가 드물다는 점이다. 자유한국당은 조국 사태에 이어 소선거구제에서 자신들이 이득을 볼 것이라고 생각해, 정당지지율대로 지역구에서 적은 표차로 석패한 정당의 의석을 채워주는 연동형 비례대표제를 거부했다. 그러나 만일 연동형 비례대표제하에 선거 결과가 그대로 나왔다면 더불어민주당은 단 하나의 비례대표 의석도 가져가지 못했을 것이다. 더불어민주당이 나중에 위성정당으로 가져간 의석을 자유한국당, 정의당이 일정 부분 갈라서 가져가는 결과가 나왔을 것이고 정의당보다 자유한국당이 오히려 수혜를 봤을 가능성이 높다.

　　지금 논의되고 있는 중선거구제에 대해서도 선거에 가까워질수록 유불리를 심하게 따지게 될 텐데 민심의 향배는 아무도 알 수 없다. 보수진영은 3인, 4인 선거구제에서 마지막 의석을 가져올 매력적인 어젠다나 정당이 없다. 현재 기초의원 선거에는 중선거구제가 시행되고 있는데, 수도권에서 보통 3인 선거구에서는 민주당이 2명, 국민의힘이 1명 당선되는 배분을 가졌고, 4인 선거구가 시행되는 지역은 네 번째 자리에 무소속이나 정의당이나 여타 군소정당의 후보가 당선되는 결과가 많이 나온다. 그런데 범진보 계열의 군소정당에는 정의당, 기본소득당, 녹색당 등 활동이력이 길고 당명만 보아도 어떤 정책적 지향성을 가지는지 명확하게 알 수 있는 당들이 있어 중선거구제하에서 마지막 의석을 노려볼 수 있는 데 비해, 보수진영에서는 그 마지막 의석을 노려야 할 정당들이 대부분 선거 전에 급조될 것이고 그나마 기독당, 애국당 정도의 이름으로 태동될 것이다. 간단히 말해 중선거구제하에서 빛을 보기 어려운 네이밍과 지향점을 가진 당들이다.

최근 진행되는 중선거구제 논의는 일부 보수언론에서 2인 선거구제를 기반으로 한 시뮬레이션을 보도하면서 분위기를 만들어가려고 하고 있다. 중선거구제를 하면서 2인 선거구제를 하는 것은 양당이 한 명씩 당선시키면서 선거 자체를 형해화하는 시도일 것이고 결국 법안은 3인에서 5인 선거구를 만들자는 취지로 입법될 것이다.

그리고 나서 실제 선거구 획정은 선거구획정위원회를 통

해 이뤄지는데, 아마 중선거구제 법안이 통과된 뒤부터 민주당과 군소 진보정당들은 대부분의 수도권 선거구를 4인 선거구로 만들기 위한 노력을 할 것이다. 서울에서는 자치구별로 갑·을 두 개의 선거구를 가진 경우가 많기에 3인 선거구를 조합해내는 것보다 4인 선거구를 조합해내는 것이 쉽다. 따라서 4인 선거구가 많이 생길 것이고 이 구도에서 보수정당은 상술한 이유로 4개 중한 의석 이상을 확보하는 것이 어려운 상황이 발생할 수도 있다.

제도상 지역갈등 구도를 해소할 수 있는 장점을 가진 중선거구제이지만 그 방식으로 다수 의석을 점할 준비가 안 된 보수정당 입장에서는 매우 큰 위험요소가 있다고 판단해서 권력자의 선언적 의지와 달리 거부하게 될 가능성이 높다.

02.

선거공영제의 문제점

상식적이지 않은 공직선거법

우리나라는 선거공영제를 채택하고 있다. 선거에 들어가는 비용을, 15% 이상 득표한 사람에 대해서는 전액, 10% 이상 득표한 사람에 대해서는 반액을 보전해주고 있다. 이 말은 어지간한 상황에서 양대 정당의 공천을 받은 사람들은 대부분의 선거구에서 전액 보전을 받으면서 선거를 치른다는 것이다. 따라서 양대 정당 기준으로 공천받는 것이 어려워서 그렇지 공천을 받고 나면 돈 없어서 선거를 치르지 못한다는 말은 성립하기 어렵다.

하지만 현재의 선거제도는 도덕적 해이가 발생할 것이 자명할 뿐 아니라 선거에 진입한 신인들이 감당하기 어려운 구조를 가지고 있다. 공정한 경쟁을 위해 선거제도를 수정할 필요가 있다. 공직선거를 치러보면 선관위가 얼마나 많은 임의적 판단을 하는지 체감하게 된다. 이것은 선관위를 비판하려는 의미라기보다 공직선거법상 허용되는 것과 허용되지 않는 것이 누더기 식으로 코에 걸면 코걸이, 귀에 걸면 귀걸이 식으로 정해져 있음을 지적하는 것이다.

유시민 씨가 과거에 말한 내용을 인용하자면, 선거법상으로는 김밥을 선거사무소에서 제공하는 것은 다과로 간주해 허용되지만, 누드김밥을 선거사무소에서 제공하는 것은 겉면이 김이 아닌 밥이라 식사로 간주되어 불법이라고 한다. 또 누군가 선관위에 물어보니, 김밥도 이쑤시개로 찍어 먹으면 다과이고 젓가락으로 집어 먹으면 식사라고 한단다.

3,000원 이하의 다과를 제공하는 것은 허용된다고 하지만 3,000원의 기준이 모호해서 찹쌀떡을 평소에 1개에 1,000원 이상씩 주고 사먹다가도 선거 때가 되면 판매인이 개당 300원에 영수증을 끊어주는 일도 허다하다. 물론 돈 선거를 막자는 취지에서 엄격하게 관리하는 것이 옳지만, 금권선거를 막자면 차라리 선거판에서 돈이 오가는 가장 불합리한 지점인 공천 장사와 같은 것을 더 면밀하게 따지는 것이 합리적이다. 유권자들은 이런 선거법의 세세한 사항을 잘 알지 못하기에 후보들의 문제를

탓하는데, 실제 해답을 내놓기는 어려운 게 현실이다.

호남 손편지 기획

누차 언급하듯, 정치권이나 행정이 민간에서의 변화 속도의 절반만이라도 따라갈 수 있으면 상당한 비효율을 제거할 수 있다고 본다. 선거 때 발송하는 우편물만 봐도 그렇다. 선거 과정에서 후보가 유권자에게 발송할 수 있는 우편물은 두 가지다. 예비후보자 홍보물은 기초자치단체에 선거구 내 가구수의 10%의 주소를 신청하면 제공되는 주소로 발송할 수 있다. 지난 대선에서는, 잘 활용되지 않는 이 조항을 이용했다. 전국단위 선거인 대통령 선거에서 전체 선거인의 10% 정도의 인구 비중을 차지하는 전라도 지역 주소를 97% 가까이 받아서 윤석열 대통령 후보가 거의 모든 가정에 편지를 발송했던 것이 호남 손편지 기획이었던 것이다. 12억 원이 넘는 비용이 들었지만, 선거법의 허를 찌른 기획이었고 보안이 잘 지켜졌기 때문에 더불어민주당에서는 이 계획을 실행되기 며칠 전에야 알아차렸다. 더불어민주당에서는 부랴부랴 이재명 후보가 손편지 쓰는 영상을 찍어 올리면서 환경을 생각하여 편지를 보내지 않기로 했다느니 변명을 했는데, 나중에 알고 보니 기초자치단체에 기한 내에 주소를 신청할 시간이 없어 진행하지 못했던 것으로 보인다.

선거기간 중에 수많은 제약조건 속에서 이런 방법을 찾아내는 숨바꼭질을 하기보다는 더 많은 것들이 자유화되는 편이 낫다. 지역유권자에게 특화된 메시지를 발송하고, 취약지에 전면적인 투자를 하기 위해 선거법이 허용하는 우편물보다 더 효율적인 방식을 사용할 수 있어야 한다. 국민의힘은 거대정당이고 12억 원이 넘는 우편 발송료를 감당할 수 있었기 때문에 이런 편법적인 방식이라도 사용해서 취약지인 호남지역 주민들에게 특별히 건넬 공약과 지지 호소를 전달할 수 있었다.

예비후보자 홍보물 외에 발송할 수 있는 우편물에는 선거공보가 있다. 선거공보는 보통 인쇄소에서 일괄 인쇄한 뒤 선관위 측에서 모든 후보자의 공보들을 담아 한꺼번에 발송한다. 국회의원 선거를 치르다 보면 선거공보를 디자인하고 인쇄하는 데 수천만 원의 비용을 들일 수밖에 없다. 물론 양대 정당의 후보들은 보전 가능한 비용이므로 거리낌 없이 만들어 발송하지만, 이것이 얼마나 많은 유권자에게 닿을 수 있느냐의 문제를 따져봐야 한다. 최근 선거 트렌드를 보면 관외 사전투표자의 비율이 상당히 높아지고 있다. 이 관외 사전투표자들은 주소지에서 실제 살지 않는 사람들과 근무지 주변에서 투표하는 사람들로 보통 구성된다. 전자는 선거공보가 집으로 배달된다고 하더라도 읽어

보기 어려운 상황에 있는 유권자이고, 후자는 출퇴근하는 유권자로 인쇄물 형태의 공보를 정독하기에 상대적으로 불리한 여건을 가진 유권자다.

물론 행정편의주의 입장에서는 어떻게든 집에 배달되었으니 그것을 읽는 것은 유권자 스스로 기울여야 할 노력이라고 할지 모르지만, 선거의 목적은 민심을 정확히 측정해내고 이를 통해 대표자를 선발하는 것에 있다. 최대한 많은 정보를 최대한 많은 유권자에게 전달하고 그 정보들을 바탕으로 유권자가 대표자를 선출했을 때 그 대표자의 정통성과 권위에 힘이 실리는 것이다.

전기요금이나 가스요금 등의 고지서는 이미 실물 우편물 대신 이메일로 받아보면 단돈 100원이라도 할인해주고 있다. 내 전기요금이 얼마인지, 가스요금이 얼마인지 종이 고지서로 받아보는 것보다, 바쁜 직장인들이나 자기 주소지에 실제 거주하기 어려운 조건에서는 훨씬 나은 선택이다.

비즈니스의 영역에서 좋은 제품을 만드는 것만큼이나 급격하게 성장하고 혁신되고 있는 분야가 홍보다. 비용효율적으로 정보를 전달하는 방법을 탐색하는 것은 좋은 제품을 만드는 것 이상으로 많은 고민을 수반한다. 이 부분에서는 최대한의 창의성이 보장되어야 한다. 지금의 선거법은 그것이 규정하는 방식으로만 홍보할 수 있도록 하고 있고, 때로 그것에 수반되는 비용은 젊은 세대의 창의력을 제약하고 있다.

정치 광고와 문자메시지의 문제점

컴퓨터나 휴대폰에서 띄워지는 온라인 광고를 보면 이상할 만큼 내가 관심 있는 내용을 잘 띄워준다. 우리 동네의 이야기를 광고로 띄워주기도 하고 내가 언젠가 한번 검색해봤던 내용, 사려고 찾아본 물건에 관한 정보도 광고로 띄워준다. 이것은 접속하는 IP주소를 기반으로 한 위치정보, 그리고 내 방문기록을 추적하는 쿠키라는 두 가지 방법으로 맞춤 광고를 띄워주는 기술이다. IT 업계에서는 구글의 AdSense라는 제품명으로 널리 알려졌고, 이 AdSense를 기반으로 유튜브 광고도 진행된다. 사람의 하루는 24시간으로 유한하기에 IT 서비스의 숙명은 그 24시간을 얼마나 효율적으로 점유하느냐에 달렸다.

선거도 보통 2주일 정도 되는 공직선거 기간에 얼마나 많은 정보를 유권자에게 전달하느냐에 달렸다. 그런데 현재 대한민국에서는 온라인 선거광고가 매우 전근대적인 방식으로 허용되어 있다. 우선 온라인 광고는 두 가지 주체에 허용되어 있다. 첫 번째가 네이버, 다음과 같은 포털사이트이고 두 번째는 언론사 인터넷 페이지다.

포털사이트에서는 지리정보를 활용한 광고가 가능하다. IP 주소를 기반으로 해당 지역에만 광고를 띄워주는 상품이 있다. 하지만 언론사 인터넷 페이지의 경우 위치기반 광고 서비스가 제공되지 않는다. 그리고 네이버나 다음 포털에서 뉴스 서비스 등을 이용하면서 광고를 진행하기 위해서는 종량제가 아니라 정액제로 일정한 기간을 계약해야 하므로 비용부담이 크다.

선거 홍보에 있어서도 온라인 상에서 Google AdSense와 같은 종량제 맞춤형 광고를 허용해야 한다. 이것이 가능해질 때, 선거 벽보나 공보와 같은 오래된 방식에 흥미를 보이지 않거나 그것에 접근성이 떨어지는 유권자도 정확한 정보를 바탕으로 본인의 주권을 행사할 수가 있다. 이것을 허용하지 않는 근본적인 이유는 이러한 SNS를 운영하는 Meta나 Google 같은 기업이 외국기업이기 때문이다. 하지만 종량제 맞춤 광고가 허용된다면 정치신인들이 공약과 본인의 비전에 대한 정보를 비용효율적으로 전달할 수 있어 선거에서 불리한 지점이 사라진다.

선거가 시작되면 핸드폰에 각종 문자메시지가 난무한다. 엄청난 규모의 문자메시지 단체발송이 이루어져 선거기간 중에는 통신사별로 문자 서버가 폭주해서 그 전날 보낸 문자가 새벽 5시에 도착하기도 한다. 후보가 새벽 5시에 문자를 보내다니 정신이

나갔다고 생각된다면 그냥 선거에 처음 참여하는 후보라서 몰랐다고 이해해주는 것이 좋다. 후보들이 그 정도로 비상식적이라기보다는, 전날 저녁에 발송한 문자가 중개업체나 통신사 사정에 따라 늦게 도착했을 가능성이 높기 때문이다.

하지만 문자메시지야말로 비효율의 극치다. 애초에 선거에 나가는 사람들이 제대로 된 명부를 가지고 있는 경우가 드물다. 내가 상계동에서 아무리 열심히 돌아다녀도 실제로 만나서 상계동 사람임을 알고 교류하는 이들이 몇 명이나 될지 의문이 든다. 결국 어떻게든 전화번호를 확보하기 위해 불법적인 방법을 동원할 수밖에 없다. 물론 개인정보보호법이라는 것이, 모르는 번호에 문자메시지를 발신했다고 그 출처를 물어 처벌할 정도로 엄격하지는 않다. 선거 때가 되면 인지도가 낮거나 다른 방법으로 자기 홍보를 하기 어려운 후보들에게는 유일한 방법이기에 집착하게 되는 것이다.

그래서 자신들이 무슨 향우회 명부를 가지고 있다고 주장하는 사람들이나 단체 명부를 가지고 있다는 사람들이 엑셀 파일이나 인쇄된 전화번호부를 들고 다니면서 후보들에게 음성적으로 거래를 시도하는 경우도 다반사다. 사실 그 명부의 진위 여부는 아무도 모를뿐더러 인원수를 늘리기 위해 랜덤 생성한 번호와 아무 이름이나 추가해 넣는 경우도 있으며, 때로는 이미 사라진 011, 016 번호를 넣는 경우도 있다.

나는 그래서 선거기간 동안 문자메시지 발송을 양성화해야 한다고 생각한다. 등록한 모든 정당의 후보와 무소속 후보에게 지역구 선거권자 전원의 휴대전화 번호를 안심번호화해서 선거운동 기간만 문자 발신을 할 수 있도록 해주는 것이다. 선거운동 기간 전이나 선거운동 기간이 끝난 다음에는 자동으로 그 안심번호가 해제되어 유권자들을 괴롭힐 일은 없을 것이다.

지역 내 유권자의 명단을 일정 기간 정확하게 확보하게 되면 상계동 사는 주민에게 부산에 출마한 후보나 광주에 출마한 후보의 문자메시지가 날아드는 일도 없어질 것이고, 지금 겪고 있는 무의미한 스팸 공해에서도 해방될 수 있을 것이다.

03.

부정선거 음모론자들이 원하는 세상

어이없는 부정선거 음모론

부정선거 담론을 꺼내드는 사람들은 한심하고, 방치한 사람들은 비겁하고, 아직도 믿는 사람들은 걱정된다. 지난 몇 년 동안 보수정당은 부정선거 담론으로 선거 때마다 굉장히 마음을 졸여야 했고 부정선거 담론 때문에 이길 수 있는 선거를 질 뻔하기도 했다.

어쩌면 2020년 총선에 180석을 내준 것도 부정선거 담론 때문이었을 가능성이 크다. 부정선거 담론이 확 번진 것은 2020년 21대 총선이 끝난 뒤에 떨어진 후보들이 본인들이 사전투표에서는 지고 본투표에서는 이겼기에 통계적으로 불가능한 일이 불거

졌다고 주장하면서였다. 그러나 사실, 선거 전에 이미 보수 유튜버들은 조직적으로 "사전투표를 하면 문재인이 표를 없애버리기 때문에 본투표를 해야 합니다"라는 주장을 해왔다.

그들이 주장하는, 통계적으로 일어날 수 없는 일이 일어났다는 주장의 근간부터가 오염되어 있다. 자연 상태에서 나온 선거 결과가 아니라 매우 인위적으로 사전투표를 보이콧하도록 조장해놓고는 나중에 '봐라, 사전투표는 왜곡되지 않았느냐'고 하는 것인 만큼 적반하장인 주장이다.

사전투표는 단순히 이틀 투표할 날이 더 생기는 것이 아니라 투표권을 행사하기 어려웠던 국민에게 투표에 참여할 수 있는 길을 열어주는 것이다. 근로나 학업 등을 이유로 실거주지와 주민등록지가 일치하지 않는 경우 과거에는 부재자투표를 위해 매우 복잡한 과정을 거쳐야 했다. 그러나 이제는 사전투표를 통해 가까운 투표소에서 해결할 수 있게 된 것이다. 2022년 8월 난치병과 생활고로 안타깝게 사망한 수원 세 모녀 사건도 주소지와 실거주지가 일치하지 않아 화성시와 수원시 모두 복지서비스를 제공하지 못해 발생한 안타까운 사건이었다. 우리나라에는 주민등록지와 거주지가 일치하지 않는 상태의 사람이 꽤 많고, 특히 경제적으로 어려운 생활을 하는 이들은 안정된 주거 형태를 가지지 못해 그렇게 되는 경우가 많다. 사전투표는 그들의 투표권을 보장해주기 위해 반드시 필요한 조치인 셈이다. 마찬가지로 선거인 명부가 작성된 뒤에 이사하는 바람에 새 주소지의 명부에 포함되지 않은 경우나 선거 때 출장이나 여행을 갈 수밖에 없는 상황에서 투표할 수 있는 수단이 된다.

부정선거 음모론자들은 항상 '사전투표 안 해도 나는 본투표 할 거니까 관계없다'고 주장하지만, 부정선거 음모론자 중에서 위에 열거한 주소 불일치·여행·출장·이사에 해당되는 사람의 경우 사전투표는 음모론 때문에 안 하고, 본투표는 물리적으로 할 수 없기에 못 하니 결과적으로 투표권 행사가 불가능한 것이다.

우리는 사람의 습성을 잘 안다. 사람들은 본투표를 하려고 사전투표를 안 했다고 말이야 쉽게 하지만 누구나 뒷일은 모르는 것이다. 출근하기 전이나 점심시간에 회사 근처에서 사전투표를 할 수 있었음에도 그날을 놓쳤는데 정작 본투표 날에는 또 다른 핑계가 생길 수도 있다. 공휴일인 본투표 날에 전날 과음으로 못 일어나든가 갑자기 특별한 일이 생겨 투표를 못 할 수도 있다. 날씨가 좋지 않거나 몸이 아파서 움직이지 못하는 사람들도 있을 것이다. 사전투표를 마다하고 본투표만 고집하는 것은 말 그대로 순손실이다. 만약 본투표를 하는 날 폭우가 쏟아지거나 다른 천재지변이라도 생기면 보수진영은 몰패할 수밖에 없는 것이다. 모두 음모론이 만들어낸 리스크다.

사전투표에 대한 음모론이 보수와 진보 진영을 가리지 않고 퍼져 있다면 이 손실은 선거 결과에 큰 영향을 미치지 못할 것이다. 그러나 사전투표 음모론은 보수진영에서 생산되고 소비되는 주제이고 진보진영에서는 도리어 높은 사전투표율을 보여주고 있다. 유튜브로 돈 몇 푼 벌어보자는 사람들이, 그리고 그 궤변에 휩쓸려 자기는 애국하고 있다고 착각하는 수많은 선동된 사람들이 의도와는 전혀 다르게 보수의 선거 패배를 위해서 몇 년간 열심히 달려왔던 것이다.

단적으로 지난 2020년의 총선에서는 수도권에서 보수진영의 낮은 사전투표 참여율로 인해 득표에서 손해를 보고 낙선한 지역구가 많았다. 물론 사전투표를 안 한 사람 중 일부는 본투표에 참여했겠지만, 표에서 순손실이 났을 수밖에 없다는 것은 자명하다.

그 당시 총선의 패배로 큰 정치적 타격을 입은 황교안 전 대표는 밑도 끝도 없는 부정선거 음모론 때문에 본인이 패배를 뒤집어썼다는 맥락으로 상황을 파악하고 그것을 설파했어야 했다. 그러나 그는 오히려 실제 부정선거가 일어났기 때문에 자신이 이끄는 당이 패배했다고 믿고 부정선거 음모론의 전도사가 되었다. 공안검사 출신의 총리와 당 대표를 지낸 사람이 가담했으니,

논리는 부족한데 권위에라도 기대어서 음모론을 이어가야 하던 사람들 입장에서는 가뭄의 단비와도 같았을 것이고, 황교안 전 대표는 부정선거 음모론자들의 우상이 되었다. 자신의 정치적 실패를 가져다준, 원수여야 할 사람들의 우두머리 격이 되었으니 매우 아이러니하다.

부정선거론자들의 주장을 위한 주장

사전투표가 조작되었음을 주장하기 위해서는 '언제', '어디서', '어떻게' 그런 일이 일어났는지에 대한 최소한의 가설을 세우고 그것이 정말 일어났는가를 검증하는 것이 중요하다. '언제', '어디서'가 적시되면 그 시간에 그 장소에서 어떤 일이 있었는지 확인할 수 있다. 그런데 모든 부정선거 담론을 이끌었던 것에는 '언제, 어디서, 어떻게'가 빠져 있다. 선거에 졌기 때문에 막무가내로 부정선거가 있었다는 식이다. 내 주머니에서 500원짜리가 없어지면 어떤 시간과 장소를 특정하지도 않고 무조건 도둑을 잡아야 한다고 경찰서에 가서 소리를 지르는 모양새와 다르지 않다.

결국 사전투표 관리에 부정이 있었음을 밝히기 위해 그들이 수단으로 주장한 것은 재검표였다. 투표함을 다시 가져와서 개봉해보면 부정선거가 있었는지 확인할 수 있다는 취지였다. 그런데 그들이 애초에 주장했던 대로, 사전투표함을 이송하고 보관하는 중에 누군가 무더기 표를 집어넣거나 **빼냈다면** 재검표로 그것을 검증하는 것은 불가능하다. 표가 이미 물리적으로 사라지거나 더해졌다는 주장인데 투표함을 다시 열어서 재개표한다는 것은, 오히려 그 조작되었다는 결과를 다시 한번 개표하는 과정에 불과한지라, 그들이 검증하고자 하는 그 조작은 전혀 검증할 방법이 없다.

보통 검증이라는 것은 어떤 하나와 또 다른 하나를 대조해봄으로써 진행된다. 인감증명 계약에 사용된 도장과 주민센터에 보관된 인감의 문양이 일치하는지 확인하면 도장이 진짜인지 검증할 수 있듯 검증대상이 필요하다는 것이다.

부정선거론자들의 주장이 맞는 지점도 있다. 지금의 투표 방식으로는 도무지 대조해볼 결과물이 없기 때문에 검증이 안 된다. 실제로 누군가가 나쁜 마음을 가지고 표를 조작했을 때 검증할 방법이 없다. 그러면 오히려 부정선거론자들이 제안해야 될 방법은 투표를 검증할 수 있는 시스템을 도입하는 것이다. 이미 그런 시스템은 있다. 보통 정당의 전당대회에 사용되는 전자투표 시스템이다. 키오스크에 가서 본인 인증을 한 뒤 투표하는 방식의 터치스크린 투표를 하게 되면 내가 터치스크린에서 누른

투표 결과가 중앙의 서버로 자동으로 전송되어 기록된다. 아울러 키오스크에 달린 투표함에 영수증처럼 인쇄되어 한 장의 투표용지가 보관된다. 그리고 내가 선택한 결과대로 투표용지가 인쇄되어 투하되는 과정은 투명창을 통해 직접 볼 수 있도록 되어 있다.

이렇게 되면 서버에 전송된 결과가 하나가 되고 투표함에 떨어진 인쇄된 투표용지가 또 하나의 결과가 되기 때문에 서버에 전송된 결과로 개표 결과를 갈음하고, 나중에 투표 부정이 의심된다면 종이로 인쇄되어 보관된 투표용지를 열어서 서버의 결과와 일치하는지 확인해보면 된다. 그런데 이들은 이런 합리적인 검증방식을 모색하기보다는 '전자'라는 두 글자에 꽂혀서 또 음모론을 반복한다. 기존의 시스템에도 문제가 없고, 더 검증가능한 시스템을 만드는 것도 그들의 관심사가 아니다. 패배 이후의 현실도피와 우격다짐밖에 없는 것이다.

04.

익명정치로 연명하는 사람들

휴대전화를 사용하면서 자신의 정체가 추적되지 않게 하기 위해 다른 사람의 명의로 개통하는 전화를 대포폰이라고 한다. 차량 소유주와 운행자의 명의가 일치하지 않아 추적이 어려운 차량은 대포차라고 한다. 이런 대포폰이나 대포차는 추적이 어렵기 때문에 범죄에 연루되곤 한다. 스스로 정체를 숨기는, 익명화된 범죄도구가 대포폰과 대포차인 것이다.

2022년에 정치적으로 가장 유행했던 단어인 '윤핵관'이라는 단어도 사실 '핵심 관계자'라는 익명의 지위로 인터뷰하면서 본인의 정체를 숨긴 특정 정치인에 반박하면서 등장한 말이다. 자신의 이름을 드러내놓지 않고 매우 분열적이고 공격적인 정치적 언사를 쏟아내던 그 행태는 대통령 선거 과정에서 많은 분란을 야기했다.

정치인들은 자신의 이미지에 도움이 되는 건설적인 논의는 절대 숨겨가면서 하지 않는다. 아무것도 아닌 일이라고 할지라도 자신의 이름을 알리는 데 필사적인 그들이 익명으로 어떤 메시지를 내는 것은 둘 중 하나의 이유를 가진다. 첫째로, 익명 인터뷰를 하는 사람들이 흔히 근거로 대는 '실명으로 이야기하면 불이익을 받을 소지가 있다'는 이유다. 하지만 국회의원은 의정활동에 있어 면책특권을 통해 대한민국의 다른 누구도 부여받지 않은 방탄조끼를 입고 있다. 의정활동이 아니더라도 형사적으로 문제가 될 정도의 명예훼손을 하는 것이 아닌 이상 국회의원을 말로 규제하기는 어렵다. 따라서 이 주장은 말이 안 된다. 둘째로, 애초에 부정적인 의도가 노출되면 욕먹을 것을 알기 때문에 본인의 정체를 숨기는 것이다. 결국 이름을 알리기 좋아하는 정치인들이 좋은 건 이름을 걸고 하고 나쁜 건 자신의 정체를 숨겨가면서 하는 것이다. 따라서 애초에 익명 인터뷰는 싸움을 붙이면 기사를 만들어내기 쉬워지는 언론인들이 자기 이름 걸고 정치할 용기가 없는 정치인들에게 제시하는 카드와도 같다.

과거 로마인들은 법을 만들 때 그것을 제안한 사람 이름을 법안에 붙여서 불렀다. 결혼에 대한 율리우스 씨족의 아우구스

투스 황제가 만든 법의 이름은 '율리우스 결혼 법(lex Iulia de Mar-itandis Ordinibus)'이 된다. 법안과 제안자를 같이 언급하면서 그 법에 대한 책임과 의무를 부여하는 것이다. 정치는 누군가의 이름을 걸고 하는 것이고 정치인이 하는 행동은 세세하게 기록에 남는다. 조선 시대에 왕과 신료들의 행적을 하나하나 남긴 실록과 『승정원일기』 등은 우리가 해당 시대의 인물들을 하나하나 평가하는 데 아주 중요한 기초가 된다. 실록에 발언자까지 명확하게 남겨져 있기에 수백 년이 지난 지금도 예송논쟁이나 여러 사화·정변 등의 내용을 우리가 알고 그 사건들과 인물들을 평가할 수 있는 것이다.

현대에는 실록의 사초를 쓰던 사관들보다 더 많은 사람들이 권력을 감시하고 견제하며 역사에 기록물로 남긴다. 언론인들의 역할이 중요하고, 어떤 정치적 상황이 발생하면 현세의 대중이 그것을 평가할 수 있고, 후세에도 반면교사로 삼을 수 있게 하는 것이 필요하다. 하지만 여의도에서 생산되는 많은 뉴스를 보면 익명의 관계자 인터뷰를 근거로 삼는 경우가 많다. 대포정치, 익명정치가 광범위하게 퍼져 있다.

익명 인터뷰를 퇴출시켜야 정치판이 정화된다. 익명 인터뷰가 정치에 도움이 되는 경우는 단언코 절대로 없다. 좋은 정책 제안이 익명 인터뷰로 나올 리 없으며, 익명의 인터뷰로 뿜어내는 인신공격이 갈등 해소에 도움이 될 리도 없다. 정치의 발전이란 누군가의 합리적인 주장에 대한 반박과 재반박이 이어지면서 타협점을 도출해내는 것이다. 애초에 익명의 그늘에 숨어서 공격 의도만 가지고 정치하는 사람들은 타협의 의지가 있다고 보기 어려우며 자신의 논리나 주장에 자신감이 없는 상태일 가능성이 높다. 결국 정치인과 언론의 이해관계와 욕구에 따라 형성된 이 문화는 소비자인 유권자가 단호하게 거부해야 한다. 유권자가 정치인에게 기대하는 것은 당당하게 자기 이름을 걸고 소신 있게 의견을 내는 것이라는 점을 알려야 한다.

5장

정당개혁이
필요한 시간

01.

당원과 유권자 CRM 개발

당원을 위한 정당

동네 치킨집에 전화로 치킨을 주문하면 내 전화번호를 그 치킨집에서 저장해두었다가 주기적으로 안내문자를 보내주기도 하고 쿠폰을 보내오기도 한다. 그것이 개인정보보호법상 정당하게 취득되고 활용되는 정보인지와 별개로, 한 번이라도 더 치킨을 주문하도록 동네 치킨집도 지속적으로 투자한다. 고객이 이사를 가면 치킨집은 그 고객을 사실상 잃어버린다.

그러나 대한민국에서 양대 정당은 당원이 다른 곳으로 이사를 가더라도 그 자격이 유지되므로 당원을 잃어버리지 않는다. 그렇다면 한번 당원은 평생 고객이라는 생각으로 접근해야 할 것이다. 그럼에도 국내 정당들은 당원에게 선거 때마다 부여되는 경선 투표권 외에 별다른 혜택을 제공하려 들지 않는다.

정당은, 치킨집이 고객의 구매 이력을 차근차근 정리해놓는 것처럼 당원들에 대한 정보와 요구를 체계적으로 축적하고 있을까? 아니다. 정당이 당원 민주주의를 외치면서 당원에게 많은 권한과 역할을 부여한다고 얘기하곤 하지만, 때때로 경선에서 유불리에 따라 당원 대 일반 국민의 비율을 조정하는 정도로 가벼운 계수조정을 할 뿐이다. 정작 정당의 당원들이 어떤 성향을 가지고 있고, 어떤 이유로 당에 가입했으며, 무엇을 하고 싶어 하는지 등의 데이터는 기록되지 않는다.

CRM이란 무엇인가?

노무현 대통령이 14대 총선에서 낙선한 이후 정치인의 인맥 관리를 위한 프로그램인 '한라 1.0'이라는 것을 개발했다고 알려져 있다. 그 뒤에 '노하우 2000'이라는 일정 관리, 연락처, 메모, 회계 기능을 갖춘 프로그램을 개발했다고도 알려져 있다. 2000년대 초까지도 프로그래밍은 매우 고난이도의 작업이었고, 고급 프로그래밍 언어가 많이 나오기 전까지는 개발 및 설계가 그다지 직관적이지도 않았기 때문에 노무현 대통령이 직접 프로그램의 코드를 짰으리라고는 생각하지 않는다. 하지만 그러한 전산화된 솔루션이 필요하다는 기획을 했다는 것만으로도 노무현 대통령은 상당히 앞서가는 관점을 갖고 있었던 것이다.

그로부터 20년이 지나 대한민국의 정당은 당원을 고객으로 바라보고 정보를 축적하는 시스템을 아직 개발하지 못했다. 치킨집에 전화를 걸었을 때 자동으로 전화번호부에 저장이 되고, 주문했던 메뉴와 시간대, 일정 등을 잘 기록해놓으면 다시 치킨을 주문할 확률이 높은 시간대를 특정할 수 있다. 그때 적절한 쿠폰이나 할인행사를 통해 실제 구매를 유도하는 이 자연스러우면서도 막강한 마케팅 전략을 실행하기 위해서는 데이터를 축적할 수 있는 도구가 필요하다. 민간 기업에서는 고객에 대한 체계적 관리를 위해 CRM 도구를 많이 활용한다. Customer Relationship Management의 약어인 CRM은 기업이 고객과 꾸준하게 소통하면서 매출을 증대시키는 데 큰 기여를 한다. 정치인들도 CRM을 광범위하게 활용하고 있다. 각자의 수첩에서, 스마트폰 어딘가의 메모 도구에서 당원과 유권자들에 관한 정보를 기록해놓고 그에 맞게 응대하는 경우가 있다. 하지만 사람의 기억력과 메모형식으로 관리할 수 있는 분량은 제한적이다. 선거에 이기기 위해서는 수십만 명, 수백만 명의 욕구를 분석하고 그들과 실시간으로 소통할 수 있는 방법이 필요하다.

요즘 정치인들이 스마트폰에 아는 지역주민의 이름과 전화번호를 모두 입력해놓고 매일 카카오톡에 뜨는 생일 맞은 사람의 명단을 챙겨 생일축하 문자를 보내는 것도 나름 그들만의 CRM을 활용하고 있는 것이다. 정치인이 개인의 DB를 구축하고 그것을 바탕으로 유권자와 소통하는 것은 그것이 자신들의 당선 가능성을 높여주기 때문이다. 이제는 당도 당원과 유권자들에 대한 체계적인 정보수집과 분석을 진행해야 한다. 생일을 맞은 당원에게 문자를 보내 축하하는 것은 이미 하고 있지만 그것을 넘어서 그들이 정치에 기대하는 것이 무엇인지 분석해내는 것도 중요하다. 당원과 지지자는 선거 때 누가 시키지 않아도 당의 후보와 정책을 앞장서서 전파하는 중요한 사람들이므로 이들이 소외되지 않도록 적시에 적절한 소통을 해야 한다. 예를 들어 당원들 중에 의사인 당원과 한의사인 당원이 있다면 그들이 아무리 정치적인 사안에 견해가 일치한다고 해도 각자 직업에 따른 직업 간 갈등이 있다면 당 입장에서는 하나의 메시지로 양측을 만족시키기 어려운 것이 사실이다.

늦었다고 생각할 때가 가장 이른 시기다. 당원들에게 당이 더 많은 관심을 가지고 그들의 관심사에 맞는 소통을 해야 한다. 본인의 직업정보를 의사로 기록한 당원들에게 의료정책에 관한 질문을 선제적으로 하고 그런 접근을 통해 당원들이 소속감을 느낄 수 있도록 바꿔나가야 한다.

보수정당의 새로운 시도와 벽

당 대표로 있으면서 CRM을 체계적으로 구축하기 위한 작업을 준비하고 있었다. 국민의힘에 프로그래머 출신 사무처 당직자를 4명 정도 정규직 상근인력으로 채용하려고 했고, UI 디자인과 기획이 가능한 인력을 3명 정도 채용하는 것을 시작으로 정당 내의 여러 가지 데이터 프로젝트들을 진행하려고 했다.

그런데 이 작업은 두 가지의 반대에 직면하게 된다. 첫째로, 프로그래머들이 채용되면 기존의 사무처 직제에서 어디에 편제해야 하는지가 불분명했다. 신규채용된 당직자들이 IT에 대한 이해가 약한 국장급 관리자들의 지휘를 받으며 업무를 수행할 수 있을지가 불분명했고, 전문분야인 IT에 있어 일반적인 당무를 담당하던 국장을 재교육시켜서 일을 맡기기도 어려웠다. 결국 국장부터 과장, 주임까지 모두 새로 뽑아서 별도 직제를 신설해야 하는 것이었다. 공채와 순환보직을 골자로 하는 기존 사무처의 시스템이 전문직 당직자들의 확대로 흔들릴 수가 있었다. 물론 지금도 홍보, 특히 사진이나 영상 업무에서는 전문직 당직자들의 편제가 있으나, 사실 그들에게는 정규직 계약도 제시하지 못하고 용역으로 외주계약으로 일을 맡겨야 할 정도로 처우가 충분하지 못하다.

　두 번째 반대는 이준석의 임기가 끝나면 과연 그 프로그래머들이 할 일이 있겠냐는 질문이었다. 간단하면서도 뼈아픈 질문이었다. 정당은 최대 2년의 임기로 당의 지도부가 교체되기 때문에 장기간에 걸쳐서 해야 하는 데이터의 축적이나 시도들이 주인 없는 프로젝트로 돌변하는 경우가 더러 있다. 정규직 상근 인력으로 그들을 채용했다가 수요가 사라지면 어떻게 하냐는 질문, 아니 당 대표가 바뀌면 할 일이 없어질 것이라는 확신에 찬 지적에 어영부영 흘러가던 중에 윤리위가 당 대표의 직무를 정지하면서 계획이 사라져버렸다.

　대선 때 AI를 통해서 후보의 메시지를 개별 생성해서 송부한 것은 새로운 시도였다. 처음에는 그것을 비난하던 상대 정당도 나중에 선거에 임박해서는 유사품을 만들어내어 시도했지만, 몇 달에 걸쳐 준비했던 우리 쪽보다 훨씬 조악한 품질이었고, 그것을 통해 정확히 뭘 할지 사전기획이 되지 않았기에 고전을 면치 못했다. 원래 우리가 사용한 AI 솔루션은 키오스크나 학생 교육용 소프트웨어에 사용되던 솔루션이다. 키오스크에서 손님과의 양방향 대화를 시도한다든가, 교육용 소프트웨어에서 학생별로 학습 진도에 따라 다른 메시지를 내기 위해 만들어진 것이다.

정치에서는 당원마다 다른 메시지를 읽어주는 방식으로 사용되었다.

우리가 보유한 당원의 정보라고 해봐야 주소지, 이름, 성별, 나이 정도에 불과했으니 아주 세밀한 개인화 메시지를 전달하는 것은 어려웠지만 아마 정당이 당원 모두에게 개인화 메시지를 영상으로 보냈다는 것은 특기할 만한 이정표일 것이다. 그 개인화된 영상 메시지를 당원들이 주변에 회람하면서 더 열성적으로 지지세를 확장해나가는 전략을 기획했는데 성사되지 못했다.

당원들을 위해 세분화된 데이터를 수집하고 기록한다는 것은 단순히 그들에 대해 마케팅을 하기 위함만은 아니다. 그들이 가진 전문성에 따라 당의 정책 수립과정에 참여할 수 있도록 하고, 그들이 필요로 하는 정보를 효율적으로 보내줄 수 있기 위해서는 꼭 필요한 과정이다. 쿠팡에서 나의 구매성향을 분석해 내가 구미가 당길 만한 상품의 광고를 보내주는 것이 당연한 것처럼, 일상생활에 바쁜 당원들이 꼭 필요한 맞춤 정보를 제공받아서 당에 흥미를 느끼게 하는 것은 꼭 구축해야 할 정보전달 체계이다.

CRM의 활용과 캠페인의 효율성

CRM이라는 것은 결국 정당이 당원과 지지자 한 사람 한 사람에 대한 정보를 축적해나가겠다는 의미다. 정보의 축적이라는 것은 어감상 부정적으로 들릴 수도 있고 '빅브라더'처럼 당원들을 통제하겠다는 의미로 들릴 수도 있어서, 아주 조심스럽고 구체적으로 설명할 필요가 있다. 실제로 이런 시스템이 구축되고 나면 개인정보보호는 오히려 더 철저하게 할 수 있다. 지금 정당에서의 개인정보는 보통 엑셀 파일로 유통된다. 보안에 관심이 많은 사람들은 조금 더 신경을 써 엑셀 파일에 암호를 거는 정도로 신중함을 기한다.

CRM을 기반으로 고객에 대한 정보를 충분히 가지고 있는 기업은 절대 자신들의 상품을 홍보하는 데 있어서 비효율적인 방법을 사용하지 않는다. 고객마다 관심사에 따라 다른 상품을 추천하고 그 상품이 필요할 시기라는 판단이 설 때 홍보를 진행한다. 홍보의 모든 것이 사실 비용이고 매출을 극대화하기 위해서는 성과가 나올 만한 상품을 홍보해야 하기 때문이다.

유권자들은 이미 정치인이나 정당에서 발신하는 메시지에 많은 불만을 가지고 있다. 정당 지지층의 스펙트럼은 매우 넓기에 지도부나 대변인단의 메시지가 모든 영역을 커버하기는 어렵다. 프로그래머에게 '이게 구현 가능합니까?'라는 질문을 던지는 것은 무의미하다. 프로그래머들이 짤 수 없는 프로그램은 실질적으로 없다. 다만 시간과 비용을 예측하기 어려울 뿐이다. 정치도 마찬가지다. 정치인에게 '이 정책이 구현 가능합니까?'라는 질문을 던지는 것은 무의미하다. 다만 시간과 비용을 예측하기 어려울 뿐이다.

02.

공직후보자 기초자격시험과 저항

공직후보자 기초자격시험이란?

공직후보자 기초자격시험은 지난 2022년 6월 지방선거를 앞두고 처음 도입된 국민의힘의 공직후보자 평가시스템이다. 줄여서 PPAT(People Power Aptitude Test)라고 부르는데 PPAT는 공천에 있어서 사람의 역량을 점수화해 평가하는 첫 번째 시도였다. 2022년 지방선거에서는 비례대표 기초의원, 광역의원에 출마하는 사람들에게 각각 60점과 70점 이상을 받아야만 출마할 수 있도록 엄격한 규정이 시행되었다.

지방선거 비례대표 공천은 특히 '당에 대한 헌신'이라는 희한한 기준에 따라 진행되는 경우가 많았다. 계량적 지표가 될 수 없는 당에 대한 헌신은 특정 정치인에 대한 줄서기 등을 미화하는 포장용 문구일 뿐 전혀 대중이 납득하기 어려운 지표다. 당에 대한 기여를 측정하려면 실질적으로 그 사람으로 인해 당이 선거에서 득표율이 상승했다든가, 그 사람을 보고 당원 가입이 늘었다는 등의 납득 가능한 지표가 필요하지만 단 한 번도 그런 것을 측정한 적이 없기 때문에 공천에 계량적으로 사용된 적도 없다.

어떤 선출직 공무원이라도 그 직을 수행하는 데는 최소한의 역량이 필요하다. 국회의원은 9명의 보좌진의 조력을 받아 의정활동을 수행하기 때문에 본인이 다소 역량이 부족해도 보완할 수 있는 방법이 있지만, 지방의원은 혼자서 모든 일을 수행해야 하는 상황에서 실력이 부족하다면 직을 수행하는 것이 원천적으로 불가능하다.

자동차 운전을 하기 위해서는 차량 크기와 변속 방식 등에 따라 다양한 운전면허 시험을 치러서 충분히 도로 위에 올라가도 문제가 없는 운전자라는 것을 입증해야 한다. 우리의 지방의회와 여러 선출직에서도 과연 그 직을 수행하기 충분한 역량을 갖춘 사람들이 공천되는지는 항상 검증해야 한다.

이에 대해 참정권 제한이라는 주장도 나왔다. 공직후보자 기초자격시험에 대한 가장 원초적인 비판은 참정권 중 피선거권의 제한이라는 지적이다. 누구나 피선거권을 가지며, 공천 시에도 시험 성적 같은 제한을 두면 안 된다는 주장이다. 이런 주장은 전혀 설득력이 없다. 대한민국 정치 역사상 정당은 선거에서 국민에게 어필하기 위해 매우 많은 공천배제조건을 만들어냈다. 가장 최근의 지방선거에서 국민의힘은 3회 연속 기초의원 가번 공천을 받지 못하게 했고, 대부분의 정당은 파렴치 범죄로 유죄를 받은 사람들을 공천하지 않는다는 규정을 갖고 있다. 때로는 동일 지역구 3선 이상을 공천 배제하자는 주장도 나온다. 공직 후보자 기초자격시험은 그런 규정들보다 훨씬 명확하고, 실력이 부족한 사람을 배제하자는 명분이 있는 방법론이다.

PPAT 도입의 당위성

PPAT는 시장, 군수 등의 자치단체장은 배제하고 지방의원들에게 일정한 역량을 갖추도록 평가하는 시스템이다. 우선 단체장과 의원들에게 기대되는 능력치가 다르기 때문에 지방의원에게만 평가를 적용했다. 지방선거에는 수많은 후보가 출마한다. 2022년 6월 제8회 전국동시지방선거에서는 총 7,609명의 후보자가 출마했다. 지역별로도 수십 명의 후보자가 난립하는 상황에서 아무리 유권자가 정치에 관심이 많다고 하더라도 모든 후보자의 공보물을 살피고 평판을 들으며 판단할 수는 없는 상황이다. 그렇기에 정당이 행정 능력을 갖췄는지를 면밀하게 판단해서 공천할 필요가 있다.

지방의원의 사무는 지방행정에 대한 행정감사와 예산심사다. 지방에서 요즘 공무원에 임용되는 사람들은 급수와 관계없이 매우 치열한 경쟁 과정을 거친다. 9급 공무원이 되기 위해서 몇 년의 수험생활을 거쳐 연마한 공무원들을 감사할 능력이 있으려면 그보다 더 치열하게 자기계발에 나서야 하는 것이 당연하다. 감사하는 사람이 감사 대상보다 능력치가 뛰어나야 하는데 지방행정 현장에서는 이것이 지켜지지 않는다. 따라서 우리 국민이 세금을 들여 월급을 주는 지방의원들이 본인의 업무에 충실하기보다는 다음 선거를 염두에 둔 대민활동이나 친목 다지기에만 몰두하는 경우도 자주 보이는 것이다.

여기서 말하는 지방행정을 감사할 능력이라는 것은 거창한 능력이 아니다. 예산을 짤 때 예산, 결산서를 읽을 수 있는 최소한의 능력, 어떤 그래프나 도표를 봤을 때 그 내용을 해석해내는 수리적 능력, 그리고 기초적인 논리력을 측정하는 시험이 PPAT다.

이러한 최소한의 자격검증을 했을 때 유권자들은 '아, 이 정당은 최소한의 능력에 대해서는 검증해서 후보를 냈구나. 검증을 실시하지 않은 당보다 더 믿어볼 만하겠다.'라는 생각을 바탕으로 투표를 하는 것이다. 음식점 한편에 해충방제서비스 회사의 스티커가 붙어 있으면 '아 이 음식점은 그래도 돈을 들여서 위생을 챙기는구나.'라는 생각이 들기 마련인 것처럼 완벽하지 않더라도 신뢰를 주는 방법인 것이다.

개혁에 반대하는 이유는 여러 가지지만 그것을 입밖에 드러내는 것은 별개의 문제다. 보통은 개혁에 반대한다는 입장을 명확하게 드러내는 것은 정치적으로 부담이 가기에 반례를 드는 것으로 저항한다. PPAT 도입에 반대하는 사람들은 보통 PPAT 점수는 낮지만 의정활동은 잘할 수 있지 않겠느냐는 사례를 제시한다.

이것은 언뜻 들으면 맞는 말 같지만 PPAT의 설계 취지와 PPAT의 난이도를 고려해보면 운전면허 시험을 통과하지 못하는 사람들 중에도 실제 운전대를 쥐면 운전을 잘할 사람도 있지 않겠느냐는 말과 동일하다. 이런 반례를 들면서 개혁에 반대하는 것은 어찌 보면 모든 사례에 통할 수 있으므로 편리할지 모르지만 실제로 어떤 개혁도 하지 못하게 만든다. 반대를 위한 반대일 뿐이다. 이런 논리를 받아들이면 사회의 근본적인 체계가 무너진다. 대학 입시성적은 좋지 않지만 대학에서 공부를 잘할 수 있는 사람을 논의에 끌어들이는 순간 대학입시체계가 무력화되는 것과 마찬가지다.

공직후보자 기초자격시험의 발전방향

운전면허시험의 목적이 운전을 못 하게 하는 것이 절대 아니듯, 공직후보자 기초자격시험도 공직선거에 출마하고자 하는 사람들을 제한하려는 의도라기보다 의정활동을 수행하기 위한 최소한의 실력을 갖추도록 독려하는 것에 있다. 신호등의 빨간불, 주황불, 파란불의 의미를 배우고 표지판의 내용을 숙지하는 것이 결코 사람을 차별하기 위함이 아닌 것처럼, 공직후보자 기초자격시험은 필수적인 역량을 배양하는 방식으로 발전해나가야 한다.

원래 기획되었을 때 공직후보자 기초자격시험은 여러 번 시험을 보는 다회시행과 교육시스템을 기반으로 설계되어 있었다. 그런데 2022년 3월 9일 대통령 선거가 끝난 후 2022년 6월 1일 지방선거에 맞춰서 급하게 진행된 탓에 한 번 시행밖에 하지 못했다. 그러다 보니 난이도를 더 상향 조정하는 것이 어려웠고, 다회시행을 통해 탈락자들이 더 노력하고 공부하도록 유도하는 효과를 만들어내는 것에도 한계가 있었다.

PPAT는 이제 상시시행되는 시험으로 변모해야 한다. 1년을 4개 분기 정도로 나누어 분기별 평가가 가능하도록 하고 지금 시행되었던 PPAT보다 난이도는 더 많이 높아져야 한다.

03.

개방형 당직의 확대

젊은 세대에게 인정받는 방법

정치는 결국 어느 시점에 국민을 대표하는 역할을 하게 된다. 대표한다는 것은 권력을 위임받는 과정이 필요하다. 선출직으로 선거를 통해 부여받는 권력이 가장 강하고 정통성 있는 것은 민주주의하에서 당연한 일이다. 하지만 그것이 여의치 않은 경우에는 경쟁 선발, 또는 공개채용이 좋은 방법이다.

최근 대통령실에서, 정권 차원의 별정직 공무원은 경쟁 채용 절차보다 대통령과의 친소관계가 더 중요할 수 있다는 맥락으로 이야기해 사적 채용 논란이 있었다. 절차에 있어서는 대통령실의 해명이 맞다. 별정직 공무원을 두는 이유는 그런 정무적인 판단을 가미해서 선발되는 영역을 두는 것도 필요하기 때문이다. 하지만 대통령실의 해명이 기술적으로 맞다 해도 국민들에게 아쉬움을 남긴 것은, 별정직 역시 합리적인 채용의 기준과 경쟁 선발의 원칙 정도는 드러내 보일 수 있기 때문이다.

선거에서 공을 세운다는 모호한 기준은 매우 자의적이다. 1592년부터 7년간 이어진 임진왜란과 정유재란도 전쟁이 끝난 이후로 논공행상에 대한 많은 논쟁이 있었다. 일반 백성들 입장에서야 관군과 의병을 가리지 않고 병력을 지휘해서 외적을 몰아낸 장수들에게 가장 많은 눈길이 갔겠지만 정작 조선 왕실의 시각에서 이뤄진 논공행상은 매우 유교적인 군왕사상을 벗어나지 못했다. 피 흘리면서 싸운 일선 지휘관의 무공을 기리는 선무공신은 고작 18명이 책봉되고, 왕을 따라다니며 의주까지 피난가며 주변에 있었던 사람들은 86명이 호성공신으로 책봉되었다.

전쟁을 치르다 보면 몇 개월에 한 번씩 승리 장계를 보내오는 외직의 장수보다 자신을 따라다니며 수발드는 사람들이 더 공이 큰 것처럼 착각하게 되는 것은 인지상정이나 그것이 정작 전쟁의 참화를 겪은 백성들에게까지 납득 가능한 논공행상의 기준이 될 수는 없다.

대통령 선거에서 세운 공을 바탕으로 별정직에 보임되려면 당원과 지지자들이 가시적으로 그 공을 인정할 수준이 되어야 한다. 토론에 나가서 발군의 실력으로 유권자들의 마음을 흔들었다든가, 인상적이었던 공약을 실제로 입안해서 많은 득표에 기여했다든가, 이런 이력이 남아 있는 사람들이 별정직에 보임되었다면 비판 여론이 크게 일지 않았을 것이다.

물론 이번 대통령실의 인선에서 논란이 되었던 인물들은 대부분 그 직을 수행할 만한 충분한 자질을 갖추고 있는 사람들이다. 그러나 절차와 인식이 문제인 것이다. 그래서 더욱 안타깝게 느껴진다.

토론배틀과 공모전이 주는 의미

국민의힘은 사무처 당직자를 공개채용하는 훌륭한 전통을 가지고 있다. 자신의 기술과 재능을 바탕으로 특별채용하는 특별 당무직 당직자도 있으나 당 사무처의 근간을 이루는 일반 당무직 당직자는 공개채용 시험을 통해서 임용된다. 이것이 몇십 년간 이 당의 역량을 지탱해온 가장 큰 힘이었다. 잠시 존속했던 바른미래당의 경우 당직자를 공채로 선발하지 못했고 객관적으로 바른미래당의 사무처 당직자들의 역량은 당시 자유한국당의 사무처 역량에 비하면 부족한 부분이 많았다.

원래 당 대표가 되면 많은 인사권을 행사할 수 있다. 모든 사무처 당직자의 보직을 정하는 것과 그들을 통할하는 사무총장과 사무부총장의 인선, 대변인단의 구성, 여의도연구원의 구성 등이 전부 당 대표의 권한이다. 그리고 당내 수많은 위원회들의 인선권도 당 대표가 가지게 된다.

당에서 대변인을 토론배틀로 선발하는 것이 옳은 이유는, 대변인이 당의 모든 정치적 투쟁에 있어서 선봉 부대 역할을 하기 때문이다. 정치는 철학을 바탕으로 말과 글로 옳고 그름을 다투는 일이다. 명쾌한 논리와 적절한 비유는 때로는 불리한 정치 환경 속에서도 국민 다수의 여론을 이끌어올 수 있고, 비약이 심한 논리와 공감이 가지 않는 비유는 유리한 전장에서도 국민들로부터 당이 지탄을 받게 만든다.

김종인 전 비대위원장이나 박지원 전 국정원장과 같은 노정객이 뉴스의 중심에 연일 설 수 있었던 것은 그들이 가진 미디어 활용능력이 시대를 초월해 발군이기 때문이다. 초대 대법원장이던 가인 김병로 선생의 손자로서 젊을 때부터 정치적 언어를 연마한 김종인 전 위원장이나 또 한 명의 달변가였던 김대중 대통령을 보좌하면서 깨우친 박지원 전 국정원장을 보면 정치권의 한복판을 오랜 기간 들여다보는 것도 메시지 능력의 배양에 있어 중요하다는 생각을 한다.

나 역시 정치적 발언을 할 때마다 끝없는 자기 수련의 과정을 거친다. 때로는 상대의 의표를 찌르는 발언을 구상해보고, 내가 하는 말 한 마디 한 마디가 언론에 어떤 타이틀로 기사화될지, 그리고 내가 역으로 종편 시사프로에 출연하는 평론가라면 어떻게 해석할지, 과정 반복을 통해 동물적인 감각을 배양하는 것이다.

그만큼 대변인을 하면서 당의 중요한 의사결정 과정을 옆에서 지켜보는 것은 매우 중요한 기회이며, 이 기회는 자기계발을 해낼 수 있는 뛰어난 학습능력을 지니고, 더불어 다이아몬드 원석과 같은 도전자들에게 제공되는 것이 옳다. 아무리 훌륭한 정보에 접근 가능한 대변인단이라 하더라도 본인의 기초적인 사고능력과 논리력이 뒷받침되지 않은 사람들이 자리에 있으면 빛을 보기 어렵다.

대변인의 직무에는 당의 입장을 전달하는 역할도 있지만 언론인들과 소통하는 역할도 있다. 언론 동향을 살피고 잘못 표현된 기사가 있으면 정정을 요청할 수도 있다. 그래서 대변인단은 언론인들과 자주 식사 자리도 함께하고 긴밀하게 소통한다. 간혹 이런 소통 능력에 대해 언급하며 토론배틀로 대변인을 선임하는 것에 반대하는 경우도 있다.

가장 흔하게 토론배틀 같은 경쟁 선발에 반대하는 사람들의 주장은, 말 잘한다고 정치 잘하는 것 아니라는 말이다. 그런데 이런 지적은 논리적으로 성립하기 어려운 것이, 토론배틀에서 말을 못한다고 정치를 잘한다는 상관관계가 있다고 보기는 더 어렵기 때문이다. 지금까지 정당의 대변인은 어떠한 평가 과정도 없이 당 대표가 본인의 판단에 따라 그냥 임명해왔다. 그리고 대변인이 언론인들과 긴밀하게 소통하면서 정무적인 역할을 수행하는 것에 있어서도 한국의 특별한 취재환경에서 발생하는 임무이니 그것을 위해 소위 술 잘 마시는 사람을 대변인으로 둬야 한다는 이야기를 반농담조로 하기도 한다. 정치현장의 현실이 실제로 어떠한가 못지않게 중요한 것은 우리가 앞으로도 이런 정치문화를, 풍토를 계속해서 용납할 것인가 하는 문제다.

　나는 앞으로 언론인들이 세세한 사항을 날카롭게 문의할 경우 그것에 정확하고 전달력 있게 응대하는 능력이 우리 당의 대변인을 선발하는 유일한 기준이 되어야 한다고 확신한다. 이것을 사사로운 인연을 통해서 측정하고 발굴하기 어렵다면 토론배틀과 같이 공개적인 선발방식을 더 강화해나가야 한다고 생각한다.

04.
PPAT를 넘어서 공직수행 평가까지

　　미국 하버드대학교는 다른 학교들보다도 일찍 학생에 의한 강의평가 시스템을 구축했다. 대학에 입학하면 가장 먼저 두꺼운 『Q guide』라는 책자를 접하게 되는데 교수들의 강의 평가를 세밀하게 다룬다. 너무 신랄해서 때로는 이래도 되나 싶은 정도의 평가가 이루어져 있다. 서울대 출신의 프로그래머로 유명한 이두희 씨도 대학교 재학 중에 서울대학교의 강의평가 시스템인 snuev.com 등을 만들어 운영했던 적이 있어, 그로 인해 교수들의 눈총을 많이 받았다고 한다. 배달의 민족과 같은 배달앱의 평점이 블랙 컨슈머들에 의해서 악용되는 사례를 종종 접하긴 하지만 리뷰와 별점이 없는 배달앱을 상상할 수 없는 것처럼, 요즘 시대에는 무엇이든 실시간 평가가 되는 것이 당연하다.

선출직을 놓고 생각해보면 국회의원 선거 정도는 국민들의 많은 관심을 받지만 지방선거는 의정활동을 쫓아가며 평가하기가 어렵다. 자발적으로 의원들이 의정활동 기록을 올릴 수 있는 당내 시스템을 구축하는 것이 필요하다. 3,000명의 사람을 평가할 수 있을까. 기초의원, 광역의원 누구나 당에서 구축한 데이터베이스에 자신의 활동내용을 올릴 수 있다면 유권자가 평가하기 쉬울 것이다. 지방의원의 의정활동은 애초에 계량화하기 어려운 것처럼 보이지만 데이터베이스를 잘 구축한다면 의외로 계량화할 수 있는 부분도 있다.

먼저 지방의원은 의회에서 조례를 발의할 수 있다. 국회의원이 법률을 발의하고 제정하는 것과 마찬가지로 지방행정에 필요한 조례를 얼마나 지방의원이 발의했는지, 그리고 어떤 내용을 말했는지가 기록되고 조례 통과를 위해 했던 노력이 모두 정리되어 기입될 수 있다면 차후에 그것을 평가할 수 있다. 정량적으로 얼마나 많은 조례를 발의했는지 알 수 있고 몇 퍼센트의 조례가 실제 제정되었는지 계량적으로 판단해서 발의의 품질을 측정할 수 있다.

그리고 지방의원들은 의회에서 '5분발언'이라는 형태로 의안과 청원, 사안에 대한 자유발언을 할 수 있다. 실제로 지방의원

중 상당수는 임기 중에 단 한 번도 이런 5분발언을 하지 않고 앉아만 있다. 본인이 5분발언을 통해 주민을 대표해서 한 이야기들이 기록으로 남게 된다면 통계화하는 것도 가능하다.

초등학교 방학 때마다 그림일기를 그려 제출하던 기억을 떠올리는 이들의 경우, 지방의원들이 공천을 앞두고 자신의 이력을 급하게 정리해서 올리는 형태로 운영된다면 큰 의미가 없는 것이 아니냐고 생각할 수도 있을 것이다. 그래서 시스템이 필요한 것이다. 활동으로부터 48시간이 지난 시점에는 자료를 올리지 못하게 시스템으로 제한을 걸면 누구나 즉각적으로 의정활동을 기록할 의무가 생긴다. 이러한 자료는 열심히 하는 지방의원에게는 매우 큰 인센티브가 된다. 당협위원장이나 국회의원의 눈치를 보는 것이 아니라 당당하게 나중에 자신의 의정활동 자료를 당원들에게 선보이고 공천받을 수 있는 시스템을 구축하는 것이다.

지금 지방의원들은 종이 형태로 의정보고서를 만들어 유권자와 당원들에게 뿌리지만 이런 시스템이 구축되면 의정보고서를 디자인하고 인쇄하기 위해 많은 비용을 들일 필요가 없게 된다. 본인의 실제 활동을 기반으로 해서 의정활동을 홍보할 수 있도록 시스템이 구축된다면, 매번 선거 때마다 똑같은 공약을 반복하는 번지르르한 의정보고서와 공보물이 아닌 실제로 본인이 한 일을 바탕으로 지방의원들이 평가받을 수 있을 것이다.

05.

정당의 공천제도

불확실성을 제거하는 것의 의미

선거에 당선된 정치인들은 한없이 강하고 높아 보이지만 공천을 앞두고 있는 정치인들은 상상 이상의 불안감에 빠지게 된다. 왜냐하면 공천이라고 하는 것은 워낙 돌발적인 변수가 많아 예측이 불가능하기 때문이다. 대학교 입시를 준비하는 학생 입장에서 자신의 노력과 공천 가능성이 정비례할 것이라는 확신이 없다면 공부할 맛이 나지 않을 것이고 어떻게든 그 불확실성을 줄이기 위해 '아빠찬스'나 다른 방법을 꾸준히 물색해나갈 수밖에 없는 것이다.

가장 좋은 입시제도는 공부 잘할 학생을 뽑는 것이다. 마찬가지로 공천의 목표는 지역주민의 지지를 받아 선거에 당선될 수 있는 후보를 만들어내는 것이다. 하지만 지방선거나 국회의원 선거의 공천은 선거구별로 승패를 가르는 개인전의 성격도 있으면서, 전국단위 선거결과를 살펴야 하는 단체전의 성격도 있다. 따라서 이 두 가지 방향을 잘 바라보고 공천하는 것이 중요하다.

선거에서 유권자가 표를 던지기 위해서는 우선 당세가 받쳐줘야 한다. 당이 공천한다는 것은 당이 후보에 대해서 보증을 선다는 것이다. 그 보증에 따라 우선 큰 덩어리의 표심이 움직인다. 거기에 더해서 조금 더 세심하게 후보를 살피는 유권자가 어떻게 반응하느냐에 따라서 중간지대의 표심이 움직이고 당락이 결정되는 것이다.

야구 경기를 살펴보면 여러 가지 지표가 있다. 안타를 얼마나 잘 만들어내는지를 살피는 타율, 장타를 치는 능력을 측정하는 장타율, 그 외에도 투수가 얼마나 실점을 적게 내주는지 보는 평균자책점. 하지만 야구선수의 포지션마다 기대되는 역량치가 조금씩 다르므로 이런 한두 가지의 지표만으로 선수의 가치를 제대로 평가하기는 어렵다. 그래서 승리기여도라는 것을 따지기 위해 WAR(Wins Above Replacement)라는 지표가 있다. 예를 들어 유격수인 선수의 WAR을 살펴보면, 이 선수가 활동하는 동안 팀이 얼마나 더 많은 승리를 거두게 되는지를 일반 유격수에 비교해 측정할 수 있다.

보통 유격수로 배치되는 선수는 수비능력이 뛰어나고 장타를 날리는 능력은 떨어지는 경우가 많기에, 홈런을 많이 치는 1루수나 지명타자와의 홈런 개수 비교는 무의미하지만 WAR로는 가치를 비교할 수 있다. 결국 일반적인 선수보다 얼마나 많은 승수를 만들어낼 수 있느냐는 지표는 개인의 능력을 측정하는 지표다. 선거에서도 개인 득표력이라는 것을 감안해서 공천할 수밖에 없다.

상향식 공천제의 빛과 그림자

상향식 공천제라는 것은 당원들과 일반 시민들이 공직선거에 나가는 후보자를 공천하는 데 큰 영향을 주는 것을 의미한다. 당원투표만으로 선출되는 경우도 있고 일반 국민 여론조사를 통해서 선출되는 경우도 있으며, 적절한 배합비율에 따라 조합해서 선출할 수도 있다. 상향식 공천을 통해 공직후보자를 선출하면 민주적인 정당성을 확보하게 되고 승자와 패자가 나뉘어 승복을 요구받게 되니 안정적일 수 있다. 본인에게 공천을 주는 것이 권력자가 아니라 지역의 당원과 유권자라고 인식하게 되면 지역에 충실한 정치를 하게 되는 장점이 있다.

그러나 현실에서 상향식 공천제가 가진 한계성은 분명히 존재한다. 우선 완전한 상향식 공천제에서는 피선거권을 가진 모든 사람에게 경선참여의 길을 보장해주는 것이 옳다. 하지만 대부분의 정당은 상향식 공천제를 한다 해도 경선참여자를 제한하려고 시도하게 되는데, 그것은 당원 기반이 취약하기 때문이다. 지역에서 좋지 않은 평가를 받는 사람들도 당원투표에서는 아주 좋은 성적을 거둘 수 있는 것이 당원을 선거인단으로 정하면 허들이 매우 낮아지기 때문이다. 국민의힘의 경우 1,000원씩 3개월 동안 당비를 납부한 당원에게 경선참여 권한을 부여하는데, 많게는 2,000명 정도가 참여하는 당원 경선에 있어 1,000원 정도의 당비를 부담할 기백 명의 당원을 모으는 것은 지역의 유지 역할을 하는 사람 입장에서는 그다지 어렵지 않은 일이다.

인지도가 낮은 사람들 간의 경선의 의미

처음 선거에 나갔을 때 사무실에 아무리 봐도 다른 당 지지자로 보이는 한 유권자가 찾아와 선거를 돕겠다고 해서 소위 스파이인지 아닌지 살펴보기 위해 이런 질문을 던져본 적이 있다.

"혹시 우리 동네 시의원 이름이 누군지 아세요?"

그분이 시의원 이름을 맞춘 걸 보고 나는 겉으로 드러내지는 않았지만 더 의심하게 되었다. 전국에서 열심히 의정활동과 지역활동에 매진하는 지방의원들께는 죄송하지만 일반 시민들이 자기 동네 기초의원과 광역의원 이름을 아는 경우는 매우 드물다. 이 경우에 경선을 한다고 ARS 전화나 모바일 투표로 일반 여론조사를 돌리는 것은 사실 큰 의미가 없다. 국회의원 선거나 단체장 선거 정도가 되면 일반 여론조사를 통해 여론을 파악해서 공천하는 것이 통계적으로도 문제가 없지만, 인지도가 5% 미만인 대부분의 지방의원의 경우 여론조사를 통해서 공천하는 것은 큰 의미가 없다.

당원 경선을 하면 편중가입의 문제가 생기고, 여론조사 경선을 하면 인지도 문제가 있다면 그것을 보정하기 위한 새로운 방법도 고민해야 한다. 지금까지 단 한 번도 시행된 적은 없지만 '셀가중 당원 경선'이라는 것을 시행해보는 것도 방법이 될 것이다.

셀가중이라는 말은 생소하게 들릴 수 있지만, 이미 대한민국의 여론조사 기관에서 활용하는 방식이다. 원래 1,000여 명의 응답자를 만들어내려면 여론조사 기관에서는 그보다 한참 많은 수만 명을 대상으로 전화를 걸어 응답자를 채워나간다. 보통 여론조사 응답률과 결과치는 세대별로, 성별로, 지역별로 차이가 크기 때문에 1,000명의 응답자 중에 세대별, 성별 조합이 대한민국 주민등록 통계와 비슷해지도록 보정해나간다. 셀을 얼마나 잘 나누고 조사 결과를 포집하느냐는 한 여론조사 기관이 1,000명의 응답만 가지고 전체 대한민국 국민의 여론을 유추해 낼 수 있는지 그 실력을 보여주는 것이다.

조사를 하다 보면 여론조사에 적극 응답하는 50대 이상의 응답치는 빨리 차고, 20대나 30대의 응답은 매우 느리게 차게 된다. 20대 여성의 응답이 다 차지 않아서 조사를 완료하지 못하고 계속 전화를 돌리는 경우가 실제로 많다. 당원 경선의 세대별, 직업별, 성별 결과가 일반 대중과 거리가 멀다고 생각할 때 그것을 셀가중으로 보정하면 간극을 어느 정도 좁힐 수 있다. 다만 이 방식은 바로 적용하기보다 몇 번의 지방선거와 국회의원 선거를 통해 가설을 세우고 검증하는 과정을 거쳐야 한다.

06.

당원협의회의 폐쇄성

당원협의회의 문제점

정당에서 가장 중요한 활동은 선거다. 선거를 통해 정당의 다른 활동이 국민에게 평가받는다. 어느 선거나 중요하지만 굳이 따지면 대통령 선거, 국회의원 선거, 지방선거 순서로 중요하다고 보기 때문에 지역의 선거단위는 국회의원 선거구에 맞춰서 구성되어 있다. 소위 과거의 명칭인 '지구당'으로 불리기도 하는 지역별 위원회 조직이 있다. 국민의힘에서는 당원협의위원회, 줄여서 당협위원회라고 부르고 더불어민주당에서는 지역위원회라고 부른다.

당협위원장은 국회의원이 보통 겸임하며 국회의원이 없는

지역에서는 원외 당협위원장이라는 이름으로 불리게 된다. 일반적으로 원외 당협위원장은 다음 국회의원 선거에 출마하기 위해 지역을 관리하며 준비하는 존재다. 거대정당에서 공천을 받는 것은 지역구에 따라 매우 경쟁이 치열하기 때문에 당협위원장은 자신의 자리를 지키기 위해 많은 노력을 한다.

당원협의회는 다음과 같은 과정을 통해 구성된다. 중앙당에서 조직력강화특별위원회, 줄여서 조강특위라고 하는 회의체를 통해서 지역별로 심사해 조직위원장을 임명한다. 조직위원장은 지역의 동별 협의회, 상설위원회 지부장 등을 선임해 20명 이상의 운영위원회를 조직하고, 그 운영위원회에서 회의를 열어 당원협의회 운영위원회의 위원장을 선출하고 그가 당원협의회를 이끄는 것이다. 여기서 조직위원장으로 선임된 사람이 당원협의회 운영위원회를 구성하기 때문에 사실상 만장일치로 운영위원장, 즉 당협위원장으로 선출되는 구조라는 것을 알 수 있다.

따라서 당원협의회가 구성되면 당협위원장은 사실상 무소불위의 권한을 당협위원회 내에서 행사할 수 있다. 본인이 국회의원을 뽑아놓고 간선으로 대통령에 당선되는 체육관 선거에 비견될 만한 절차다. 이런 절차 속에서 정치에 참여하고 싶어 하는 새로운 신진인력이 지역에 뿌리를 내리는 것은 매우 어렵다. 우선 당원협의회의 상당수가 요즘은 단톡방 등을 두고 간편한 소통체계를 구축한다. 그 운영위원회 단톡방에 들어가기도 어려운 대부분의 신규 당원들은 지역 당조직의 운영에서 소외될 수밖에 없는 구조다.

그리고 앞에서 이야기한 것처럼 당협위원장의 목표는 국회의원 선거 출마이기 때문에 본인을 위협할 만한 능력 있는 당원은 부담으로 간주해 당 운영에서 보통 배제하게 된다. 이 모든 것은 지역별 당원협의회의 운영 주체인 운영위원을 사실상 당협위원장이 전부 임명하는 구조에 기인하고 있다.

우리나라 민주주의 투쟁의 역사는 간선제를 직선제로 바꾸기 위한 노력과 맞닿아 있다. 대통령을 직선제로 직접 뽑아서 주권자의 권리를 실질적으로 행사할 수 있도록 하는 변화, 국회의원을 유신정우회를 통해 지명하지 않고 직접 뽑을 수 있도록 하는 변화가 민주주의의 상징처럼 여겨진 것은 그것이 가장 기본이 되는 제도이기 때문이다.

지방선거를 통해 지방자치단체에까지 직선제가 확대되었고, 이제는 교육감도 직선제로 선출한다. 직선제에 따른 부작용도 충분히 지적할 수 있지만, 직선제를 통해 선출된 공직자는 임명직 공직자에 비해 상당한 공정성과 권위가 확보된다는 것을 부정하기 어렵다.

정당은 전당대회를 통해 선출되는 당 대표와 최고위원, 대통령 후보 정도를 제외하고는 실질적으로 주요 당직에 대해 직선제를 시행하는 경우가 드물다. 광역단체장이나 국회의원도 경선을 가끔 하지만 '확실한 직선'과 경우에 따라 달라지는 '한 가지 방법으로서의 직선'은 다르다. 당협의 운영위원회를 당협위원장이 선임하는 것이 아니라 본인의 활동과 노력을 통해 진출할 수 있도록 바꿔놓으면 간단하다. 물론 이 방법은 당협위원장의 권한을 대폭 축소하는 것이기 때문에 당협위원장의 반발이 매우 극심할 것이다.

모든 종류의 간선제 선거에 대한 해법은 직선제가 될 수 있다. 우리 국민들이 사실상의 간선제로 국무총리를 뽑는 내각제에 부정적인 견해를 가지고 있는 것은 사실이다. 상대적인 대통령제에 대한 선호와 마찬가지로 당원협의회 자체를 직선제에 가깝게 선출하면 지역의 풀뿌리 정치는 알아서 살아나게 된다.

당협위원장이 임명한 운영위원들이 선출하는 것이 아니라 지역에서 당 활동을 열심히 한 당원들이 투표권을 행사하게 되면 사람에 충성하지 않고 지역과 주민을 위해 봉사하는 당원들이 많아지게 된다. 기존의 당원 분류체계에서는 당원을 2단계로 분류했다. 당원가입원서를 쓴 일반 당원, 그리고 그중에서 1,000원 이상의 당비를 3개월 이상 납부한 책임당원이었다. 그러나 이런 2단계 당원 분류체계에서는 1,000원의 당비를 내는 이상의 참여를 하는 당원에 대한 인센티브가 부족했다.

으뜸당원제도가 필요하다

으뜸당원제도는 줄세우기식 대의원 제도의 대안으로 구상되는 참여식 대의원 제도다. 지금까지는 전당대회 같은 당의 주요 선거에서 책임당원 위에 더 많은 투표권을 가진 대의원을 따로 두도록 되어 있었고, 더불어민주당에서는 전당대회에서 대의원의 의사반영비율을 45%까지 늘려놓기도 했다.

대의원의 선출 권한을 지역의 당협위원장과 국회의원이 가지게 되면 지역에서 해당 선발권력을 가진 사람들의 의사만 많이 반영되기 때문에 자연 취득할 수 있는 대의원 자격제도를 도입하는 것이 대안이 될 수 있다. 우리가 인터넷 카페에 가입하고서 일정한 개수 이상의 게시물을 작성하거나 자기 소개글을 올리면 운영진이 소위 등급업으로 더 많은 정보 접근권이나 참여 기회를 부여함으로써 카페 회원들의 활동과 관심도를 유지시키듯, 단순히 당비 1,000원 납부를 넘어서 다양한 정량지표로 당원의 활동을 측정하고 그에 따라 당무에 더 적극적으로 참여할 기회를 부여하는 인센티브 제도는 당내 활동 참여를 촉진하는 매우 중요한 변화이다.

정량적으로 당원의 활동을 평가하기 위해 활용할 수 있는 지표는 매우 많다. 먼저 당원의 당비 납부 현황, 당원의 지역별 당협 활동 참여도, 온라인 소통공간에서의 당원의 참여도, 각종 당내 선거에서의 투표 참여율 등 여러 가지 지표를 복합적으로 반영하면 으뜸당원 승급을 위한 객관적 계산식을 만들어낼 수 있다. 일정한 점수 이상을 획득한 당원은 누군가 따로 관리하지 않아도 당의 원칙에 따라 자동으로 '으뜸당원'으로 승급되어, 더 결정적인 투표권과 폭넓은 당무 참여 범위를 갖게 되는 것이다.

항공사 마일리지 제도 또한 일정한 탑승 마일과 탑승 횟수를 달성해야 승급되고, 마찬가지로 그 등급을 유지하기 위해 일정 기간의 일정한 탑승실적이 필요하듯, 으뜸당원에 대한 승급 및 유지기준을 설계하는 것도 가능하다. 항공사에서 이러한 FF-P(Frequent Flyer Program)을 운영하는 이유는 충성도 높은 고객 유치가 항공사의 수익 유지에 도움이 되기 때문이다. 실제로 비행기 환승 중이 아니라면 라운지에 들어가는 것이 무슨 이익이 있겠냐고 생각하면서도 항공사에서 자신을 대우해준다는 사실에 우쭐해지는 것도 한 가지 유인동력이 될 것이다. 한국에서 3개의 이동통신사가 치열하게 경쟁하는 가운데에서도, 가족 간 결합할인 필요 연수를 채우고 나면 왠지 다른 통신사에 몇만 원 싼 요금제가 등장하더라도 옮기는 것을 주저할 수밖에 없는 것처럼, 정당도 우수당원을 지속적으로 관리하고 그들의 원활한 의사소통 경로를 마련해주고 우대할 때 안정적인 당원 기반을 구축할 수 있다고 생각한다.

으뜸당원제도의 핵심은 당협위원회 위원장을 으뜸당원 직선제로 선출하고 또한 으뜸당원 중에서 선출해야 한다는 점이다. 정치에 있어서 가장 위험한 것은 불확실성이다. 대한민국은 대통령제 국가이고 대통령의 권력에 기대어 정치에 진입하려는 사람들이 많다. 우리가 기억하는 많은 정치파동이 대통령이 정당의 공천권을 장악하려 하는 시도 속에서 발생했다. 가장 가까운 예로 2016년 새누리당 김무성 대표가 국회의원 선거 공천을 놓고 박근혜 대통령과 대립하면서 본인의 직인을 공천장에 찍기를 거부하면서 발생한 소위 '옥쇄파동'이 있다.

지역별 으뜸당원제도는 지역을 넘나들면서 공천받을 가능성을 우선 차단한다. 2016년 공천 파동에서는 송파을이라는 지역구에 송파구에서의 활동 이력이 없는 후보를 공천하는 문제가 있었다. 으뜸당원제도가 정착되고 지역구 출마자에게 일정한 지역 내 활동을 요구하는 방향으로 개혁이 이루어지면, 선거 때 마지막까지 잠복하고 있다가 우세 지역구에 갑자기 공천받아 뛰어드는 형태로 당에 혼란을 가져다주는 일이 불가능해진다.

07.

당비를 가치 있게: 크라우드 펀딩

당이 창의적인 업무를 효율적으로 수행하기 위해서는 든든한 재정이 뒷받침되어야 한다. 그리고 그 재정은 든든하면서도 깨끗한 돈이어야 한다. 정당에 있어 가장 깨끗하고, 성과에 따라 더 모을 수 있는 신축성을 가진 것은 당비다.

국민들이 세금을 내면서 항상 한탄하는 것이 세금이 가치 있게 쓰였으면 좋겠다는 말이듯, 당원이 자발적으로 당비를 납부하면서 가장 필요한 곳에 쓰이기를 기대하는 것은 당연하다.

교육봉사단체를 운영하면서 믿을 수 없었던 한 가지가 일반적인 NGO 단체의 후원 오버헤드에 대한 이야기였다. 오버헤드란 단체에 기부한 금액에서 단체운영을 위해 사용되는 간접비용, 즉 사업비를 제외한 사무실 임차료, 직원 급여 등 각종 비용의 비율을 의미하는데 국제적으로 35% 미만으로 정할 것이 권장된다. 그런데 국내 NGO 중에서 그 기준을 상회하는 운영비를 쓰는 경우가 있다는 것이었다. 그것은 내가 후원한 기부금 액수의 절반 가까이가 사업비로 사용된다는 의미다.

관심 가는 프로젝트에 소액을 후원해 결과물을 만들어내는 방식으로 크라우드 펀딩을 많이 언급한다. 좋은 제안을 기획해서 공개적인 공간에 올리면 만 원부터 몇천만 원까지 각자의 기대치에 따라 투자하는 방식이다. 투자자를 모집하고 수금하는 과정이 온라인상에서 편리하게 진행됨으로써 소액후원을 통한 자금 조달이 가능해진 것이다. 전 세계적으로 지금 이 시간에도 크라우드 펀딩을 통해 많은 소소한 아이디어들이 빛을 보고 후원자들은 큰 도전의 일부가 되었다는 자부심을 얻고 있다.

정당은 고정적인 사무 외에도 새로운 지지층을 유입하기 위해 끊임없이 새로운 기획을 시도해야 한다. 하지만 정당의 유급 사무처 당직자 수는 중앙당에 100명으로 제한되어 있어, 수십만 당원이 항상 당원으로서 자부심을 가지고 새로운 활동에 매진하도록 지원하기에는 역부족일 수밖에 없다. 그렇다면 진취적인 당원들이 내부적으로 새로운 프로젝트를 구성하고 그에 대해 당비가 지원될 수 있는 형태로 가는 것이 옳다.

당 내부에 크라우드 펀딩 사이트와 비슷한 공간을 두고, 당원 개인이 희망하는 활동을 간단한 기획안으로 게시할 수 있다면 어떤 일이 발생할까? 예를 들어 어떤 대학생 당원이 본인의 학교 앞에서 체계적인 당원모집 활동을 하고 싶다고 올리면 그 지역의 당원들이나 그 학교를 졸업한 당원들이 그 대학생 당원을 위해 특별 당비를 납부할 수 있을 것이다. 열의를 가진 대학생 당원이 자발적이고 창의적인 활동을 추진하는 동안 자금 걱정을 조금이나마 덜어주는 것은, 새로운 도전의 장벽을 훨씬 낮춰줄 것이다.

또 다른 예로, 호남지역에 구의원으로 출마하기를 원하는 당원이 당세가 약하다 보니 선거에 필요한 자금을 모금하기도 어렵고 현실적으로 낙선이 예상되는 것도 사실이지만 꼭 한번 도전해보고 싶다고 게시물로 밝힌다면, 이 당원을 돕기 위한 펀딩에 경상북도 어딘가의 당원이 참여할 수도 있는 것이다.

물론 당비를 걷어 중앙당에서 예산을 짠 뒤 이 모든 것을 배분하는 방법도 가능하지만, 정당의 활동이라는 것은 시시각각 돌발상황이 발생하고 새로운 활동수요가 나타나기 때문에 연간 예산이나 배분계획을 짜서 움직이기 어렵다. 새로운 것에 도전하는 당원들과 그들을 응원하는 당원들을 직접 P2P로 이어주는 공간만 있다면 두 집단 모두 만족과 보람을 느낄 수 있을 것이다.

08.

지역별 조직을 넘어서 이슈별 조직으로

정당의 조직은 왜 지역 단위인가?

전라남도 구례군에 사는 주민들과 경상남도 하동군에 사는 주민들은 백운산을 사이에 놓고 35km 정도밖에 안 떨어져 있지만 정치성향은 매우 다르다. 하동군 주민들의 투표 성향은 35km 거리의 구례보다 350km 이상 떨어진 경상북도 울진 주민들의 투표 성향과 비슷하다. 전라남도와 경상남도라는 각각의 경계선 안에서 산다는 것의 의미가 그만큼 큰 것이다.

이 상황은 그 역사적 배경을 이해한다는 것은 차치하고, 이해관계가 비슷하고 협력해서 정책을 펴나가야 할 두 지역에 서로 다른 당 단체장이나 의원이 뽑힐 가능성이 높다는 것이며 협력이 어렵다는 것을 의미하기에 결코 긍정적인 현상이라고 볼 수 없다.

또한 한 정당 안에서 광역자치단체, 기초자치단체, 국회의원 선거구별로 조직을 구성하고 활동하는 경우가 많은데 이 경우에 있어서도 상당한 비효율을 야기한다. 일례로 정당의 청년위원회라는 조직은 시도별 청년위원회를 하부조직으로 둔다. 서울시당 청년위원회 정도면 모이는 것이나 소통하기가 어렵지 않지만, 경기도당 청년위원회나 경북도당 청년위원회 정도만 되어도 물리적인 소통이 매우 어렵다. 경상북도 포항에 있는 당원과 김천에 있는 당원, 안동에 있는 당원이 한 단위로 묶여 같이할 수 있는 당 활동이 많지는 않다. 그래서 정당의 청년위원회는 보통 장거리 이동을 할 수 있는 시간과 자금의 여력이 있거나 정치적 야심이 강한 사람들의 전유물이 되곤 한다.

이는 여성위원회, 장애인위원회 등 모든 지역 단위를 기반으로 한 정당 내 조직이 갖는 한계점이기도 하다. 정당이 소수의 열성 당원의 집합체에 머무르지 않으려면 단위가 더욱 세분화되어야 하고, 인위적인 단위보다는 조금 더 자연스럽게 모일 수 있는 단위가 권장되어야 한다. 그리고 소통은 단톡방이나 전화를 넘어서 더 공개적이고 기록이 남는 형태의 온라인 공간에서 이루어져야 한다.

정당은 일부 국회의원들과 당직자들의 것이 되어서는 안 되고 정당의 하부조직에서부터 정책과 아이디어가 용출되어 나와야 한다. 지방선거를 앞두고 프랜차이즈 카페의 일회용 컵 보증금 문제가 대두된 적이 있었다. 환경을 위해 일회용 컵마다 바코드 스티커를 붙이고 그것이 반납되어 회수되었을 때 기지불한 300원을 되돌려 받는 제도가 설계되었다. 하지만 시행 즈음에 컵 보증금을 위한 스티커를 프랜차이즈 본사 측에서 각 점주들이 수백만 원어치씩 기구매해야 하는 조건이라는 점이 대두되었고, 결국 정부 측에 이것의 시행을 유예하도록 요청이 들어갔다.

이런 사안에 대해서 사실 당직자들은 피상적으로밖에 이해하지 못한다. 전문적으로 해당 업종에 종사하고 사안을 잘 파악하고 있는 당원들이 단위를 구성해서 활동하다가 이런 사안에 대해서 적극적으로 당 지도부에 의견을 전달하는 방식으로 진행되었다면 마지막 순간에 다급하게 정부 측에 시행을 유예하도록 요청할 일은 없었을 것이다.

당내에 있는 소상공인위원회 같은 조직은 매우 큰 조직이다. 아무리 그 아래에 하부조직을 둔다고 해도 소상공인의 범주에 속하는 다양한 당원들의 의견을 한곳에 담아내기는 어렵다. 예를 들어 컵 보증금 제도에 대해서도 프랜차이즈 점주인 당원들과 개인 카페를 운영하는 당원들의 생각이 달랐을 것이고, PC

방을 운영하는 당원 같은 경우에는 애초에 이 논의에 끼는 것 자체를 좋아하지 않았을 것이다.

온라인과 결합한 토론문화

사람에게 큰 동기를 부여하는 것이 경쟁심이다. 경쟁의 논리를 배제했던 사회주의가 개인의 이기심과 경쟁심을 발판 삼은 자본주의에 비해 생산적이지 못했던 것처럼, 정치 영역에 있어서도 끝없이 자기계발을 하고 정책의 첨예화를 추구하는 동력 중 하나는 좋은 적수를 만나 치열한 토론과 경쟁을 통해 자신의 생각을 완성시켜나가는 것이다.

TV에 나서서 주목을 받으며 토론에 임하는 것 못지않게, 정당 내에서 정책에 대한 활발한 토론문화를 만들어가는 것이 옳다. 우리나라의 여당은 대통령을 중심으로 정부에서 공무원들이 필요에 따라 만들어낸 법안들을 사실상 입법청탁을 받아서 처리하는 것이 다반사이고, 순수하게 의원 입법으로 국가에 중차대한 변화를 가져다줄 만한 시도를 하는 경우는 드물다. 그러다 보니 정치인들이 어떤 법안 시행에 따른 부작용 등을 사전에 전혀 예측하지 못한 채 찬성, 반대 버튼을 누르는 경우가 많다.

09.
IT와 정당의 결합

망하지 않는 회사, 배당하지 않는 회사의 역설

정당을 회사에 비유하는 것이 딱히 들어맞지 않을 수도 있지만, 국민의힘과 더불어민주당 정도가 되면 절대 망하지 않는 회사에 가깝다. 지역 기반을 갖추고 있고, 의석수가 최소 100석 가까이는 보장되기 때문에 정당의 연간수입이 일정하다.

보통 망하지 않는 공기업이나 경영에 따라서 매출이 크게 변하지 않는 기업의 경우 방만 운영이 도마에 오르곤 한다. 정당은 만성적으로 방만하게 운영될 수밖에 없는 구조이다. 당의 수입이라는 것은 정당보조금의 형태로 국고에서 나오고, 사장이라고 할 수 있는 당 대표는 길어야 2년의 임기를 가지기 때문에 장기적으로 당의 발전을 위해 투자해야 할 이유가 없다. 2년 이상 걸리는 개혁이나 프로젝트에 손을 댈 이유도 없다.

기업은 주주의 이익을 위해 끝없이 비용을 효율화해야 하고 매출을 늘리기 위한 창의적 활동을 지속해야 한다. 정치권은 태생적으로 고루한 집단이다. 300명의 국회의원 중에서 기술의 첨단을 달린다는 상위 10% 안에 들기 위해서는 그냥 허리에 태블릿 하나만 끼고 다니면 된다. 그 정도만 해도 IT에 빠삭한 국회의원처럼 비치는 공간이다.

소프트웨어의 측면에서 보면 더 참혹해서 국회 내에서 통용되는 IT 도구의 한계선은 구글 캘린더 정도다. 민간의 영역에서 효율을 위해 도입되는 협업도구나 저작도구 등은 모두 활용의 대상이 아니다.

API라는 단어가 생소한 독자들은, 스마트폰이 처음 보급되었을 때 한창 인기를 끌던 버스 도착 알림 앱을 생각하면 된다. 그런 앱은 보통 서울 시내버스의 운행정보를 관리하는 서울시가 데이터를 누구나 쉽게 사용할 수 있는 형태로 가공해서 제공하면 여러 앱 개발자들이 그 데이터를 기반으로 해서 창의적인 방법으로 여러 가지 버스 도착 알림 애플리케이션을 개발하는 형태이다. 결국, 서울시에서 민간이 해결하기 어려운 데이터 취합 문제를 해결하면 각자 다른 화면으로, 다른 방식으로 그 데이터를 조회하고 표출하는 앱을 만들어낼 수 있는 것이다.

정당도 마찬가지다. 정당이 소유하고 관리하는 핵심적인 정보는 당원, 당비에 대한 정보다. 이런 기초적인 데이터에 접근할 수 있는 Open API 형태의 관리만 초기에 구성할 수 있다면 그 API 위에 여러 가지 창의적인 애플리케이션을 개발해 얹는 것은 IT에 종사하는 젊은 당원들의 운동장이 될 수 있다. 당장 당원 정보에 대한 API가 제공된다면 당원들을 대상으로 하는 투표 도구 같은 것도 개발할 수 있다. 그리고 예를 들어 경상북도 예천에서 농사를 짓는 당원이 당원들에게 본인이 생산한 농산물을 싸게 공급할 수 있는 당원 직거래 장터 같은 서비스도 만들 수 있다.

정부는 지금까지 이런 API 기반의 데이터 산업을 활성화시키겠다는 취지에서 많은 정보를 API화 해왔다. 정당이 보유하고 있는 데이터도 당연히 자율적이고 창의적인 이용이 가능한 형태로 제공될 수 있어야 한다.

단순 반복작업에서의 해방

부동산 사업 광고를 하는 이들이 다수의 현수막을 거리에 게첩하는 경우를 볼 수 있다. 동네마다 홍보 효과를 위해 수백 장이 걸린 그 현수막 제작 단가는 개당 4,000원 정도에 불과하다.

실사 프린터가 보급된 뒤로 현수막 천에 인쇄한 원가는 그렇다. 그럼에도 불구하고 정당에서 각 지역에 현수막을 붙일 때는 보통 10만 원가량의 단가를 책정한다.

우선 현수막마다 조금씩 달라지는 문구들을 수정하기 위한 편집비용이 포함된다. 정당에서 건 현수막은 오른쪽에 지역 국회의원이나 당협위원장 얼굴과 함께 이름을 넣는데 그것을 수정해서 각각의 파일을 만들어 사용하는 것이다. 그리고 현수막을 실제 사다리를 타고 게첩하는 비용도 포함된다.

한 선거구마다 정책 홍보를 위해 현수막을 한번 게첩하면 8개에서 20개 이상을 게첩하기에 이 비용은 상당하다. 사실 현수막 디자인 파일은 충분히 표준화할 수 있고 규격화된 파일은 프로그램만 잘 짜면 자동생성해서 자동발주까지 현수막 공장에 할 수 있다.

이 모든 자동화와 효율화를 시도해야 하는 이유는 간단하다. 정당이 본연의 목표인 정책개발과 정치활동에 매진할 수 있도록 하고 시민의 세금으로 운영되는 정당인 만큼 세금이 낭비되는 것을 줄이기 위해서이다.

10.

극우 유튜버와의 단절과 언론관

시사 유튜브에 노란 딱지가 붙는 이유

2012년 11월 종합편성채널의 탄생과 함께 미디어 환경은 급격한 변화를 겪었다. 시청률 1%를 돌파하기 위한 경쟁이 이어졌고, 이 경쟁은 필연적으로 TV 시청을 많이 하는 층을 대상으로 구애작전을 펼치게 했다. 아침에 배경음악처럼 틀어놓고 가사 일을 하며 듣는 신문 읽어주는 프로그램부터 오후 5시, 6시경 저녁 먹기 전 퇴근하는 가족을 기다리며 틀어놓는 프로그램까지 50대 이상 가정주부와 은퇴 연령층을 대상으로 한 프로그램이 성행했다.

이 프로그램들의 시청률은 종합편성채널의 초기 정착에 있어서 가뭄 속의 단비처럼 각 방송국을 해갈해주었다. 반면 TV 수상기의 1%를 점유하는 것과 별개로 광고주들을 위해 따로 측정해 제공하는 25세부터 49세까지의 시청률인 소위 2549 시청률은 0.1~0.3% 사이를 오가는 것이 일반적이었다. 그도 그럴 것이 아직 유튜브와 스마트폰이 널리 보급되기 전이고 25~49세는 직장에 있을 시간대였으니 시청률이 나올 수 없는 것은 자명했다.

원래 시사는 대한민국에서 저녁 뉴스와 심야 토론프로그램 정도에서 소화되는 주제였고, 낮 시간대에는 지상파 위주의 어린이를 위한 프로그램이나 교양프로그램들이 많이 편성되는 것이 일반적이었다. 한 시간을 제작하는 데 카메라 서너 대와 작은 스튜디오, 진행자와 출연료 15만 원 남짓 받는 패널 2명 정도면 되는 시사프로그램은 시사의 소비시간을 확 늘려버렸고 방송패널이라는 전문 직군(?)을 만들어냈다. 초기의 방송패널은 입담 좋은 보좌진 출신, 그리고 전문직 중에서 외모가 돋보이는 출연자 위주로 구성되었다.

김남국 의원은 방송을 참 많이 했다. 그리고 누구보다 예의바른 패널로 소문났었다. 다만 방송에만 들어가면 치열하게 더불어민주당 측 입장을 대변하기 위해 노력을 아끼지 않았고, 조국 사태 때는 조국 장관의 문자를 받고 감격스러워하면서 방송을 하기도 했다.

김남국 의원은 광주 살레시오 고등학교 출신으로 본인의 고향인 광주에서 정치를 하고 싶어 했다. 그런데 아무래도 그것은 무리였고, 결국 총선에서 강서를 거쳐 안산 단원에서 공천을 받게 된다. 김남국 의원의 진영에 대한 기여는 그의 첫 번째 도전에서 우세지역에 공천되는 결과로 나타났고, 이에 많은 패널들이 김남국 모델에 주목하기 시작했다.

종합편성채널은 채널의 재승인 심사를 주기적으로 받게 되어 있다. 따라서 패널들이 막말을 하거나 사실관계에 부합하지 않는 말을 할 경우를 두려워한다. 어지간한 시사방송은 작가가 사전에 조사를 충분히 해 수십 페이지에 달하는 대본을 출연자에게 방송 시작 직전에 전달한다. 그런 탓에 종편 시사프로그램에서는 강한 의견은 나올 수 있어도 사실관계에 있어 검증이 안되는 이야기가 나오는 경우는 매우 드물다.

그러나 유튜브 방송은 다르다. 유튜브 방송들은 단가의 전쟁이다. 일반적으로 광고수익을 창출할 수 있는 유튜브 방송들이 1 조회수당 1~2원 정도의 수익을 창출한다면 시사 유튜브들은 대부분 수익 창출이 불가한 채널이어서 소위 슈퍼챗이나 따로 계좌입금을 받아야 수익이 나는 구조다. 시사 유튜브에 노란 딱지가 붙는 이유는 구글이 봐도 광고매출에 도움이 안 되는 시청자들이 많기 때문이다. 종합편성채널의 시청자층이었던 가정주부와 은퇴생활자들이 주 시청 층인 것이다.

언론의 책무, 그리고 정치인의 역량

우리나라 국민들은 언론에게 정치성향적 중립성을 요구한다. 《조선일보》에 보수성향의 독자들이 좋아할 만한 기사가 나고, 《한겨레신문》에 진보성향의 독자들이 좋아할 만한 기사가 나는 것을 모두 알면서도 그들이 성향을 가지는 것을 나쁘게 묘사한다. 언론은 '말씀 언(言)' 자와 '논의할 론(論)' 자가 결합한 단어이고, 언론사의 특정한 성향을 갖는 것은 오히려 권장되어야 한다. 영혼 없는 기사를 통해 무미건조하게 사실관계만 전달한다면 그것은 정보지에 불과할 뿐이다.

정당에서 하고자 하는 일에 대해서 언론이 비판할 수 있고 그것을 바탕으로 정당이 언론과 치열하게 논쟁을 할 수도 있다. 시민들을 대신해서 질문을 던지고 의문을 갖는 언론을 정당이 설득하고 때로는 논리적으로 설파해야 한다. 그렇게 못 한다면 보편적인 대한민국 시민들을 설득할 수 없다. 그런데 대한민국의 정당은 정치적 철학이나 방향성을 가지고 언론과 논쟁하는 경우는 드물고 대개 사실관계를 다투고 정치성향을 문제 삼으며 갈등 관계를 이어간다. 국민 모두가 육성으로 똑똑히 들은 '바이든'을 가지고 고소 고발과 진영 간의 패싸움을 일으킬 이유는 무엇이었을까? 정당의 언론정책이 언론 길들이기여서는 곤란하다.

지금의 보수,
지금의 정치

01.
지도자는 무한책임을 져야 한다

몸이 망가지면서 치른 선거

2021년 1월부터 2022년 6월까지 나는 쉼 없이 달렸다. 2020년 21대 국회의원 선거에서 내 지역구인 서울 노원병에서 선거구가 생긴 이래 치러진 7번의 국회의원 선거 중 기존에 보수정당이 가장 많은 득표를 했던 홍정욱 후보보다 10,000표 이상 더 득표해 사상 최고의 득표율을 얻었음에도 낙선의 아픔을 겪으면서 깨우친 것이 있다. 보수정당이 가진 후진성과 선거 전략 측면에서의 무능함을 극복하지 못한 채 개인으로 열심히 지역구에 도전해서 성과를 낸다는 것은 감나무에서 감이 떨어지기를 기다리는 바보나 마찬가지라는 사실이었다. 그래서 자발적으로 오세훈 후보의 서울시장 보궐선거에서 내 선거만큼이나 열심히 뛰었고, 생각해낼 수 있는 여러 새로운 아이디어를 쏟아내며 나름 그 승리에 기여해 주목받았다.

그 선거가 끝난 직후 치러진 전당대회에서는 승리를 넘어 전당대회의 안 좋은 모습을 단번에 그 뿌리부터 뽑아보고자 했다. 돈 선거와 줄 세우기, 조직선거가 횡행하던 전당대회를 새로운 방식으로 돌파하기 위해 사람 3명과 돈 3천만 원만 쓰고, 사무실도 없이, 문자메시지도 한 통 안 보내고 치렀다. 결과는 대성공이었고, 그다음에 도장깨기처럼 등장한 과제는 대통령 선거와 지방선거를 이겨내는 것이었다.

이 일련의 과정을 거치는 동안, 매일 앞으로 달려야 하기에 심적으로는 지칠 새가 없었지만, 몸 건강은 많이 망가졌다. 1년이 넘는 기간 전국 각지를 떠돌며 객지에서 선잠을 청해야 했던 적도 많았고, 식사는 불규칙했기에 여러 가지 약을 복용하면서 버텼다. 개인에게도 매우 중요한 순간이지만 내가 책임진 당의 성과가 좋지 않으면 나 스스로 정신적으로 무너질 것 같았기 때문이다.

당 대표는 당원 모두를 통할하지만 가장 가까이에서 일하는 사람들은 사무처에서 근무하며 월급을 받는, 당을 직장으로 가진 사무처 당직자들이었다. 내가 2012년 처음 정치에 입문했을 때 공채시험을 치르고 과장으로 갓 채용되었던 내 동년배인 사무처 당직자들은 이미 팀장이 되어 당의 중추가 되어 있었다. 그들은 박근혜 정부 시절에 청와대에서 근무해본 경험도 있었고 자부심에 가득 찼던 시절도 있었지만, 탄핵 이후의 과정에서 많은 상처를 받았다. 특히 선거 승리에 따라 지급되는 보너스는 한동안 구경도 해보지 못했던 터였다. 대통령 선거와 지방선거에서 질 경우 나는 패장으로서 떠나면 그만이지만 다시 몇 년을 고생할 그들을 볼 면목이 없었다.

선거가 끝나고 그 모든 것이 승리로 귀결되었을 때 안도감과 함께 나는 총선승리를 위해 다시 신발 끈을 조이고 있었다. 지방선거가 광역단체장 기준으로 12:5라는 압승으로 끝난 뒤에 나는 선거 결과를 복기하며 2년 앞으로 다가온 국회의원 선거에서 다시 압승할 수 있는 기반을 만들기 위해서 준비를 시작했다. 먼저, 승리한 정당이 겸손해야 한다는 취지로 모두가 기쁨에 도취되어 있을 때 혁신위원회를 출범시키겠다고 선언했다. 선거에 지고 난 상대 정당이 반성하고 자성하기 위한 준비의 타이밍을 주지 않기 위함이었고, 지방선거에서 노정된 당의 인재난을 해결하기 위해서였다. 대규모 인재발굴, 육성을 위한 당원 연수 프로그램과 다채로운 기획들이 뒤를 따랐다. 몸은 그때까지도 혹사했지만 승리는 마약보다도 강한 중독이었고, 더 큰 승리를 위한 갈망은 계속되어갔다.

그렇게 몸이 망가져가는 줄도 모르고 달리던 나는 누군가의 말 한마디를 듣고 무너져 내렸다.

"대표님, 저는 이번에 경기도지사 선거를 져서 지방선거를 이긴 기분이 들지 않습니다."

12:5라는 큰 승리를 일궈냈음에도 불구하고 이것을 승리로 인식하지 못한다는 말은 경기도지사 선거 패배에 대한, 그리고 나에 대한 책망의 소리로 여길 수밖에 없었다. 나중에 무슨 소리인가 들어보니 내가 지방선거에서 경기도지사 선거를 일부러 돕지 않아 졌다는 이야기가 있던 것이었다. 내가 지난 지방선거에서 경기도지사 선거를 다른 선거에 비해서 많이 돕지 않았던 것은 맞다. 정확히는 도울 방법이 없었다고 해야 할 것이다.

사실 경기도지사 선거가 격전이 될 것은 예측 가능했다. 나와 친소관계가 있는 유승민 후보가 경선에서 뽑히는 것을 막기 위해 윤핵관이라고 하는 사람들이 김은혜 후보를 우격다짐으로 지원하여 경선에서 후보가 되었다. 그렇더라도 나는 당시 김은혜 후보와의 관계에서 불편한 것이 없었고, 후보가 누가 되더라도 체계적인 지원을 하기 위해 선거에 필요한 여러 가지 준비들을 미리 해놓고 있었다. 김은혜 후보가 경선에서 뽑히자마자 즉각 내가 후보에게 들이밀었던 것은 수도권 전철역별 승하차량 데이터였다.

호선	역명	승차	하차	총계
2호선	강남	85529	82798	168327
2호선	잠실(송파구청)	64568	64231	128799
2호선	신림	60080	59323	119403
2호선	구로디지털단지	58965	59323	118288
2호선	역삼	54233	59720	113953
2호선	선릉	56679	50209	106888
2호선	삼성(무역센터)	50807	50835	101642
2호선	홍대입구	49289	49959	99248
7호선	가산디지털단지	47783	47569	95352
2호선	신도림	45116	44238	89354
2호선	서울대입구(관악구청)	45023	41320	86343
3호선	양재(서초구청)	38106	40874	78980
2호선	성수	37495	40038	77533
2호선	을지로입구	38512	38923	77435
1호선	서울역	39092	36147	75239
2호선	사당	34043	36815	70858
3호선	고속터미널	35692	33353	69045
경부선	영등포	34044	34859	68903
2호선	교대(법원.검찰청)	32445	36201	68646
3호선	연신내	34529	32971	67500
1호선	종각	33848	32900	66748
2호선	건대입구	32452	34172	66624
3호선	압구정	32092	34065	66157
4호선	수유(강북구청)	32097	32251	64348
9호선	신논현	31815	31270	63085
3호선·	신사	30788	31986	62774
2호선	신촌	30824	31535	62359
경부선	수원	29545	31396	60941
4호선	혜화	30100	29979	60079
경부선	용산	29871	29605	59476
경인선	부천	29662	29694	59356
2호선	합정	29103	29992	59095
5호선	여의도	29148	29902	59050
5호선	광화문(세종문화회관)	29070	29907	58977
경인선	부평	27539	28553	56092
3호선	남부터미널(예술의전당)	27816	28269	56085
5호선	까치산	28007	27451	55458
2호선	강변(동서울터미널)	28104	26741	54845
4호선	쌍문	28297	26385	54682
9호선	여의도	27296	26028	53324
5호선	화곡	27313	25873	53186
경부선	금정	25689	26385	52074
4호선	미아사거리	26234	25576	51810
분당선	야탑	25318	26436	51754
2호선	낙성대(강감찬)	25784	25657	51441
경인선	역곡	25609	25797	51406
7호선	학동	24969	26328	51297
경인선	송내	25518	25694	51212

대부분 서울시계 내에 있는 역들이 승하차량 순위의 상위에 있지만, 수원, 부천, 금정, 야탑 순으로 경기도에서 승하차량이 많은 수도권 전철역들이 있었다. 지난 지방선거에서 경기도의 유권자 수가 11,497,206명이었다는 것을 감안해 한 달 남짓한 선거기간 동안 출근과 퇴근으로 나눠 경기도의 전철역들에서 매일 인사를 한다면 상당한 수의 유권자들을 만날 수 있을 터였다. 경인선이나 경부선, 분당선, 일산선, 안산선, 과천선 수도권 전철을 타고 출퇴근하는 대부분의 시민들은 우리 당이 취약함을 보이는 화이트칼라 유권자층이었기에 내 입장에서는 승부처로 삼아야 한다는 생각이었다.

이기고도 진 선거?

실제로, 김은혜 후보가 선출된 직후 나는 후보와 아침에 부천역에서 출근 인사를 시작했다. 지방에 내려가야 하는 일정이 있더라도 항상 수도권 전철에서 아침 인사를 할 때 내가 같이 있겠다고 선언하고 일정을 짜게 했다. 그리고 다가오는 5월 5일 어린이날에는 경기도 도청소재지인 수원에서 프로야구 KT wiz의 경기를 후보와 같이 관람하며 인사하는 일정까지 잡아놓고 야구 저지 유니폼까지 준비를 마쳐놓은 상태였다. 그런데 부천역 일정을 마지막으로 김은혜 후보 측에서 나와의 모든 유세 일정을 취소했다.

나중에 들어보니 경기도지사 선거에서 승리를 낙관한 인사들이 이준석이 경기도지사 선거에 기여하는 것을 막아야 한다는 이야기가 나왔고, 그 당시 경기도지사 후보로 나왔던 모 유튜버와의 단일화를 위해서는 이준석이 선거운동에 참여하면 안 된다는 주장도 나왔다고 한다. 김은혜 후보가 그중 어떤 이야기를 근거로 내가 경기도지사 선거운동에 참여하는 것을 막았던 것인지는 모르겠지만, 나중에 선거를 며칠 앞두고 다시 김은혜 후보 캠프 측에서 생각보다 선거 분위기가 좋지 않았는지 갑자기 나에게 유세에 참여해달라는 요청이 들어왔다. 나는 이미 잡아놓은 다른 지역 일정을 강행군하는 가운데서도 시간을 빼내 하루에 일곱 군데 시군을 돌면서 유세를 지원하곤 했다.

이런 상황에서 경기도지사 선거의 패배로 나를 책망하는 이야기를 듣자 순간적으로 둔탁한 것으로 머리를 한 대 맞은 느낌이었다. 어이없음이 70% 정도, 분노가 20% 정도, 그리고 마지막에는 걱정이 10% 정도 몰려왔던 것 같다. 대통령 선거에서도 나는 최대한 득표수를 늘리기 위해 후보와 권영세 본부장에게 후보가 가는 지역과 다른 곳에 내가 가는 것이 좋겠다고 이야기했다. 선거 과정 중에 후보를 따라다니면서 후보와 많은 시간을 보내려고 시도하는 사람들이 얼마나 선거에 도움이 안 되는지를 누누이 봐왔기 때문에, 지면 안 되는 선거에서 내가 전에 없던 시도를 한 것이었다. 당 대표가 후보와 일정을 같이하겠다고 고집했으면 누가 거부할 수 있었겠나. 후보와 일정을 같이한 다음에 식사 자리나 이동 중에도 시간을 같이 보냈다면 득표는 덜했겠지만 후보와의 직접 소통이 가능했을 것이고, 이러저러한 사안에 대해서 오해나 억측이 발생할 가능성도 적었을 것이다.

물론 결과적으로 20만 표 차의 박빙 승부였던 것을 감안하면, 만일 내가 독립 일정으로 후보와 다른 동선 위주로 돌아다니지 않았더라면 대통령 선거에서 패배했을 가능성도 높다. 특히 후보는 지지세가 강한 편인 영남지역을 도는 일정을 좋아했다. 공직선거를 처음 뛰어보는 후보의 입장에서는 환호해주는 군중이 많고 반응이 좋은 지역에 가면 힘을 얻으니 이해할 수 있다. 반면 나는 호남과 제주, 충청남도 등의 취약지가 주 공략 대상이었기에 상상을 초월하는 강행군이었다. 호남이나 제주 같은 권역에서는 대규모 군중을 모으는 것이 쉽지 않기 때문에 언론이 관심을 가지고 기사를 낼 만한 일정을 창의적으로 고안해내야 했다. 그 과정에서 유세차를 끌고 흑산도에 들어갔다 나오는 등 사상 초유의 일들도 많이 벌여야 했다.

하지만 역시나, 지면 안 되는 선거에서 이기기 위한 이런 노력은 누군가에게 전달될 때는 당 대표가 후보를 싫어해서 같이

다니기 싫어한다, 일부러 선거에 지려고 영남 일정을 안 다니고 호남에 많이 다닌다 등의 이야기로 와전되었다고 한다.

육사신과 육정신

역사를 살펴보면 신하가 타인에 대한 참소와 모함을 일삼아 군주에게 잘못된 판단을 내리게 하는 경우가 많이 있었다. 진시황이 죽은 후 아들인 호해가 환관 조고의 농간으로 다른 신하들을 쳐냈을 때, 그리고 유자광이 연산군을 부추겨 무오사화(戊午士禍)와 갑자사화(甲子士禍)를 일으켜 자신의 대척점에 있는 정치인들을 숙청했을 때, 오롯이 그 간신들만의 잘못인가를 묻는다면 나는 오히려 군주의 잘못이 크다고 생각한다.

당 대표가 되어보니 무수히 많은 정보가 집중되고 그 정보 중에서 옥석을 가려내는 것은 오로지 내 능력이었다. 때로는 내가 진짜 신임하는 사람이라 할지라도 증오심에 휩싸여 타인을 근거 없이 비방하는 경우가 있고, 나와 인연이 깊지 않은 사람이라도 나에게 진심 어린 걱정으로 유용한 조언을 해주는 경우가 있다. 너무나도 당연하게, 이 정보를 분석하고 해석하며 그것을 기반으로 옳은 판단을 내리는 것이 지도자의 일이다. 대놓고 거짓 정보와 음해가 난무하는 상황이 반복된다면 그것은 지도자가 그런 정보를 소비하는 것을 좋아하고 즐기기 때문일 것이다.

《중앙일보》이훈범 기자가 2020년 1월 《포브스》에 기고한 칼럼 링크에 '육사신(六邪臣)과 육정신(六正臣)'에 대한 내용이 있다. 중국 한나라 말기의 학자 유향(劉向)이 전한바, 육사신은 여섯 가지의 해로운 신하를 뜻하고 육정신은 반대로 여섯 가지의 좋은 신하 유형을 말한다고 한다. 육사신의 첫 번째는 '시체 구' 자를 쓰는 구신(具臣)이라고 한다. 시체처럼 아무것도 하지 못하고 머릿수만 채우는 꿔다놓은 보릿자루들을 뜻한다. 유신(諛臣)은 비위 맞추는 데 특화된 아첨꾼이고 간신(奸臣)은 잔머리를 굴려서 남을 음해하는 사람을 뜻한다. 그리고 참신(讒臣)은 자신의 영달을 위해 참소를 일삼는 사람, 적신(賊臣)은 개인적인 이익을 앞세우고 사적인 패거리를 만드는 사람이라고 한다. 마지막으로 이 모든 것을 겸비한 신하를 나라를 망하게 할 신하라고 하여 망국신(亡國臣)이라고 한다.

머릿수만 채우는 꿔다놓은 보릿자루들이 누군가를 해하고 참소하면서 아첨할 뿐 아니라 자신의 이익을 앞세우고 사적인 패거리를 만든다고 했을 때 지금 시대에 떠오르는 하나의 집단이 있다. 이러한 자질을 고루 갖춘 그들이 육사신의 마지막 망국신이 되지 않으려면 군주가 이들을 멀리해야 하는데, 사실 그럴 가능성이 전혀 없어 보인다.

02.
나는 왜 정치를 하는가

나는 왜 정치를 하는가.

이 질문만큼 함축적으로 나 스스로를 돌아보게 만드는 문장은 없다. 이 질문을 되뇔 때마다 정치의 영역에서 나의 소명이 있는지, 그리고 내가 이것을 잘할 수 있는 사람인지를 성찰하게 된다.

나는 1980년대 후반에 가장 집값이 싸면서도 지하철이 연결된 동네를 찾아 북쪽 끝 상계동에 몰려 살던 화이트칼라 가정들 사이에서 자랐다. 학원 하나 없어 부모들이 서로의 아이들을 가르치고 작은 부수입을 얻기 위해 집에서 미술 교습을 하고 피아노 교습을 하던 그 어린 시절, 모든 것은 2023년의 현재보다 윤택하지 못했지만, 그 시절 상계동 어느 집에서는 내일이 오늘보다 낫기를 바라는 기대가 묻어나는 삶들을 살고 있었다. 어느 누구도 자가용을 갖지 않아 새로 입주한 아파트 주차장에서 공을 차고 놀 수 있었던 어린 시절을 지나, 이제는 평행주차를 해도 차를 댈 수 없을 정도의 경제적 성장을 이루었음에도 내일이 오늘보다 낫다는 확신을 갖지 못한다면 그 삶은 고달픈 것이다.

모든 사람들이 성장하는 가운데에서는 쉽게 갈등이 생기지 않는다. 고도성장기를 겪을 때 재벌이 거액을 치부하더라도 나도 집과 자동차가 생기는 경험을 하는 상황에서는 상대적인 경제적 불평등에 대한 고통이 크지 않았다. 하지만 성장이 정체되고 파이가 늘어나지 않는 상황에서는 달려나가는 사람들을 보면서 정체되어 있는 스스로에 대한 불안감과 불만이 싹트게 된다.

지금 보수는 집권할 때마다 경제성장 하나로 모든 것을 통칠 수 있었던 고도성장기의 관점으로 세상을 바라보고 있다. 이제 고도의 경제성장은 불가능하기 때문에 시야를 다른 분야로까지 넓혀가지 않으면 보수는 정치적 생존의 위기를 겪을 수밖에 없는 것이다.

민주주의는 복잡한 절차와 상호견제의 시스템을 통해 집단적인 의사결정에 권위를 부여하는 제도이다. 많은 비용을 들여 대통령을 뽑아 그가 나라를 이끌도록 하고, 또다시 비싼 비용을 들여 국회를 구성해 그 활동을 견제하도록 한다. 이것이 불편한 사람들이 정치를 하게 되면 일방주의와 전체주의가 싹트게 되는 것이다.

보수주의는 사실 하나의 이론으로 정확하게 설명되지 않는다. 자유주의와 국가주의, 선진화 이론과 공동체 이론의 일부 요소를 버무려 시대별로 배합비율을 조금씩 바꿔 대중에게 선보여진다. 초록은 동색이라고 이명박의 신자유주의적 선진화 담론과 박근혜의 국민행복주의가 민주당 지지자에게는 그게 그것처럼 보이겠지만 그것들의 정책적 지향점은 많이 달랐다.

진보적 유권자들이 보수를 어떻게 평가하는가보다 더 심각한 것은, 보수라고 스스로를 칭하는 유권자들이 보수의 담론에 대해서 몰이해하거나 혼란을 겪고 있는 경우가 많다는 것이다. 예를 들어 박정희 대통령을 연구하는 해외 학자들은 그를 매우 입체적인 인물로 바라본다. 보수진영에서 추앙하는 지도자이지만, 역설적으로 당시 추진한 경제정책이나 사회정책은 사회주의 국가에서 두드러지는 국가주도성장론에 가까운 모습이기 때문이다. 또한 1960년대부터 소위 군인들이 쿠데타로 집권할 때마다 그들에게 부족한 정치적 권위와 정당성을 벌충하기 위해 복지국가를 전면에 내세웠던 것도 아이러니다. 5·16쿠데타 이후 제3공화국은 헌법 30조에 국가의 복지책무를 넣고 의료보험과

산재보험 등의 정책을 시행했으며 신군부가 들어선 뒤에도 국민연금과 최저임금제의 도입 등이 이루어졌다. 결국 대한민국의 큰 틀의 복지정책은 보수가 그들의 필요에 의해 만들어냈다는 것이 매우 혼란스러운 지점인 것이다.

지금까지 그 모순을 감내하면서 살아온 전통적 보수에 대비하여, 새로 떠오르는 젊은 자유주의 보수는 그런 모순을 감내할 자신이 없을뿐더러 모순을 인내하고 합리화할 만큼의 고도성장기를 경험해보지 못했다. 결국 가치와 철학 위주로 정당의 지지층이 재정립되어가는 것이다.

하지만 이런 필연적이고 거부할 수 없는 변화 속에서도 전체주의, 더 나아가서 파시스트적인 생각은 바로 우리 곁에서 보수를 위협하고 있다. 우리가 관용적으로 사용하는 말 중에 '선당후사'나 '애국'이라는 단어는, 국가를 사회계약으로 보고 개인의 자유와 평등을 지키며 공동이익을 추구한다는 자유주의적 관점과는 거리가 있다.

최근 정치권에서 국민의힘의 초선의원들이 보여주는 양태는 매우 실망스러웠고, 당 대표를 쫓아내기 위해서, 그리고 전당대회에서 후보들을 소거법으로 제거하기 위해서 꺼내든 연판장이라는 방식은 그 자체로 폭력적이고 전근대적이었다. 우리가 국회의원에게 불체포 특권을 인정하고 발언과 질의, 표결 등에 대해 면책특권을 인정하는 것은 단 한 사람의 양심을 가진 국회의원이라도 있다면 불의에 저항하라는 취지이다. 시민을 위해서 불합리한 다수와 저항할 수 있는 방탄조끼까지 입은 그들이 무리를 지어 누군가를 물어뜯기 위해 나서는 것은 그 자체로 본인들의 위치를 망각한 것이라고 할 수 있다.

다음 국회의원 선거에서 그 연판장에 이름을 쓴 것이 어떤 이유에서 진행되었는지 시민들은 꼭 따져 물어야 한다. 그것이 본인의 소신이라고 답하는 사람이 있다면 그 사람은 국회의원의 책무를 잘못 이해하고 있는 사람이므로 꼭 떨어뜨려야 한다. 반면 본인의 소신과는 다르지만 주변의 압박에 굴복했고 본인은 초선의원이라 힘이 없었다고 주장하는 사람이라고 한다면 그 역시도 떨어뜨려야 한다. 막강한 권력과 특권을 가지고도 권력에 굴하는 사람이라면 결정적인 순간에 일반 시민의 권리를 지키기 위한 정치를 하기보다는 본인의 생존을 위한 선택을 할 가능성이 높은 비겁자이므로 반드시 떨어뜨려야 한다.

이 사안들이 심각한 이유는 우리가 이룩한 민주주의가 많은 형식적 복잡성을 띠고 있어도 결국 지켜내고자 하는 핵심 가치는 누구나 자신의 대표자를 자기 손으로 뽑을 수 있고, 누구나 지도자가 될 수 있는 보편적 선거권과 피선거권이기 때문이다. 4·19도, 1987년의 민주화의 물결도 이 두 가지를 위한 투쟁이었다. 그리고 우리 현대사에서 이 두 가지 권리를 박탈하기 위해 노력했던 사람들은 독재자로 기억된다. 국민과 당원의 기본권리를 제약하기 위해 이런 것을 합리화하는 '당정일체'니 하는 말조차 이미 역사를 배운 국민들에게는 '한국식 민주주의'와 같은 조어로 받아들여질 수밖에 없는 것이다.

정당은 입법부를 구성하는 국회의원들의 활동공간이다. 당헌당규를 아무리 바꾸고 해석을 창의적으로 해도 변하지 않는 것은, 삼권분립이 새겨진 헌법에 맞게 그들의 본분인 행정부에 대한 견제와 감시의 역할을 게을리하면 안 된다는 것이다. 당정일체를 선언한 정당은 감시와 견제의 역할을 할 수 없으며 스스로를 헌법과 모순되는 지위로 몰아넣는 것이다.

이 책은 사실 쓰이면서 절반 이상의 내용을 덜어냈고, 방향도 많이 달라졌다. 책을 쓰는 과정 중에 신상에 큰 변화들이 생겼고, 당 대표로서 당을 개혁하고 총선에서 승리하기 위한 전략을 서술하는 책으로 시작해서 권토중래와 와신상담을 되뇌며 탐욕에 찌든 자들의 시대가 지나갔을 때의 그 미래의 변화로 초점을 옮겨 서술하는 것으로 바뀌었다는 것이다. 하지만 놀랍게도 시점과 나의 관점을 어떻게 바꾸어놓더라도, 이 책에서 던진 제안들의 논리성이나 필요성은 그대로 유지되었다. 그래서 어차피 이러한 미래는 꼭 다가온다는 확신 속에 책의 제목을 '거부할 수 없는 미래'로 지었다. 다만 내용이 크게 바뀌지 않았음에도 안타까운 것은, 정권을 잡고 모든 것을 독차지하려는 자들의 탐욕에 의해 이런 것들을 제안하고 실현할 수 있는 시기가 크게 뒤로 미뤄졌다는 점이다.

책의 마지막에 정치적 현안에 대해 마음속에 꾹꾹 눌러 담았던 이야기들을 꺼내는 것은, 우리가 어렵게 구축한 민주주의의 대원칙들이 무너지기 시작하면 그 폐허 위에 시민들의 삶을 진정으로 윤택하게 해줄 정책들을 얹을 수 없기 때문이다. 이 책에서 풀어낸 대한민국의 미래를 위한 정책적인 고찰들은 의도적으로 구체적인 내용을 많이 싣지는 않았다. 하지만 과감하고 역발상에 해당하는 제안들을 추려보려고 했다. 그리고 그 제안들이 활발히 토론되고 논박되며 보완되어서 대한민국의 난제들을 해결하는 좋은 방법론으로 진화하기를 바랐다. 책이 나온 뒤에 직접 독자들과 만나서 소통하고 의견을 듣겠다고 선언한 이유이다.

마지막으로 주식회사 대한민국의 주주 여러분에게 호소하고 싶다. 여러분의 민주주의이고 여러분의 나라이다. 2021년부터 시작된 정치의 변혁 속에서 우리는 종북과 빨갱이라는 말을 입에 담지 않고도 멋지게 선거를 치를 수 있다는 것을 입증했다. 전교조와 민주노총의 공포를 주입하려는 시도 없이도 우리의 창의적인 정책들로 표를 얻어올 수 있었다. 그러나 선거가 끝나자마자 평생 배운 게 레드콤플렉스를 자극하는 것밖에 없는 사람들이 과거의 방식으로 정치를 되돌리려 하고 있다.

정치권력은 항상 견제받아야 하고, 민주주의를 침해하려는 가장 가벼운 시도가 있을 때부터 심각하게 받아들이고 반응을 보여야 한다. 친박이 득세할 때 억지로 눈을 감아주었던 모습이 진박이 등장하는 원동력이 되었고, 진박이 공천 파동을 불러일으킬 때도 행동하지 않고 방관했던 죄로 5년간 집단체벌을 받으면서 폐족의 위기에까지 몰렸던 보수가 그 아픈 시절을 추억하며 항상 긴장하지 않는다면 역사는 반복될 것이다.

주식회사 대한민국의 주주 여러분, 경영진을 감시하고 회사에 관심을 갖지 않은 주주에게 내려지는 큰 대가는 파산이다. 주식회사 대한민국은 위기 때마다 주주들의 피땀 어린 노력으로 그 시기를 돌파해왔다.

당원 가입하기 좋은 날이 따로 있는 것이 아니다. 후회를 남기지 않으려면 목소리를 내야 한다. 내일을 준비하는 대한민국이 당신을 빼놓지 않도록, 관심을 갖고 참여해달라고 부탁하고 싶다.

이준석 후보 '국민의힘 당 대표 후보자 합동연설회' 연설문 전문

존경하는 대구·경북의 당원동지와 시민 여러분,

여러분께 소개하고 싶은 이야기가 있습니다. 2004년 미국에서 대학을 다닐 때 제가 살던 보스턴에서 민주당 전당대회가 열렸습니다. 그날 존 케리 대선후보의 바람잡이 연설자로 나선 깡마른 흑인 상원의원이 있었습니다. 버락 오바마라는, 본인의 표현대로라면 우스꽝스러운 이름이, 관대한 미국 사회에서는 성공의 걸림돌이 되지 않을 것이라는 확신을 밝히며 그는 연설을 시작했습니다.

미국 사회가 이라크 전쟁에 대한 찬성과 반대로 얼룩져 있던 그때, 그는 미국 사회에 신선한 관점을 제공했습니다. 내가 옳다고 생각하는 것을 애국, 나머지를 매국으로 보던 시각을 확 바꾸자며 이렇게 제안했습니다.

"이라크 전쟁에 찬성하는 사람도 애국자요, 반대하는 사람도 애국자입니다."

그리고 "백인의 미국과 흑인의 미국, 라틴계의 미국, 아시아계의 미국이 따로 있는 것이 아니고 오직 미합중국이 있을 뿐입니다."라는 말로 통합의 메시지를 냈습니다.

미국은 전율했습니다. 제 친구들의 아이팟 1번 트랙은 오바마의 연설이었습니다. 그 통합의 메시지를 낸 신출내기 흑인 상원의원은 그로부터 4년 뒤 46세의 나이로 미국의 대통령이 됐습니다. 오바마가 외친 통합의 시발점은 관대함입니다. 그리고 통합의 완성은 내가 가진 것을 나눌 수 있다는 자신감입니다.

많은 당권주자가 이번 전당대회에서 통합을 이야기합니다. 하지만 그 두 글자만 계속 외친다고 통합이 이루어지지는 않습니다. 통합의 전제조건은 간단합니다. 이 질문에 대한 답이 필요합니다.

"여러분은 다른 생각과 공존할 자신감이 있으십니까?"

내 생각과 다른 의견을 이야기하는 사람도 선한 사람이고, 애국자라는 것을 입 밖으로 내어 인정할 수 있어야 합니다.

저는 저를 영입한 박근혜 대통령에게 감사합니다. 박근혜 대통령이 저를 영입하지 않았다면 저는 이 자리에 서 있지 못했을 것입니다. 하지만 저는 제 손으로 만드는 데 일조한 박근혜 대통령이 호가호위하는 사람들을 배척하지 못해 국정농단에 이르는 사태가 발생하게 된 것을 비판하고, 통치불능의 사태에 빠졌기 때문에 탄핵은 정당했다고 생각합니다.

물론 그 뒤에 이어진 형사재판에서 '공동지갑론', '경제적 공동체론'이라는 것이 적용되면서 김대중 대통령의 아들 삼형제나 이명박 대통령 형의 건과 달리 대통령에게까지 형사적 책임이 이르는 것은 이례적이라는 생각을 했습니다.

하지만 대법원 판결까지 치열하게 법리를 다툰 사안이기에, 저는 그 판단을 존중합니다. 오직 그 더욱 엄격해진 법리가 문재인 정부와 그 뒤를 따르는 인사들에도 적용되기를 바랄 뿐입니다.

대구·경북의 시민과 당원동지 여러분, 이런 이준석의 생각과 공존할 생각이 있으십니까? 버락 오바마가 본인의 생소한 이름이 미국에서 성공의 걸림돌이 되지 않을 것이라는 믿음을 밝혔던 것처럼, 제가 믿는 대로 탄핵에 대한 제 복잡한 입장이 정치적으로 공존할 수 있다면 우리는 큰 통합을 이룰 수 있습니다.

이번 전당대회에서 제가 탄핵에 관한 이야기를 굳이 꺼내 드는 이유는, 세상이 우리를 지켜보고 있기 때문입니다. 이준석의 이런 생각을 대구 경북이 품어주실 수 있다면, 우리 사이에서는 다시는 배신과 복수라는 무서운 단어가 통용되지 않을 것이고, 박근혜 대통령에 대한 수사를 지휘했으나 문재인 정부의 부패와 당당히 맞섰던 검사는 위축되지 않을 것이며 더 큰 덩어리에 합류하여 문재인 정부에 맞서는 것을 주저하지 않을 것입니다.

제가 당 대표로 직을 수행하는 동안 공적인 영역에서는 사면론 등을 꺼낼 생각이 없습니다. 문재인 대통령은 어차피 사면 여부를 본인의 판단에 따라 결정하실 분이고 저는 대선을 앞두고 정치적인 공격의 빌미를 줄 생각이 없습니다. 하지만 박근혜 대통령에 대한 저의 사사로운 고마움은 다른 방식으로 갚겠습니다. 저 이준석, 당 대표직을 맡겨주신다면 성실하고 겸손하게 직을 수행하여 박근혜 대통령이 이준석을 영입한 것은 정말 잘한 일이라는 평가를 두루 받고, 명예를 회복할 수 있도록 노력하겠습니다.

여러분도 탄핵에 대한 각자의 다른 생각과 공존하실 수 있다면, 우리 당의 대선 경선에 참여할 많은 주자의 다양한 생각을 인정해주시고, 그들을 과거 속에 묶어두지 말아주십시오. 대구 경북이 이번 전당대회에서 돌풍의 진원지임을 세상이 주목하고 있습니다.

내일을 준비하는 대한민국이 공존의 가치를 인정할 수 있도록, 여러분의 소중한 한 표를 부탁합니다.

국민의힘 신임 이준석 당 대표의 수락 연설문 전문

감사합니다. 또 감사합니다.

우선 훌륭한 선배님들과 함께 이 전당대회를 치르게 되어서 행복했고 영광이었습니다. 나경원, 조경태, 주호영, 홍문표 후보님께 모두 감사 올립니다.

'여러분은' 저를 당 대표로 만들어주셨습니다. 다시 한번 강조하겠습니다. 목적어가 아니라 주어에 힘을 주어 읽었습니다. '여러분이' 만들어주셨습니다. 저와 함께 이 역사에 발을 들여놓으셨고, 우리가 지금부터 만들어나가는 역사 속에 여러분의 지분이 있습니다.

제가 가장 강조하고 싶은 것은 공존입니다. 다른 후보가 용광로론을 이야기하셨습니다만 용광로는 여러 가지 원료물질을 매우 뜨거운 온도로 녹여내 균일한 물질을 만들어내는 과정입니다. 멜팅팟이라고 합니다. 용광로 이론은 미국과 같은 다원화 사회에서 한 단계 더 발전시켜 최근에는 샐러드 볼 이론으로 바뀌었습니다. 다양한 사람이 샐러드 볼에 담긴 각종 채소처럼 고유의 특성을 유지할 수 있는 사회가 샐러드 볼입니다.

비빔밥을 생각해보시면 될 것 같습니다. 비빔밥이 가장 먹음직스러운 상태는 때로는 열 가지가 넘는 재료가 각각의 식감과 맛, 색채를 유지하면서 밥 위에 얹혀 있을 때입니다. 상춧잎은 아삭한 식감을 유지해야 하며 나물은 따로따로 조미해야 합니다. 마지막에 올리는 달걀은 노른자가 터지지 않도록 조심스럽게 올려놓아야 합니다.

생각해보십시오. 비빔밥의 재료를 모두 갈아서 밥 위에 얹어준다면 그것은 우중충한 빛일 것이고 식감은 생각하기도 싫습니다. 우리가 비빔밥의 고명들을 갈아버리지 않기 위해서는 스테레오타이핑, 즉 '~다움'에 대한 강박관념을 벗어던져야 합니다. 고정관념 속에 하나의 표상을 만들고 그것을 따를 것을 강요하는 정치는 사라져야 합니다. 여성에게 '여성다움'을 강조하는 것이 개인의 개성을 꺾어버리는 폭력인 것처럼, 누군가에게 청년다움, 중진다움, 때로는 당 대표다움을 강요하면서 우리 사회의 달걀과 시금치, 고사리와 같은 소중한 개성들을 갈아버리지 않았으면 좋겠습니다.

당원동지들께 당부하고 싶습니다. 우리의 지상과제는 대선에 승리하는 것이고 그 과정에서 저는 다양한 대선주자 및 그 지지자들과 공존할 수 있는 당을 만들 것입니다. 내가 지지하는 대선주자가 당의 후보가 되고, 문재인 정부를 꺾는 총사령관이 되기를 바라신다면, 다른 주자를 낮추는 것으로 그것을 달성할 수는 없습니다. 상대가 낮게 가면 더 높게 가고, 상대가 높다면 더 높아지기 위해 노력하는 것이 우리의 경쟁원칙이 되어야 합니다.

이번 선거 과정에서도 저에 대한 무수한 마타도어와 원색적인 비난, 가짜뉴스가 난무했습니다. 저는 누구에게도 그 책임을 묻지 않을 것이고, 누구도 저에게 개인적으로 미안함을 표시할 이유도 없습니다. 누구도 불이익이 있을지도 모른다는 생각에 전전긍긍할 필요도 없습니다. 부정선거론을 믿었던 사람에게도, 터무니없는 이준석의 화교설을 믿었던 사람에게도, 인사는 공정할 것이고, 모든 사람은 우리의 새로운 역사에 초대될 것입니다.

2021년 6월 11일을 분수령으로 삼읍시다. 이 시간 이후로 우리 사이에서 상호 간의 논리적인 비판이나 진심 어린 지적이 아닌, 불필요한 욕설과 음모론, 프레임 씌우기 등의 구태에 의존하려는 사람들에 대해서는 여러분 한 분 한 분이 맞서주십시오. 저는 다른 생각과 공존할 자신이 있고, 과거에 얽매이지 않을 자신이 있지만, 앞으로는 우리가 수권세력임을 보여줘야 합니다. 젊은 사람들이 자신의 의견을 이야기하는 것에 대해서 관대해져야 하고, 내가 지지하지 않는 대선후보라고 해서 맹목적으로 욕부터 시작하는 야만은 사라져야 합니다.

2021년과 2022년은 우리가 민주주의를 다수에 의한 독재, 견제받지 않는 위선이라는 야만으로 변질시킨 사람들을 심판한 해로 기억할 것입니다. 우리의 저항은 최루탄의 연기만큼이나 매운 갈라치기와 독주로 국민에게 많은 눈물을 흘리게 했던 문재인 정부의 지난 4년을 딛고 다시 한번 민주주의의 순수함과 강력함을 확인시켜줄 것입니다. 심판을 위해서는 변화하고 자강해서 우리가 더욱더 매력적인 정당으로 거듭나야 합니다.

제가 가장 먼저 추진할 변화는 공직후보자 자격시험의 구체적인 설계와 토론배틀, 연설대전을 통한 대변인단의 공개경쟁선발입니다. 대한민국의 5급 공개채용을 통해 공무원이 되기 위해서 연줄을 쌓으려고 하고 줄을 서는 사람은 없습니다. 훌륭한 인재들은 누가 시키지 않아도 각자의 위치에서 열심히 공부하고 준비합니다. 우리 당은 정치하고 싶은 사람이라면 누구도 공정하게 경쟁할 수 있는 환경을 만들어야 합니다.

6월 중으로 토론배틀을 통해 2명의 대변인과 2명의 상근부

대변인을 선발할 수 있도록 하겠습니다. 그 승자는 누구일지 저도 모릅니다. 어쩌면 피선거권도 없는 20대 대학생이 국회 기자회견장에 서서 우리 당의 메시지를 내게 될지도 모릅니다. 시사방송에서 우리 당의 입장과 정책을 설명하는 역할을, 뛰어난 능력이 있으나 경력단절 때문에 어려움을 겪던 여성이 공정한 경쟁을 통해 선발되어 할 수도 있습니다.

누가 선발될지 모르는 이 불확실성은 역설적으로 국민에게 확신을 줄 것입니다. 누구에게나 공정한 기회를 제공하겠다는 우리의 방식이, 캠프 출신의 코드가 맞는 더불어민주당 출신 인사에게만 기회가 열리는 현 집권세력의 방식보다 공정하다는 그 확신이 우리를 대선 승리로 이끌 것입니다.

또한 공직후보자 자격시험은, 당원들 상호 간에 지식과 지혜를 나누며 훈련된 당원들이 공직후보자 선거에 나갔을 때 우리 당의 지방선거 승리를 이끌 가장 큰 무기가 될 것입니다. 이미 많은 당원은 저에게 문자메시지 등을 통해 그 변화에 앞장서고 공부를 시작하겠다고 말씀하고 계십니다. 컴퓨터를 접하기 쉬운 나이대의 젊은 당원이 컴퓨터를 잘 활용하는 것은 저에게 큰 감동이 아닙니다. 하지만 장년층의 당원이 국민에게 봉사하기 위해 따로 시간을 내어 공부한다면, 그것은 선거 때 명함에 쓰인 어떤 이력과 경력보다도 유권자의 마음에 잔잔한 감동을 불러올 수 있는 평가의 기준이 될 것입니다.

제가 말하는 변화에 대한 이 거친 생각들, 그것을 바라보는 전통적 당원들의 불안한 눈빛, 그리고 그것을 지켜보는 국민들에게 우리의 변화에 대한 도전은 전쟁과도 같은 치열함으로 비칠 것이고, 이 변화를 통해 우리는 바뀌어서 승리할 것입니다.

세상을 바꾸는 과정에 동참해 관성과 고정관념을 깨주십시오. 그러면 세상은 바뀔 겁니다.

내일을 준비하는 국민의힘은 여러분 한 분 한 분을 **빼놓지** 않을 것입니다.

항상 감사하고 사랑합니다.